暨南经济文丛

本书受广东省省级学科专项资金——暨南大学应用经济学学科建设专项经费（52702030）资助

华南经济中心与大广州

左　正◎著

暨南大学出版社
JINAN UNIVERSITY PRESS

中国·广州

图书在版编目（CIP）数据

华南经济中心与大广州/左正著. —广州：暨南大学出版社，2018.12
（暨南经济文丛）
ISBN 978 - 7 - 5668 - 1521 - 7

Ⅰ.①华…　Ⅱ.①左…　Ⅲ.①城市发展战略—研究—广州市
Ⅳ.①F299.276.51

中国版本图书馆 CIP 数据核字（2015）第 151161 号

华南经济中心与大广州

HUANAN JINGJI ZHONGXIN YU DAGUANGZHOU

著　者：左　正

出 版 人：徐义雄
责任编辑：李倬吟
责任校对：高　婷
责任印制：汤慧君　周一丹

出版发行：暨南大学出版社（510630）
电　　话：总编室（8620）85221601
　　　　　营销部（8620）85225284　85228291　85228292（邮购）
传　　真：（8620）85221583（办公室）　85223774（营销部）
网　　址：http://www.jnupress.com
排　　版：广州尚文数码科技有限公司
印　　刷：广州市穗彩印务有限公司
开　　本：787mm×960mm　1/16
印　　张：14.25
字　　数：200 千
版　　次：2018 年 12 月第 1 版
印　　次：2018 年 12 月第 1 次
定　　价：49.80 元

前　言

　　中国从社会主义计划经济体制向市场经济体制的转型，用香港大学张五常教授的话来说，堪称"历史上最为伟大的经济改革计划"①。40年来，伴随着这一伟大改革创造的中国经济增长奇迹和急剧的城市化进程，对中国大城市的发展研究已成为被持续关注的热点。20世纪80年代中，广州就在全国大城市中率先设立了"广州社会科学基金会"，除了进行传统的课题研究资助外，还将竞争激励机制引入社会科学研究领域，借鉴工程招标的形式，面向全国公开举办"社会科学研究课题招标"活动。自1990年首次举办以来，迄今已经连续举办了28次。作为社会科学领域一件颇为新鲜的事情，招标活动在广州地区乃至全国都有一定的影响。由于广州一直处在中国改革开放的最前沿，历次招标主题又都是一定时期内广州发展的全局性重大课题，故总能引起社会各界的关注。参与者的行业和地区来源广泛，既有科研院所和高校的科研人员、教师等，也有党政机关、企事业单位的干部职工，以及其他社会成员；除广州地区的参与者外，还有来自省内多个城市以及北京、内蒙古、辽宁、河北、甘肃、陕西、安徽、浙江、四川、贵州、广西、湖南、江西、福建等10多个省、市、自治区的参与者提交了应标论文②。

---

① 张五常：《中国的经济制度》，北京：中信出版社2009年版，第2页。
② 参见郭凡：《广州社会科学研究课题招标活动十年回顾》，见李权时等主编：《改革实践中的社会科学应用研究》，香港：天马图书有限公司2000年版，第5页。

　　本书的主体是由笔者参加广州首次（1990 年）和第 24 次（2013年）"社会科学研究课题招标"，并分别获得第一名和中标的两篇应标论文构成。这两篇论文（即本书的上、下编）撰写时间虽相隔 20 多年，但都是围绕着同一主题——"如何发挥广州中心城市作用"展开的，在研究立论和理论分析等方面的逻辑思路大多延续相承并随研究深化，从而形成了对如何发挥广州中心城市作用的一些战略思路和相应的策略建议。这些战略思路和策略建议当年有幸获得招标评委会的认可，也曾得到省市学界前辈的肯定和政府相关部门的认同采纳，对推动广州的发展战略研究和决策咨询等或许起过一些作用。当然，对这些战略思路和策略建议也一直有着争议，现在成书并不代表笔者认为这些战略思路和策略建议就是正确的或有效的，只是希望记录当年的研究，或可留待后来者批判；这也作为笔者曾连续三届担任广州市政府决策咨询顾问，有机会致力于为广州提供发展研究和决策咨询服务的一份纪念。

　　本书上编《关于再造华南经济中心新优势的构想》获得 1990 年广州首次"社会科学研究课题招标"的第一名。首次招标及应标的数十篇文稿曾在社会上引起很大的反响，笔者提出的"再造广州新优势"理念受到较多的关注。该文近 4 万字，主要分析了随着国家全方位开放和改革的深入，广州原被赋予的特殊政策优势趋于衰减，故需"再造广州华南经济中心的新优势"，即通过发展金融、贸易、科技、教育等重振广州经济发展的雄风，使广州从以工业为主的生产型中心城市向以金融、贸易、科技服务等第三产业为主的现代化国际大都市转换，才能充分发挥其作为华南经济中心的作用，辐射带动周边地区的经济发展。文中首次应用全要素生产率分析广州经济发展中的效益问题，并对广州 20 世纪 80 年代以来的 3 次经济周期进行分析，从多个角度论证了"再造广州新优势"这一战略转型的可行性，提出了具有针对性的 10 项策略建议。该文由基金会作为招标成果发布后，《广州日报》

《羊城晚报》《现代人报》《亚太经济时报》《华商时报》《改革导报》和《南风窗》等报刊先后报道、转载和选登，省、市电视台也作了专题报道和评论；该文提出的"再造广州新优势"和建设国际大都市等思路及观点也被政府有关部门采纳，作为决策参考。该文公开发表后，曾获得1993年广东省优秀社会科学研究成果论文二等奖、1994年广东省科学技术协会自然科学优秀学术论文奖、1995年广东省高教厅首届人文社科研究优秀成果二等奖等多项科研奖励，1996年被科学出版社选编入《中国"八五"科学技术成果选》一书。

下编《迈向大都市区的大广州》是2013年广州第24次"社会科学研究课题招标"的中标论文。该文的核心是提出建设"大广州"的设想，全文约6万字，完成后除报送有关部门供决策参考（其中政策建议部分（节选）2万多字，已由广州市委政策研究室编发为《广州调研》〔2014〕第12期），以及一些媒体就该次招标活动及相关文稿的报道和摘要转载外，全文尚未正式公开发表。该文认为，随着我国实施区域发展总体战略并确立广州作为国家重要中心城市的定位后，广州的辐射带动作用已具有全国性的战略意义，但其中心城市辐射功能仍存在三大"软肋"而未能充分发挥。文中分析广州已进入"大都市区"（Metropolitan Area）的城市化高级阶段，需以"辐射的集聚战略"确立其大都市区化（Metropolitanization）的发展理念，重构广州中心城市与区域的空间关系和发展机制，以实现在更大的空间范围的集聚，打造具有世界知名度和影响力的"大广州"。文中提出要构建广州全域空间发展格局和整合重大战略平台、重组多元化现代产业体系、规划建设CAZ（中央活动区）以超越传统CBD，以及在"一带一路"倡议中建立横跨国内外的八大战略腹地，以拓展经济发展"新边疆"和实施"近融、中联、远交"腹地战略等策略建议，从而充分发挥广州作为国家重要中心城市的辐射带动作用，建成具有全球性影响力的"大广州"。

本书还以附录形式收入笔者过去在同一研究主题方面的另外 3 篇获奖论文，以及接受《南方日报》记者专题采访的一篇访谈报道，从中或可看到笔者对广州发展研究思路的最初缘起和其后演变的若干脉络。

附录第一篇为《试论发挥广州经济中心作用的若干问题》，是 1983 年笔者提交给"关于发挥广州中心城市作用问题讨论会"的论文。1978 年我国实行改革开放后，随着农村经济逐步恢复和发展，城市经济发展问题开始凸显，"如何发挥中心城市作用"这一问题日益引起重视。1983 年 7 月 26—29 日，由广东省经济学会和广州市委政研室、广州市计委、广州市社科所等发起，邀请中央有关部门、其他城市有关单位的领导和专家学者，在广州举办了改革开放后全国首次以发挥中心城市作用为议题的"关于发挥广州中心城市作用问题讨论会"。中国经济体制改革研究会总干事童大林，中国社会科学院财贸物资经济研究所顾问李更新，广东省人大副主任吴有恒，广东省社会科学院副院长孙孺及卓炯、关其学等省内外知名专家 160 余人出席会议。这篇论文后来被收入《广州经济中心文集（中册）》，曾获广东省社会科学优秀成果论文三等奖。该文主要分析广州成为经济中心的基础和发展条件，以及广州作为生产中心、商品集散中心和外贸中心的三大作用。该文提出的思路和观点虽然比较粗浅，但可以说是笔者后来一系列关于发挥广州中心城市作用研究的开端。

附录第二篇为《广州与珠江三角洲区域经济发展战略研究》，是 1985 年笔者参加由广州市委研究室、广州市社科联、《广州日报》社等联合主办的"广州经济社会发展战略征文"并获得二等奖头名（一等奖空缺）的论文。该文首次提出研究广州的发展必须与其所在区域的发展联系起来的观点，对广州与珠江三角洲的相互依存的关系进行了分析，指出"广州必须同'洲'共济，在这片富庶的河网区域上一齐发展，才能扬长避短，共同繁荣"，建议设立"以广州为中心的珠江三角洲经济（特别行政）区"。该文提出的广州城市发展与区域经济相互依存的学术思想，其后一直贯穿于笔者对广州发展的研究。

附录第三篇为《建设南中国的自由港——广州进一步扩大对外开放的一个思路》，是 1993 年广东省政府首次进行"珠江三角洲经济区发展规划"编制时，笔者作为规划专家组成员撰写的一份咨询报告，后以论文形式发表在《暨南学报（哲学社会科学版）》上。该文认为 20 世纪 90 年代广州面对世界经济形势演变和全国开放格局的推进，想要更好地发挥中心城市作用，就必须从自身地缘优势出发，确立进一步扩大对外开放的新思路。文中首次提出"地缘经济优势"观点，建言广州选择最能与国际经济同步接轨的方式，即建设"南中国自由港"，使之成为广州进一步扩大对外开放的新的成长点。这一设想，随着 2015 年中央批准设立"广东自由贸易试验区"已初步得到体现。现纳入广东自贸区建设三大片区之一的广州南沙新区就包含面积达 13 平方千米、包括龙穴岛和沙仔岛两大作业区的南沙港，加上约 10 平方千米的万顷沙保税港区，已成为目前广东自贸区中最大的自贸港区。该文曾获 1996 年广东青年社会科学优秀成果论文一等奖。

附录第四篇为访谈报道《要调产业结构，更要调空间结构》（《南方日报》2014 年 11 月 25 日 A Ⅱ 03 版），是笔者接受记者采访时，对"广州如何提升国家中心城市地位"的答问。笔者认为广州进入经济新常态后，仍面临需进一步提高中心城市集聚力，才能更好地发挥辐射带动作用的问题。广州最关键的不仅是众所周知的产业结构调整，更需要有城市空间结构的调整，二者良性互动，才能为广州"转型创新驱动"释放更多、更大的城市空间；只有提高城市土地和空间利用效率，才能切实增强广州的产出能力，巩固和提高广州作为国家重要中心城市的地位，建成具有世界知名度和影响力的"大广州"。

4 年前，当《迈向大都市区的大广州（节选）》在《广州调研》上刊出时，"大广州"的概念在人们心目中或许还不太明晰，而进入"十三五"时期后，广州实际上又面临着一个新的发展转折关口，其自 20

世纪 90 年代初起连续 20 多年保持在国内大城市中经济总量排名前三位，2016 年首次被深圳超越。"十二五"末期，广州的地区生产总值（GDP）还比深圳多近 320 亿元，但到 2016 年，深圳的 GDP 已反超广州 274 亿多元。2017 年年底，两市 GDP 差距进一步扩大至 935 亿元以上，广州当年实现 GDP 虽增至 2.15 万亿元，但仍逊于深圳的 2.24 万亿元①、北京的 2.4 万多亿元和上海的 2.7 万多亿元。原来"北上广深"的习惯排序，似乎就要变成"北上深广"了。

虽然 GDP 不是衡量城市地位和综合实力的唯一指标，但其毕竟是目前代表一国或地区国民经济增长总量的主要核算指标，全世界都在用，故而讨论发展仍离不开这一指标。广州的 GDP 连续两年被深圳超越，而且差距似有继续扩大的趋势，意味着其经济增长速度已暂时落后于深圳。实际上自"十二五"时期中国经济从高速增长转向中速增长以来，广州、深圳两市的经济也从 2014 年起同时进入了个位数的中高速增长阶段。不同的是，广州经济增长速度连续走低，从 2014 年的 8.6% 下降至 2017 年的 7.0%，3 年下降了 1.6 百分点，而同期深圳基本保持在 8.8% 左右，间中年度还略有上升的态势。2017 年《财富》全球论坛在广州举行，据媒体报道，包括 152 家世界 500 强企业在内的近 400 家中外企业参会，在论及中国经济增长奇迹和区域发展时，广州经济总量被深圳超越的问题也引起了关注。

"如何衡量广州目前的发展？"媒体引述 2018 年 3 月在北京举行的中国发展高层论坛 2018 年年会上美国哥伦比亚大学教授、诺贝尔经济学奖获得者斯蒂格利茨等中外专家学者和政府官员的观点，认为"不能仅看 GDP，而是要通过新的措施，由一系列综合的指标来衡量，既要注重数量，更要注重质量"，广州显然符合高质量发展这一趋势，因为广州的经济社会结构已经发生了深刻的变化，发展方式已从注重规

---

① 参见广州、深圳两市 2017 年国民经济和社会发展统计公报中的相关数据。下文中除特别说明外，引用的数据均来源于上述两市的统计公报。

模速度向更加注重质量效益转变。①

　　从高质量发展和指标体系来看，不再仅以 GDP 论英雄并不等同于完全放弃 GDP 这一衡量指标，对广州这个超大都市来说，在保证高质量发展的前提下，GDP 保持适当增长仍然是需要的，没有一定的经济增长，就无法保障城市的建设和发展。与深圳比较，广州的一般公共预算收入本来就不高。2013 年广州的 GDP 比深圳高 700 多亿元，但当年的一般公共预算收入也只有 1 141.79 亿元，比深圳少 589.47 亿元，只及其 66%。2016 年广州的 GDP 被深圳超越，其一般公共预算收入 1 393.85 亿元，虽比 2013 年增长了 22.1%，但与深圳的差距则扩大至 1 742.64 亿元，当年深圳的一般公共预算收入已比 2013 年增长了 81.2%，达到 3 136.49 亿元，是广州的 2.25 倍。这其中有财政体制和上缴比例的因素，广州一般公共预算收入占广州地区财政收入的比例不足三成，显然上缴比例较大，但其创新不及深圳和传统产业也是原因之一。以 2017 年为例，深圳专利申请量和授权量分别是广州的 1.5 倍和 1.57 倍，其中发明专利申请量和授权量分别是广州的 1.63 倍和 2.03 倍；深圳现代服务业、先进制造业和高技术制造业合计的增加值占全市 GDP 的 90.7% 以上，而广州这三个产业增加值合计约占全市 GDP 的 66.5%，传统产业仍占三成多；深圳以新兴产业为主的四大支柱产业增加值占全市 GDP 的 63.4%，而广州三大支柱产业工业总产值占全市相应比重只有 52.1%。

　　2018 年第一季度，广州经济增长速度下降至 4.3%，而深圳同期增长速度继续保持在 8.1%，当季实现 GDP 比广州多 255.8 亿元②。关键是，深圳的一般公共预算收入已经是广州的 2.36 倍。由于一般公共预算收入主要来源是企业税收，2017 年深圳工业增加值率达 27.16%，每

① 参见《南方都市报》2018 年 3 月 28 日 A04、A05 版的报道。
② 参见广州市统计局 2018 年第一季度经济运行数据、深圳市统计局 2018 年 3 月统计月报等。

百元增加值利润率为 25.03%，而广州分别为 25.60% 和 23.98%①，可见前者工业企业效益较佳，预算收入自然好于广州。事实上广州 2017 年仅工业企业亏损额就上升 12.8%，亏损面达 15.6%，上升了 1.3 百分点。所以，广州要建成具有世界知名度和影响力的"大广州"，亟须应对以下 3 个方面的挑战：

一是转型升级发展创新型产业的挑战。改革开放 40 年来，广州一直走在中国发展的前沿，借助"特殊政策、灵活措施"和优越地理区位，成功地进行了两轮产业结构调整，从恢复广州传统产业比较优势到顺应广州工业化、城市化发展趋势，实现了传统产业、先进制造业、高技术制造业和现代服务业的并存发展。广州经历 2008 年全球金融危机后，又开始进入新一轮的产业转型调整，这次的产业转型升级是在全球化和互联网经济时代背景下展开的，创新驱动和新业态引领成为鲜明的特征，对超大都市经济结构提出多元化的要求，尤其是 IAB（新一代信息技术、人工智能、生物医药）和 NEM（新能源、新材料）等新产业正处于从技术变革跨入创新应用的重要窗口期，对广州如何加快从传统产业转向创新型产业、实现创新驱动发展无疑是严峻的挑战。

二是广州与粤港澳大湾区发展竞合关系的挑战。构建粤港澳大湾区的初衷是推动整个区域的发展，以对标东京、旧金山、纽约世界三大湾区，粤港澳大湾区在地理环境、基础设施、人才储备等方面均已具备发展基础，在体制机制、区域安排等方面却有独特之处，尤其是改革开放以来国内形成的地方竞争机制，每一级地方政府都是一个竞争主体，这与发达国家的市场经济有相当大的区别，更何况粤港澳大湾区还将长期存在两种不同的社会制度、三个独立的关税区，如何实现竞争与合作之间的平衡是非常重要的。广州作为粤港澳大湾区中的主要核心城市，在未来大都市区化发展的过程中，如何处理与粤港澳

---

① 根据广州、深圳两市 2017 年国民经济和社会发展统计公报中的相关数据计算，受所公布数据的局限，相互间口径可能略有差异，计算仅供参考。

大湾区及区内各个城市、地区发展的竞合关系，即本书提出的"重构广州中心城市与区域空间关系和发展机制"，"加快促进区域的大都市区化"发展，尤其与深圳、香港两个超大都市的分工合作和协调发展，更是严峻的挑战。

三是更好地建设国际化枢纽的挑战。2017年广州提出要"加快建设枢纽型网络城市"，重点打造国际航运、航空和科技创新三大战略枢纽，成为世界城市体系核心节点，这与广州在中国对外开放过程中扮演的重要角色地位是非常相称的。2017年国家"十三五"规划纲要中也明确提出"优化枢纽空间布局，建设北京、上海、广州等国际性综合交通枢纽"，将广州综合交通枢纽的定位冠上"国际性"，战略地位进一步提升，未来广州将要更多地与世界其他城市和地区打交道，通过不同领域来促进中国与世界其他国家和地区的交往。如何更好地建设"国际化枢纽"，进一步提高广州的对外开放和国际化水平，也是广州将要面临的挑战。

令人欣慰的是，广州似乎已察觉危机与挑战，从官方到民间都在努力寻求突破，政府已出台多项支持新兴产业发展的政策，包括扩大金融对外开放10条措施、集聚高层次人才创新发展、设立新兴产业发展引导基金等。最近又发布了最新版《广州市城市总体规划（2017—2035）》草案，提出要将广州建成"中国特色社会主义引领型全球城市"，成为经济实力、科技实力、宜居水平达到世界一流城市水平的"活力全球城市"。草案提出要在扩大现有主城区范围的基础上，形成"主城区—副中心—外围城区—新型城镇—乡村"的城市空间网络体系，并将南沙作为广州唯一的副中心，建设面向粤港澳大湾区的重要门户。

显然，推动新兴产业创新发展的努力和提出"全球城市"定位等，将引领广州进一步走向国际化，提升城市能级和影响力，体现广州超越城市本身的大格局，一个大都市区化的"大广州"轮廓形象呼之欲出。

　　广州是一个伟大而又平凡、充满魅力而又能平易容纳众生、包融力极强的超大都市，在中国乃至世界都具有不可替代的地位。"如何发挥广州中心城市作用"是一个涉及范围宽广又极具重要意义的研究命题，本书的上编、下编、附录的论文和上述所谈及的问题等（尤其是上编），只是从几个有限的方面对此进行初步分析而已，虽说也曾尽了努力，但内中不足及可能谬误之处肯定俯拾皆是，有些观点因受当时研究环境和条件的局限，现在看来或许需要重新调整，但为了保留当年研究的原貌，除个别字句外，基本没有改动，期望能得到读者的批评指正。

　　"社会科学研究课题招标"既是广州在全国的首举，也为社会科学在推动城市发展研究的实际应用方面开辟了一条可行的途径。感谢主办机构提供的学习研究机会，特别是这些机构的主要领导及工作人员的指导和帮助，尤其感谢广州市委政研室原主任沈奎先生和广州市社科联主席顾涧清先生，感谢对课题调研及资料搜集等曾给予大力协助的各级部门、企业和相关人员，以及当年跟随笔者参与调研工作的研究生们。倘若本书尚有可取之处，实应主要归功于上述机构和人员的鼎力相助，还有多年来众多学界前辈及同事们在广州研究方面积累的浩如烟海的卓越成果的引领。

　　最后，感谢暨南大学区域经济与产业发展研究基地把本书列入"暨南经济文丛"使之得以出版，感谢负责本书出版联系的黄晴、罗勇辉老师和审读书稿的专家，以及负责本书具体编辑工作的李倬吟编辑，容忍了笔者多次整理文稿时的拖延。没有他们认真负责的辛勤努力，本书出版不会如此顺利。

左　正

2018 年 10 月

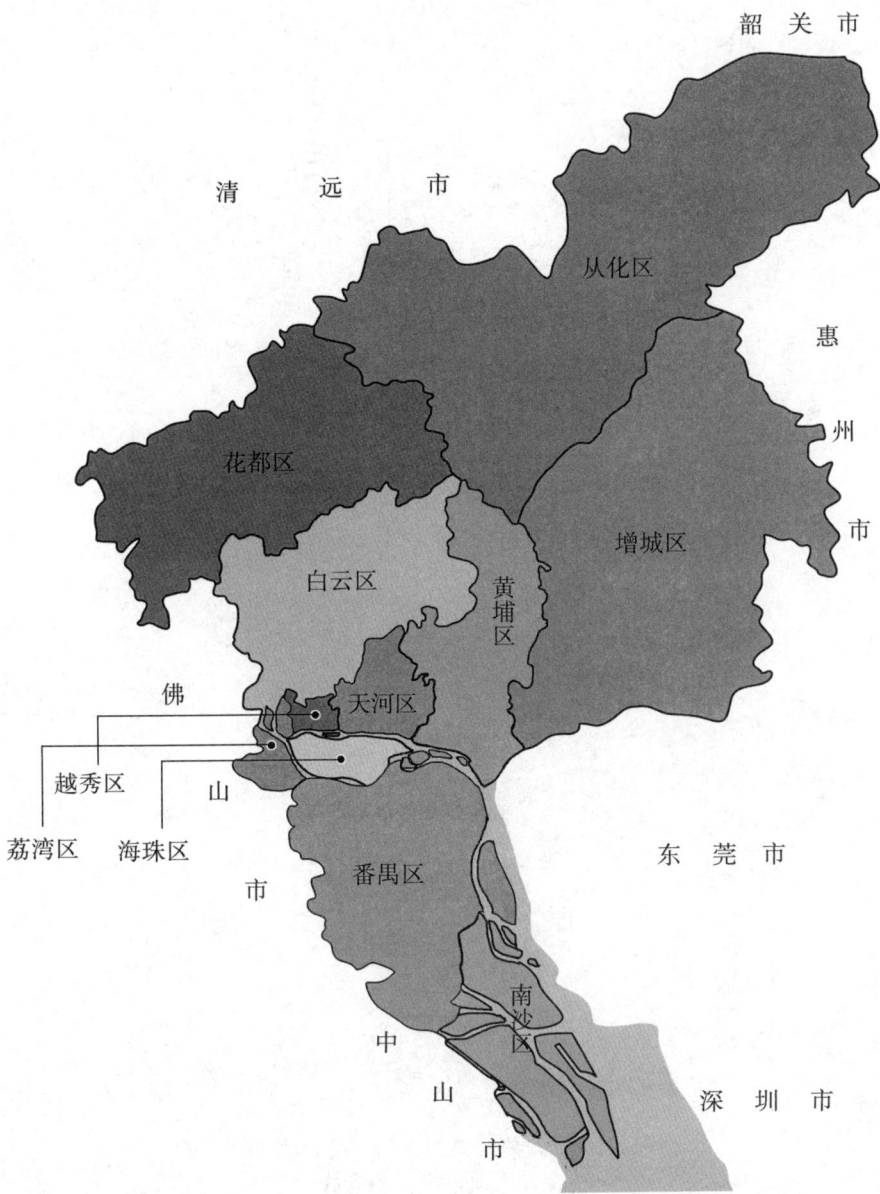

韶关市

清 远 市

从化区

惠
州
市

花都区

白云区

黄埔区

增城区

天河区

佛

越秀区

山

海珠区

荔湾区

市

番禺区

东 莞 市

南沙区

中
山
市

深 圳 市

广州市行政区划示意图

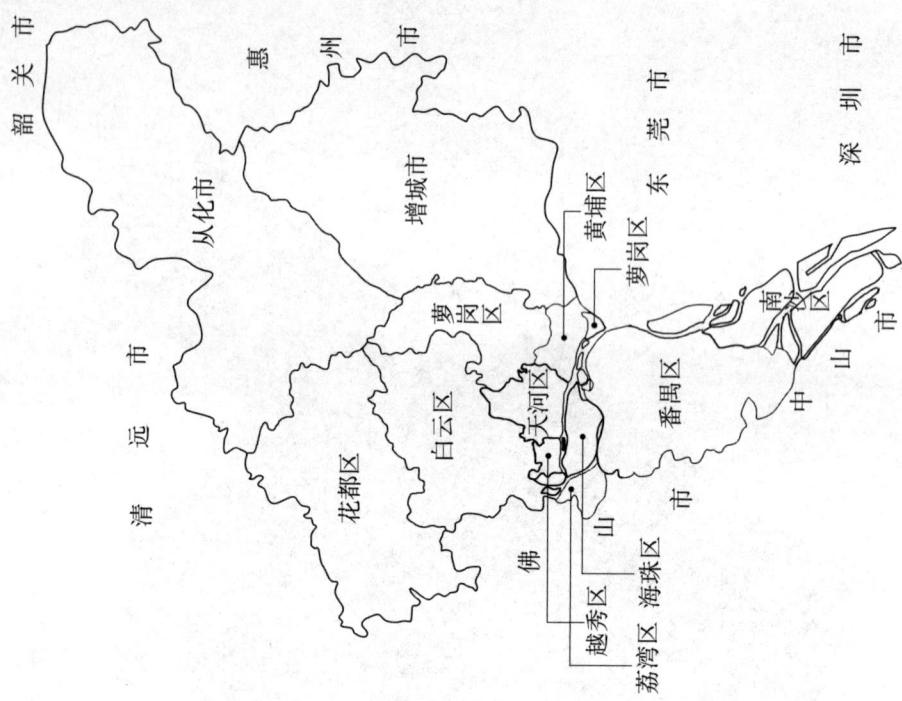

（2013年）

（1990年）

广州市行政区划变迁示意图（1990年、2013年）

目录
CONTENTS

上 编

关于再造华南经济中心新优势的构想

一、引言

广州宛如镶嵌在珠江三角洲地区的一颗明珠。作为综合改革试验区的中心城市，它肩负着寻求发展和为改革开放探索道路的双重任务。

在 20 世纪 80 年代，广州充分运用中央赋予的优惠政策，利用改革先行一步的有利条件，发挥了作为华南地区经济中心的优势，取得了令人瞩目的成就，但同时也面临着种种棘手的问题，既有近期出现的诸如市场疲软、生产力下降等困难，又有长期困扰经济发展的基础性问题，尤其是随着国际、国内科学技术的飞速发展，以及中央在 90 年代重点开发上海浦东的战略决策的制定，形势发生了深刻的变化，从而使广州未来发展面临种种挑战。

如何才能使广州进一步发挥其作为华南经济中心的作用，并争取在 20 世纪余年发展成为国际性的大都市，为我国早日进入中等发达国家行列做出更大的贡献？为解决这个问题，我们只有从广州经济的长远发展着眼，才能有充分的认识。

本编以此作为研究的立足点，从城市经济和区域发展的角度出发，运用定性分析和定量分析相结合的方法，综合剖析广州经济发展中的问题，提出让广州经济重振雄风的若干设想和相应的对策。

二、成就和问题

（一）1979—1989 年的发展评价

1. 总的态势

从 1978 年年底中共十一届三中全会召开至 1989 年的整个期间，是中华人民共和国成立后广州经济发展最兴旺发达的黄金时期。从几项重要经济指标来看，无论是绝对值还是增长速度，都是 1950—1978 年所不能比拟的。显然，这 11 年来广州充分运用中央赋予的特殊政策、灵活措施和沿海开放城市先行一步的有利条件，以及计划"单列"权限，开始逐渐摆脱传统发展模式的束缚，以"敞开城门、搞活流通"为突破口，大力发展有计划的商品经济，经济运行机制发生了显著的变化，使其在传统发展模式下积累起来又被压抑的潜能得到了较大的释放，重新确立了其作为华南地区经济中心的地位。

表 1 - 1　广州 1979—1989 年与改革开放前经济增长情况比较

	1950—1978 年		1979—1989 年		增长比较	
	绝对值（亿元）	年均增长（%）	绝对值（亿元）	年均增长（%）	绝对值（倍数）	变化百分点
国民生产总值	557.84	9.24	845.72	18.84	1.5	+9.60
工农业生产总值	1 002.03	10.54	1 841.21	12.29	1.8	+1.75
社会总产值	1 286.02	10.58	2 952.11	15.17	2.3	+4.59
国民收入	509.14	8.89	1 111.66	16.28	2.2	+7.39
财政收入	193.04	9.68	297.56	11.68	1.5	+2.00

注：表中绝对值栏内的数据按 1980 年不变价计算。

资料来源：根据《广州四十年（1949—1988）》（中国统计出版社 1989 年版）及历年《广州统计年鉴》等整理。

2. 若干特点

一旦广州的经济潜能得到释放，其作为经济中心的优势就会重新发挥出来。

首先，强化了广州作为商品流通中心的辐射作用。由于率先实行了流通体制的改革，促进了各类市场的孕育和发展，至 1989 年年底广州已发展各类市场 320 余个，"三业"网点 10.96 万个，从业人员 57.34 万人，后二者分别比 1978 年增加了 16.8 倍和 3.04 倍，使商品流通量大幅增加，商品流通速度大大加快。11 年来，广州港吞吐量增加了 1.8 倍，1989 年全社会货运量为 18 397 万吨，是 1978 年的 3.5 倍，平均每年递增 12.1% 以上；全市社会商品零售额为 151.95 亿元，占全省的 21.5% 以上，比 1978 年增加了 6.9 倍，平均每年递增 20.7%，近几年一直居于全国十大城市的前三位。

其次，振兴了广州轻纺工业的优势。广州工业除 60 年代调整外，一直保持年均 12.7% 以上的增长势头，至 1978 年时已形成一个 ID（工业综合发展指数）达 0.95[①]的门类齐全的工业体系，但轻工业、重工业发展比例严重失调，每年重工业增长率都比轻工业增长率高 6.5 百分点以上，以至轻工业与重工业的比例从 1950 年的 83.6∶16.4 下降到 1978 年的 61.1∶38.9，严重压制了广州轻纺工业的优势。改革开放后，广州首先调整了轻工业结构，1979—1980 年集中进行以发展 16 种轻纺工业"拳头产品"为核心的"关、停、并、转"行业调整，当年就使轻工业与重工业的比例调整为 65.2∶34.8。经过努力，"六五"时期广州轻工业的年均增速首次超过重工业 0.8 百分点；进入"七五"时期后，随着一系列新兴消费品的开发，广州轻纺工业发展得更快，1986—1989 年轻工业每年的增长率都在 14.7% 以上，超过重工业 2.5 百分点。

---

① ID（工业综合发展指数）$= 1 - \dfrac{\sum x_i}{(\sum x_i)^2}$，常用于衡量工业发展的综合化程度，$ID \Rightarrow$ 0 表明工业完全集中于一个部门，$ID \Rightarrow 1$ 表明工业在各部门均匀分布。

再次，大力发展外向型经济，扩大了对外贸易中心作用的影响。1979—1989 年，广州共签订各类利用外资合同 27 452 宗，实际利用外资 13.14 亿美元，累计办有"三资"企业 1 414 家，"三资"企业和"三来一补"出口总值占广州外贸出口总值的比重 1980 年为 12.9%，1989 年已提高到 29.7%。外向型经济的发展进一步扩大了广州对外贸易的作用，每年两届"广交会"的成交额为 50 亿~60 亿美元，广州口岸的进出口额已占全国的 15% 以上，与广州建立贸易关系的国家和地区有 136 个，正常贸易来往的客商有 2 万余家。1989 年广州外贸出口总值为 11.07 亿美元，比 1978 年增加了 7.2 倍，年均递增率达 21.1%，广东省出口总值比重从 9.7% 上升到 13.6%，提高了 3.9 百分点，外贸依存度已超过 18.1%。①

最后，城市功能逐渐被人们认识和重视，初步改善了过去只强调发展工农业生产，而忽视对城市功能的考虑，以至广州不仅不能为自身的生产、生活服务提供充分的依托，也不能为周围区域提供中心城市功能服务的状况。通过加强城市基础设施建设，调整第三产业发展的速度和规模，一定程度上强化了广州的城市功能，使城市发展格局开始出现变化。这反映在广州经济结构的变化上，即三次产业的 GDP 构成比例从 1978 年的 3.8∶65.1∶31.1 变为 1989 年的 3.7∶45.3∶50.1；第一、第二产业就业比重分别减少 9.5 和 2.5 百分点，而第三产业则增加了 12 百分点，达到 12.1∶42.7∶45.2。这就使广州投资环境得到一定程度的改善，产业结构也逐渐趋于协调，第三产业和第二产业 GDP 构成之比也从 0.48 上升到 1.11，开始接近钱纳利的关于发展中国家在结

---

① 出口总额美元与人民币的汇率按 1980 年 11 月 17 日前的官方汇率 1∶4.71 换算。

构变化时期的标准模型值（1. 7 ～ 2. 7）。[1]

（二）发展中的矛盾和问题

广州经济在 80 年代虽然取得了可喜的发展，但必须清醒地看到还存在许多基础性问题未能得到彻底的解决，反被早些年经济过热发展的表象掩盖。面对 80 年代末出现的市场疲软、生产滑坡状况，人们往往只重视解决眼前的困难，而忽视了这些实际上长期困扰着广州经济进一步发展的难题。其中有些基础性的问题必须引起人们的充分重视：

1. 城市环境饱和，制约了中心城市功能

广州市区"臃肿"，基础设施尤其是城市交通超负荷运载的状况，在 80 年代仍未得到彻底的改善。改革开放前，广州 84% 的工厂、67%的铁路货物到发量、80% 的汽车运输量、83% 的城镇人口都集中在市区；到 1989 年时，除工厂数减少到 70% 外（主要是郊县乡镇企业数量增加造成市区比例下降），其余相应的数值却分别增至 80%、96% 和86%。市区人均住宅面积占有率虽然稍有提高，但旧城区人口密度高，如 1989 年越秀区每平方千米的人口数量高达 5. 46 万人，荔湾区高达4. 66 万人，住房仍然拥挤；加上基础设施不足，市区煤气普及率不到20%，供电缺口常达 40% 以上；市区每年 7. 74 亿吨的工业、生活废水排放量中，符合排放标准的（包括经处理后达标的）仅为 31. 4%，粪便无害化处理能力仅为全年清运量的 46. 2%；市区交通噪音达 73. 25 分贝，据统计，自 1986 年以来，超过国家规定一类混合地昼间环境噪声标准55 分贝（A）以上的声级覆盖面积约占总监测面积的 89. 7%，影响人口达 180. 9 万人之多。[2]

---

① CHENERY H B. Patterns of industrial growth. American economic review, 1960, 50 (4)：pp. 624 – 654.

② 引自汤国良主编：《广州工业四十年》，广州：广东人民出版社 1989 年版，第 345 页。

尤其是城市交通拥挤堵塞的状况，当时几乎可谓全国大城市之最。市区道路长度和面积在全国十大城市中均排末位。据 1990 年的统计，人均道路面积仅为 1.85 平方米，远低于同期全国十大城市的平均水平。由于公共交通系统落后，平均每万人拥有公交车（包括汽车、电车）4.1 辆，即每一辆公交车要负担 2 458 人，迫使市民不得不以自行车作为主要的出行交通工具；全市自行车保有量达 214 万辆，平均每 1.7 人就拥有一辆，致使每平方千米的道路不仅有机动车 354 辆，还有自行车 3 862 辆（如以市中心区道路计算，那么每平方千米则有机动车674 辆，自行车16 782辆）。如果考虑到当时广州基本仍处于平面交通状态，以上数字意味着每天起码有 150 万辆自行车在马路上运行，造成行车难、行路难、横过交叉路口更难的交通秩序混乱现象，严重影响城市居民生活和企业生产。①

可见大城市自生的三大弊病，即因人口膨胀而出现的住宅问题、因各功能区联系增多而出现的交通问题，以及因大量的"三废"排放而造成的环境问题，仍然像 3 道"紧箍咒"，极大地困扰着广州经济的发展。

2. 生产经营粗放，产值与效益逆向运行

广州 1979—1989 年的经济增长虽然达到了较快的速度，但效益出现了比较明显的下降，恰与产值增长形成逆向的运行。从常规经济效益指标来看，1979—1989 年广州物质生产部门中的社会物质消耗率上升了 6.62 百分点，净产值率却从 37.09% 下降到 33.24%。广州工业部门这 10 年来的常规经济效益指标情况，见表 1 – 2。

_____

① 数据引自《广州日报》1990 年 4 月 16 日第 1 版的相关报道。

表 1-2　广州独立核算工业企业主要经济效益指标

（单位：%）

年份	企业亏损面	资金产值率	产值利税率	流动资金占用	可比成本降低率
1978 年	8.61	153.24	18.97	30.19	1.71
1980 年	12.19	163.33	20.51	26.83	-0.19
1985 年	8.02	174.22	22.36	26.77	-7.69
1989 年	16.89	114.47	18.43	46.07	-20.59

资料来源：根据历年《广州统计年鉴》中有关数据，均按可比价格计算。

表内这几项指标的变化，说明生产效率、资金占用、投入产出对比等各方面效益自 1985 年以来都大大下降，有些指标甚至低于 60 年代国民经济调整时期的水平，尤其是可比成本降低率的负增长，使企业亏损面几乎扩大了一倍，投入产出效率下降了 25%，流动资金占用却增加了 4.47%。

由于常规的经济效益指标只是部分生产率指标，是对某一投入要素生产率的反映，只能从一个角度说明经济效益的情况，故具有一定的片面性，在投入要素之间替代程度很高的情况下尤其如此。为了能更准确地认识和把握广州经济发展的效益趋势，我们再以国际经济学界广泛使用的综合指标——全要素生产率（Total Factor Productivity，简称 TFP）[1] 来进行分析。TFP 是指产出增长与投入要素增长加权和之间的差额，它的提高是资源配置改善、规模节约和技术进步的结果，这正是经济发展中内涵因素的主要内容。因此，TFP 实际上是通过对影响经济增长的外延和内涵因素的量化，来反映客观经济效益的综合指标。

---

[1]　JOHN EATWELL & MURRAY MILGATE. The new palgrave：a dictionary of economics. London：Macmillam Press，1987.

这种分析方法自 20 世纪 50—70 年代由美国经济学家法布雷坎特（Fabricant）、肯德里克（Kendrick）和丹尼森（Denison）等创立以来，已成为评价各国经济增长的有效性和经济效益高低的最通用的指标。[①] TFP 越高，在产出增长中所占比重越大，经济效益就越好，反之则越差（计算公式和广州 TFP 计算结果详见本编附件）。表 1 - 3 是以广州独立核算工业企业数据为基础计算的 1979—1989 年广州经济发展各阶段全要素生产率增长和各要素贡献份额比较情况：

表 1 - 3　1979—1989 年广州经济发展各阶段全要素生产率增长和各要素贡献份额比较

（单位：%）

增长阶段	产出增长	资金要素投入增长	劳动要素投入增长	全部要素投入增长	全要素生产率增长（$\alpha = 0.6$）
1979—1980 年	14.22 (100)	6.35 (26.80)	4.89 (13.79)	5.77 (40.58)	8.45 (59.42)
1981—1985 年	12.11 (100)	10.73 (53.18)	0.20 (0.66)	6.52 (53.84)	5.59 (46.56)
1986—1989 年	17.2 (100)	24.82 (86.57)	0.90 (2.33)	15.29 (88.90)	1.91 (11.10)
1979—1989 年	14.32 (100)	14.82 (62.08)	1.05 (3.07)	9.31 (65.01)	5.01 (34.99)

资料来源：根据历年《广州统计年鉴》中的有关数据计算。本表中的"产出增长"为国民收入年均增长率，各栏括号内的数据为要素或生产率增长对经济增长的贡献率。

　　由表 1 - 3 可见，广州的经济效益在改革初期是上升的，1985 年后出现下降趋势（这与常规指标反映是一致的），全要素生产率增长从 1979—1980 年的 8.45% 剧降为 1986—1989 年的 1.91%，下跌 6.54 百分点。对经济增长的贡献率从 59.42% 下降为 11.1%，减少了 81.32%。

[①] 参见吴敬琏主编：《1986 年中国经济实况分析》，北京：中国社会科学出版社 1989 年版，第 25 页。

若从历年的 TFP 增长情况考察，各年的 TFP 波动很大，年份之间最高和最低的 TFP 幅差区间达 ±101. 12，而且在 11 年中，有两年（1986 年和 1989 年）出现 TFP 负增长，尤其是 1989 年的负增长达 −10.92%，不仅比 1979—1989 年的 TFP 平均值低 16 百分点，还比改革初期的 1979 年低 12 百分点以上，是广州改革开放 11 年来最低的一年。故这些年来，广州工业发展实际上不得不主要依赖资金的大量投入（1986—1989 年已高达 86.57% 的份额）来维系较高速度的外延增长，效益当然很不理想。从图 1−1 可见，产出的高增长实际上是以 TFP 作用率的下降为代价的。

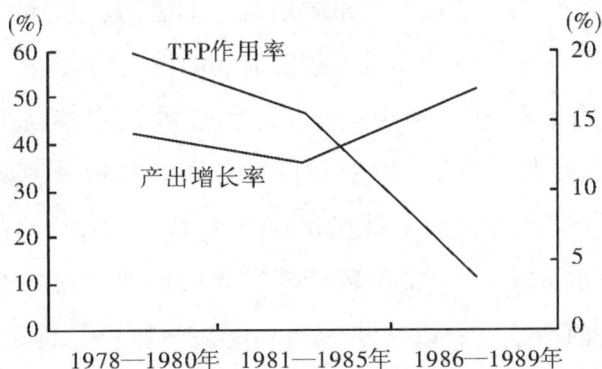

图 1−1 TFP 作用率与产出增长率的逆向变动

　　这一动态变化无疑与广州经济发展态势和体制改革效应有密切关系。前一时期效益上升，主要是因为体制改革中农村改革的推动、广州开放市场搞活流通和调动生产者积极性等改革措施，以及大力调整经济结构，发展轻纺工业尤其是新兴耐用消费品工业生产的效应，使旧的经济系统中的潜力得以释放；而后一时期效益下降，则与体制改革进展的减缓，以及由于经济发展过热导致发展态势中长期存在的结构性矛盾激化（这个问题，我们后面再详细分析）和全国经济紧缩的背景分不开。

3. 资源供给薄弱，多方面束缚发展

首先是广州的农业基础比较薄弱。广州农业人口占42.6%，虽然市郊及几个辖县的农业自然条件尚好，但由于农业技术发展跟不上，基本上仍属于自然种植，农业生产率还很低，整个农业对广州经济增长的贡献份额不到13%。当然广州不能也不应强调粮食自给，由于种植面积不断减少，1989年粮食总产量已经比1979年有所下降，经济作物和副食品等生产虽有较大的增长，但仍未能完全满足供给的需要。广州轻工业使用的原料中，农产品原料比重仍占43.5%以上，其中相当一部分来源于本地。在我国市带县的体制下，广州农业基础薄弱，供给能力低，对支撑广州第二、第三产业发展是颇堪忧虑的隐患。尤其广东是缺粮省，农业歉收往往是广州投资波动进而经济波动的诱发因素。

其次是能源、原材料供给紧张。广州工业的主体是加工工业，绝大部分工业原材料必须依赖外地，自身资源非常短缺，如一次能源自给率不到2%，供电量至今只能满足60%左右，这样广州工业发展势必受到两个方面的压力：一是许多原料产地在短期利益的刺激下，竞相发展加工工业而造成物资进一步短缺和能源、原材料价格大幅度上升；二是企业限于生产技术和管理水平，难以消化所受到的冲击，造成90年代后期广州工业企业亏损面不断扩大的局面。

再次是人力资源短缺。虽然广州地区号称集中了全省科技人才总数的1/3，且从1982—1990年以来每10万人口中大专文化程度人数增加了1倍多（且不论这其中有多少是"文凭热"造成的水分）[①]，但从科技人员占总人口比例仍仅为2.5%来看，不仅比不上北京、天津、上海和武汉等大城市，甚至比不上省内一些近年来新兴的中小城市。况且由于种种因素，广州地区科研、文教等部门以及相当部分国有企业的人才流失日渐严重。80年代末市区城镇人口就业率已达58.7%（包

---

① 参见广州市统计局《关于1990年人口普查主要数据的公报（第一号）》，载于《广州日报》1990年11月17日。

括个体劳动者），而因经济发展吸引来的外地劳动力又基本是非熟练工，广州每年需计划外用工平均21万人以上，仅市区就需计划外用工19.5万人以上，其中来自农村的非熟练工占46.6%。故从长期发展考察，市区劳动力尤其是熟练劳动力不足的问题将会更加严重，一方面容易导致市区人口控制目标与经济发展的矛盾，另一方面势必导致工资成本的提高，带来产品成本增加及影响外资投入等不利因素。

最后是资金的供给日趋紧缺。一方面，广州国民收入积累率已经连年上升，从1982年超过了37.5%后就一直居高不下，1985年曾高达52.6%，致使1979—1989年的国民收入积累率平均高达44.1%（其中市区达28.7亿元），这样的积累率难以长期维持。而且广州市财政上缴支出负担重，1979—1989年累计上缴财政支出为261.13亿元，占同期财政总收入的68.8%以上，留给地方使用的仅有128.3亿元，而实际的财政支出为175.2亿元，致使11年间累计财政赤字已超过46.8亿元。另一方面，广州的银行信贷从1984年起，一直是贷大于存，至1989年累计存贷差已近24亿元，1989年广州的资金投入来源于财政预算和银行贷款部分的比重分别比以前下降7.7百分点和4.3百分点。这都表明广州原有的资金潜力已不显著，随着区域倾斜政策效应的减弱，广州要再像前期那样从国内拆借大量资金已不可能，短期内外资的流入亦不会剧增，自筹投资因地方财政困难及企业经济效益下降也难有大幅度的增加，这给广州未来的发展带来很大的压力。

以上三大基础性难题，实质上是多年来国民经济深层次的结构性矛盾的集中反映，这使得广州经济的发展实际上带有一定的脆弱性，严重影响中心城市综合优势的发挥，1989年的市场疲软使广州再次陷入剧烈的经济波动之中，实际上就已经是个危险的预警信号。

三、预警信号：优势衰减的危险

（一）对优势位移和衰减趋势的分析

广州经济发展中存在的三大基础难题，在 90 年代必将与广州作为华南地区经济中心本应具有的优势形成尖锐的冲突，而且使广州经济发展隐潜着一种不稳定的脆弱性，这在 1989 年年底开始受全国性市场疲软的影响时，已经表现得甚为明显：不仅当年的工业增长速度从 1988 年的 25.6% 剧降到 5%，到 1990 年上半年，全市经济增长态势在全国十大城市中已经降至中下水平。[①] 这一方面是随着我国经济改革的深入，国家不断调整国民经济各方面利益的必然反映，另一方面无疑也向我们展示了一个预警信号：广州原有的优势在全国进一步加快改革开放的发展中有逐渐衰减的趋势。

1. 区域开放优势重心将北移

中共十一届三中全会以来，我国最早实行开放的地区是广东、福建两省的 4 个经济特区，随后是包括广州在内的 14 个沿海城市和海南岛，1985 年建立了长江三角洲，珠江三角洲和闽南厦门、漳州、泉州地区 3 个沿海经济开放区，1987 年设立海南省（随后又设为海南经济特区）和扩大沿海经济开放范围，开放的市、县增加到 284 个，总面积达 32 万平方千米，人口达 1.6 亿人，形成了一个疆域辽阔、面向太平洋的中国沿海开放经济地带，构成了中国经济迎接 21 世纪的重要战略态势。

在这庞大的沿海经济地带内，广州在 80 年代曾享有特殊的优势，这种优势来源于两个方面：一是广东开放最早，又是全国的综合改革试验区。作为试验区中心城市的广州，自然得以优先获得这种区域开

[①] 引自广州市统计局编：《统计与分析》，1990 年第 37 期。

放倾斜政策的"先发性利益";二是广州毗邻港澳,历史上就有所谓"省(城)港"关系,95%的香港居民是广东籍人,这是内地其他中心城市所没有的特殊地理环境及社会人文条件。实际上这就使广州几乎处于这一时期全国区域开放的重心了。由于港澳资本在这一时期占我国外资流入的比例较大,广州利用外资更以港澳资本为主,因此广州经济在80年代的发展,实际上是得到了其他地区望尘莫及的区域开放重心优势的支撑。

但进入90年代以后,广州这种特殊的对外开放优势面临着逐步衰减的危险:首先是随着全国改革开放的深入,其他开放城市和地区都大体获得与广州相同的优惠政策,广州的政策优势已大不如前,想继续享有这种政策的"先发性利益"已不可能;其次是广州外资大部分来源于港澳地区,但面临香港回归,在种种因素的影响下,近期相当一部分港资流向海外,有些则流向东南亚新兴工业国家,[①] 况且港澳地区资本在流向广州的同时,也大量并以数倍于流入广州的速度流向了珠三角其他地区,无形中使珠三角其他地区与广州形成了竞争;最后,也是最关键的是,中央决定在90年代重点开放上海浦东地区,并给予了更加优惠的开放政策。由于上海的经济技术先进,生产实力占全国的1/7,工业基础雄厚,日本、中国台湾的资金自然就会择近舍远。况且80年代后期,许多沿海开放城市如天津、大连、青岛等已经奋起直追,狠抓城市基础设施,彻底改造投资环境,天津甚至宣布其产业改革的序幕已在80年代拉开,准备在90年代进入高潮。[②] 随着欧亚大陆桥的开通,我国中西部与世界的联系也将得到极大的加强,这一切都预示着区域开放优势和重心有向北转移的趋势,这对广州90年代的发展施加了很大的竞争压力。

---

① 参见《香港对东盟四国投资进入高峰预测》,《经济日报》,1990年12月5日第4版。
② 参见《南方一行访天津市市长》,《经济日报》,1990年11月12日。

2. 经济波动剧烈，实力地位相对下降

中心城市的地位及其优势，往往是同其经济实力和辐射力成正比的。当我们从与全省比较的角度考察广州近年来的经济增长状况时，却发现一个令人担忧的情况，就是广州经济在全国几次"扩张—紧缩—扩张"的政策交替中，出现一种"超调"现象，即经济增长呈现的波动性远远大于全国水平。从1985—1986年和1988—1989年两次全国紧缩对广州经济的影响来看，第一次已经使广州工业生产下跌17.2百分点，各项主要经济指标反映的波动振幅平均达25%；而第二次更使工业生产下跌20.6百分点，波动振幅为30.6%以上。如果从1988年增长最高点与1989年最低点的落差来看，广州工业增长回落高达40百分点，而全国仅为20百分点；社会商品零售总额回落55百分点，全国为30百分点；零售物价指数升幅落差为40百分点，全国则为13百分点。[①] 这说明广州经济对全国经济动态变化的"超调"性还在加深。"超调"现象意味着经济周期波动加剧，倘若考察1949—1989年广州经济增长所经历的8次周期波动中，并与全国同期进行比较，不难发现广州在改革开放前（1949—1977年）的5次波动和改革后（1978—1989年）的3次波动中，无论从周期长度，最高峰尖和最低谷底，最大落差与平均落差及离差性等各项指标跟全国比较，恰呈截然不同的两种情况（详细数据见本编附件），前者大都低于全国，后者则多高于全国。结果见图1-2：

---

① 参见广州经济社会发展研究中心编：《研究与决策》，1990年第1期。

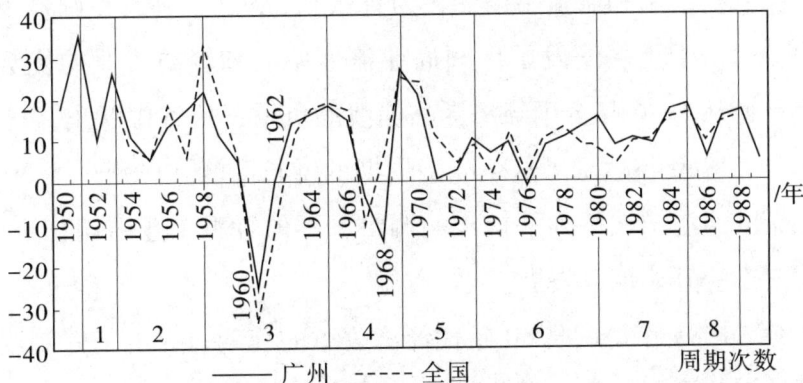

图 1-2 广州与全国经济增长率波动周期的比较（1951—1989 年）

这表明改革后广州经济发展的波动不再仅仅是全国性波动的滞后反映，而是具有了自己的特点。根据我们的研究，广州在改革后的 3 次波动是各方面因素综合起作用的结果，限于本编的研究目的和篇幅，这里集中分析其中的主要原因，即在广州经济发展中由于存在的三大基础性难题而集中反映的结构性矛盾以及这种波动的加剧给广州经济发展带来自身增长优势衰减的后果。先看下面的指标：

表 1-4 广州改革开放后 3 次周期波动情况

波动期	周期长度（年）	最高尖峰（%）	最低谷底（%）	落差（百分点）
1973—1980 年	7	15.5	-1.0	16.5
1980—1985 年	6	18.8	8.4	10.4
1985—1988 年	4	16.0	5.5	11.5

资料来源：根据历年《广州统计年鉴》中有关 GDP 增长速度的数据计算。

这 3 次波动恰好反映了广州从 70 年代末到 80 年代经济改革的 3 个不同时期：

1973—1980 年是广州开始进入改革的初期。如前所析，广州改革是以全国农村改革和需求结构变化为背景①，从搞活流通和调整工业结构入手的，由于重新焕发了广州商业流通中心和轻纺工业的优势，广州经济迅速从 1976 年全国经济濒临崩溃的负增长低谷中跃出，1977 年开始回升，1980 年达到了这个经济周期的增长高峰。广州过去 30 年长期不协调的经济结构得到了初步的调整，不但轻重工业结构初步协调，而且第三产业开始恢复发展。

1980—1985 年是广州 80 年代经济改革的前期，无论是体制改革还是经济发展的速度和效益都比较好。虽然 1981 年各地市场开放后，一度出现对传统耐用消费品盲目发展的状况，广州传统轻工业产品如电风扇、自行车、手表等市场受到冲击而使经济增长一度出现滑坡，但这一周期的"谷底"仍维持在 8.4% 以上的中速增长水平，波动的振幅比上一周期减少 6.1 百分点，而且很快由于调整了产品结构，集中开发以电视机、录音机、冰箱等家用电器为主体的新兴消费品工业，广州经济从 1983 年开始走出中速增长的徘徊期而进入周期的扩张阶段，在1985 年达到这一周期的高峰。

1985—1988 年是广州 80 年代经济改革的后期。这个周期是在 1984 年第四季度后全国固定资产投资和居民收入增长过猛，工业尤其是加工工业超高速增长，总需求膨胀，国家不得不在 1985 年春季后采取紧缩措施的背景下诱发的。周期长度仅为 4 年，意味着波动频率加快了，而且最低谷时已不能维持中速增长，工业增长实际陷入了停滞，国民经济仅以 5.2% 的低速增长。显然，前些年体制改革所调动释放出来的经济潜力这时已经被挖掘得差不多了，而物价和城市企业体制改革，在实际进程中碰到了许多困难而举步维艰；更主要的是，由于广州经济体制本来就缺乏结构自动调整机制，结构矛盾一直不同程度地存在，1979—1980 年对轻重工业结构的调整，不过是在特殊的改革环境下，

---

① 参见黄菘华主编：《广州改革开放十年》，海口：海南人民出版社 1988 年版。

动用行政手段对一些企业实行"关、停、并、转"而实现的适应性调整,不但未能彻底解决一些深层次的基础性难题,而且近年来广州经济结构中不协调的状况似乎又有复归的迹象,城市产业中的部分结构再次出现失衡。1980—1989 年广州固定资产投资中,工业部门占了45%以上,而交通、邮电及公用事业合计才占不到18.6%,城市基础设施的增长仍远远落后于同期工业生产的增长。① 而在工业内部结构中,如果说过去30 年是重工业压抑了轻工业的优势,那么改革后,这种情况又出现了"倒挂",在大力发展轻工业生产的同时,重工业增长实际上又受到了不恰当的抑制,尤其是重工业内部结构的调整没有得到应有的重视,使电力等能源工业及为轻工业提供原材料等的基础工业发展严重滞后的矛盾进一步加深了。经济波动的"超调"更直接导致广州经济增长优势减弱,而使其经济实力呈相对下降的趋势,见表1-5:

表1-5　广州及全省经济实力对比情况

(单位：%)

	占全省比重		1979—1989 年增长率		百分比	
	1978 年	1989 年	广州	全省	比重变化	增长率对比
1. 社会总产值	26.1	18.0	16.6	20.6	-8.1	-4.0
2. 国民收入	17.5	15.4	15.6	18.4	-2.1	-2.8
3. 国民生产总值	19.5	18.1	18.6	19.5	-1.4	-0.9
4. 工业总产值	34.9	18.9	11.5	17.9	-16.0	-6.4
5. 其中：轻工业	38.0	18.4	12.2	19.9	-19.0	-7.7
重工业	30.6	20.0	10.9	14.6	-10.6	-3.7

资料来源：1. 根据《广东统计年鉴1990 年》《广州统计年鉴1990》计算,其中指标1~3 按当年价格计算,指标4~5 按1980 年不变价计算。

2. 广州数据为市区数,因为1979—1989 年广州行政区划几番变动,故全市数据不可比。

_____

① 根据广州市统计局编的《广州四十年（1949—1988）》（中国统计出版社1989 年版）的有关数据计算。

表1-5中对比的结果令人担忧，其中工业生产实力下降幅度最大，尤其是作为广州工业优势中的轻工业生产实力下降更大，广州作为工业中心的地位被严重削弱，令其对周围地区工业生产的凝聚力和影响力大大下降。

（二）区域工业结构的同构化

广州经济增长优势衰减的另一方面来自所在区域工业结构同构化的竞争和摩擦。正如前文所分析，广州80年代初的工业调整是在国内改革开放刺激了经济发展，加上外来消费示范的效应，从而提前使国内非必需消费品市场需求剧增的情况下进行的，很自然地集中于以家用电器为主体的新兴消费品的生产上，并大力进行扩充。这种产业结构调整的结果必然与近年大力发展新兴工业的珠三角地区、经济特区及沿海主要城市的工业结构严重同构化，见表1-6：

表1-6　广州与珠三角经济开放区主要城市工业部门产值构成的比较

（单位：%）

	广州	开放区	佛山	江门	中山	深圳	珠海
冶金工业	3.9	1.6	2.1	1.3	2.1	1.0	3.3
电力、煤气、自来水工业	2.1	2.0	0.8	1.3	0.4	1.1	1.1
化学工业	18.1	15.0	15.0	19.4	15.4	10.5	24.6
机械工业	38.3	39.9	37.3	27.5	38.7	56.6	36.0
建材工业	2.2	4.2	5.2	4.9	4.0	3.0	3.3
木材及木制品工业	1.9	1.6	1.5	2.0	1.9	0.8	0.9
食品、饮料、烟草工业	10.7	9.7	8.8	11.1	11.6	7.9	15.2
纺织工业	7.4	11.1	16.2	16.4	5.6	6.3	6.3
服装、皮革工业	5.1	6.5	5.3	8.3	9.8	6.1	4.4
造纸、印刷、文教工业	6.6	7.4	7.1	5.5	9.3	6.7	4.8

资料来源：1. 根据历年《广东统计年鉴》和《广州统计年鉴》中有关数据（均按1980年不变价）计算，其中各城市数据均为市区数据。

2. 珠三角经济开放区中未包括肇庆市区、高要、四会、广宁及清远市区数据。

由表 1 - 6 可见，广州与周围地区的工业部门结构是高度相似的，其主要行业全挤在机械工业，化学工业，食品、饮料、烟草工业，纺织工业及服装、皮革工业 5 个部门之中，这几个部门占全部工业产值的比重，广州为 79.6%，珠三角经济开放区为 82.2%，其余几个城市如佛山为 82.6%，江门为 82.7%，中山为 81.1%，深圳为 87.4%，珠海为 86.5%，大体上都一样，只是部门排列的次序稍有不同，但都以机械工业位列第一，且所占比重大多超过了 1/3，其中在这个部门中占比最大的又都是家用电子、电器行业，如广州占 42.7%，开放区占 66.7%（机械工业部门产值 = 100）。为了进一步说明，把表 1 - 6 有关数据绘成曲线图，可以看得更直观。

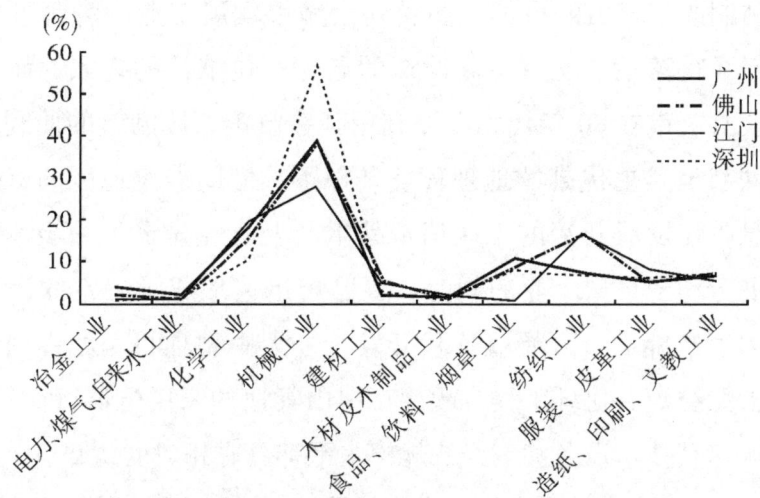

图 1 - 3 广州与珠三角经济开放区若干城市主要工业部门产值构成

由图 1 - 3 可以看出，广州的工业部门产值曲线与一些城市的叠合程度相当高，这表明广州同其周围地区的工业几乎是在同一结构层次上，因而也就不得不在同一产品结构范围内竞争国内、国外市场，而且一定会产生同一资源需求结构矛盾。换句话说，作为经济中心的广州对周围地区工业的带动作用不是辐射、吸引和合作，而是剧烈的摩擦和竞争，由此可以进一步看到广州发展优势衰减所隐伏着的危机：

一是广州80年代以来虽然结构变动频率不断提高（据有关的研究表明，仅1981—1985年结构变动频率就提高了6.4倍以上）①，然而可惜的是，这样高频率变动的生产结构既没有推动传统现代化进程从轻纺工业转向"重化工业化"，也未跨越过这一传统阶段而向高科技结构过渡。无论是当年调整广州轻纺工业而提出的16种拳头产品，还是这些年来机械制造业部门增长最快的日用机械、电子、电器等产品，基本上都属"消费类产品"，而鲜有"投资类产品"的大幅度增长。产业结构的过度轻型化，使基础部门日益薄弱、结构性矛盾加剧、经济发展后劲不足。

二是广州工业在同省内各新兴工业县、市的竞争中，不仅受到城市工业体制改革滞后的束缚，还受到大城市发展工业的种种社会负担以及已经显得落后、亟待更新改造的老企业包袱等的拖累。而这些新兴的工业县、市在80年代则已经利用其在政策、体制上的便利，在与广州相同甚至是更优越的地理环境条件下，借助港澳地区的资金、技术和信息，在发展新兴的工业消费品生产上已经先走了一步，而且在大力发展劳动密集型产业的同时，也已经迅速形成了一定的资本集约型产业的生产能力，开始搞连片开发，上大中型项目，如佛山、新会等地的大型纺织、化纤工程，顺德、中山等地的家用电器行业等，② 与广州相比，其技术设备甚至经济规模水平都具有相对的优势。

三是这些新兴工业县、市工业化过程的机制与广州不同，一开始就是以市场为导向，因此既不要也不可能乞求门类齐全，而大多是选择有市场竞争能力的优势产品作为突破口，利用其相对充沛的土地、劳动力资源等集中投入，攻其一点而惠及其余，故其产业倾斜度大大高于广州。在这种

① 参见广州经济社会发展研究中心编：《研究与决策》，1988年第1期。
② 参见左正：《从二元经济走向现代增长》，见广州日报理论部主编：《实践的光辉——珠江三角洲改革开放十年征文选》，广州：广东高等教育出版社1988年版，第64－79页。

瞬息万变的消费品市场竞争中，广州"门类齐全"的结构反而不一定是优势，工业综合程度高而产业倾斜度较低，在工业部门的细分行业中，只有电器行业的比重略超过10%，因而使广州工业调整常有"尾大不掉"的感觉，加上经营环境日益饱和，一旦市场疲软，就相形见绌了。

（三）两种可能的前景

综合以上的分析，广州经济发展的综合优势在不断衰减已是毋庸置疑的事实了。这些隐伏着的危机，使广州这个中心城市对珠三角等周围地区的吸引力越来越弱，离心力则越来越大，从而进一步削弱了广州经济发展的综合优势。这个越来越清晰的预警信号，预示着90年代广州作为华南地区经济中心的地位及其作用将会遇到日益严峻的挑战，广州经济正站在分岔路口，面临着两种可能的前景：

一是中心地位再次失落，或者回归改革开放前与区域分离的状况，再度使其成为区域经济发展中封闭的"孤岛"城市，或者只是作为一般生产型的大工业城市发展，但最终都避免不了走向衰落的危险。这并非危言耸听，国内外都不乏大城市从繁荣走向衰败的例子。广州虽然是计划"单列"城市，"单列"固然可以在一定程度上解决分权的问题，但是也会有自我封闭的危险，不可不提高警惕。

二是重新发挥或振作正在逐渐衰减的优势，迎接挑战，使广州经济从现有水平再跃上一个新的台阶，保持不断发展的势头，维护其中心城市的地位和作用，争取在20世纪余年内实现向国际大都市的转换过渡，使华南地区继续成为我国经济发展最具活力的区域之一。

我们必须力争实现第二种发展前景。

四、再造新优势：重振广州经济雄风的选择

（一）求解当前困境的两种可能

广州目前面临的国内外形势是挑战多于机遇。这不仅仅是市场疲

软带来的困难，更重要的是如何选择实现上述提出的第二种发展前景的长远方向问题，这无疑是一道难题。

广州如何才能保持中心城市地位？在华南地区未来的现代化进程中（珠三角经济开放区、特区等不过是这个地区工业化进程中的先行区），广州究竟应该充当什么角色？广州确实面临着一次新的选择。倘若囿于传统的思维方式，考虑中心城市依然以工业生产为主，就必然仍会从所谓广州工业门类齐全、基础较好的定向思维出发，在两种选择之间徘徊：一是继续使工业结构更加轻型化，追求扩充更大的轻纺工业规模，继续在最终消费品市场上同周围地区竞争；二是转而发展重化工业，作为能源、工业原材料或工业设备制造等重化基地向周围地区供给——这可能成为解决广州问题的两条出路，但都不是最优选择。

第一条出路不是理想的选择。广州能否竞争得过珠三角经济开放区、特区等这些在无旧体制、旧包袱束缚情况下已经迅速发展起来的各种新兴消费品工业？不是不可以，但必须在短期内投入巨额资金，对广州工业进行根本彻底的改造。以广州目前的状况而言，非付出巨大的代价不可。即使做到了，其结果也只是将广州重新变为一个生产型的工业城市，而且打垮的是自己腹地和周围区域的工业化发展，哪还谈什么带动华南地区经济发展呢？这岂不与发展的初衷大大相悖？

第二条出路也不可能。广东是缺能省，各种矿产资源秉赋本来就不丰裕，重工业基础本来就差。广州的工业生产主要靠外来资源的供给，即使未来再上一批重化、能源等基础项目，先不论资源的供给能否保证，光是这些"消重型"的工业也将给广州已经高度紧张的能源、交通增加巨大的压力并进一步污染城市环境，还有发展这些工业所必需的新增劳动力也会给已经高度负荷的各种城市基础设施带来不堪的负担，况且日后华南地区工业发展起来的庞大的资源需求又岂是区区一个广州的工业基础所能满足得了的？广州 1989 年的工业产值不到

400 亿元，"八五"时期大约增加到 1 800 亿元，到 20 世纪末预计可以达到 2 500 亿元，但光是珠三角经济开放区在 1989 年时的工业产值已超过 800 亿元，即使 10 年才翻一番，到 2000 年也会接近 2 000 亿元，另外 3 个特区城市现时的工业产值约 350 亿元，预计到 2000 年也会达到 2 000 亿元，[①] 届时广州拿什么去供给它们？

（二）第三种选择：再造新优势

显然，广州必须走第三条出路，即通过发展金融、贸易、技术、信息、教育等产业而重振广州经济发展的雄风，也就是要逐渐使广州从以工业为主的生产型中心城市向以金融、贸易、服务等第三产业为主的现代化大都市转换。只有这样，才能加强对外的经济联系，才能牢牢地把周围地区吸引过来，成为真正的经济中心，才足以与香港、澳门等国际城市在未来的发展中形成鼎立的态势。

广州与香港将来不是谁代替谁的问题，两个大都市各有不同的国内地位、国际地位和影响，各有不同的经济中心功能和辐射能力。如果让香港在 1997 年回归后反退而成为珠三角或者是华南地区的中心，本来是国际化城市的香港就会演变为地区化的大城市，这对香港不是好现象，对内地也不是好事。因此，我们必须继续保持香港经济的国际化，而且广州经济也应该逐渐从地区化向国际化转变。在这个过程中，通过加强穗港之间的联系和合作，在华南地区连成一条国内、国外经济中心轴线，再通过这一强有力的中心轴线把珠三角区域内的各新兴城市、特区城市等联结起来，形成如同日本西海岸"三湾一海"这样大规模的城市群落，进而在东亚和东南亚地区形成一个互补的经济体系，这对 21 世纪亚洲的发展是有利的，对中国，尤其对广州转换

---

① 根据广州市计委编制的《广州市国民经济与社会发展第八个五年计划和今后十年规划设想》，以及深圳、珠海和珠三角经济开放区各市县的"八五"计划中的有关数据匡算。

为国际性大都市也都是有利的。

这种选择意味着广州必须在 90 年代进行重大的经济改革，为此对广州经济未来的发展就要有一种新的思路，即不但应当重新认识其原有的优势，而且最重要的是在发展中不断再造广州的新优势。

如何再造广州的新优势？从历史上看，广州并不是一个单纯的工业城市，而是我国南方重要的对外通商口岸。广州原来的产业结构中，第三产业相当发达。1950 年广州第三产业在国民生产总值中曾占45.4% 的比重。广州发展成为主要以轻工业为主的生产城市，是中华人民共和国成立后的事情。到 1978 年，第三产业比重已经降为29.7%，改革开放后经过 10 多年的发展，到 1989 年时逐步回升到44.2%，这是广州坚持发展商品经济的必然结果。实际上，广州在 80年代中期就已经开始了从工业城市向现代大都市的转轨，1986 年制定的《广州经济社会发展战略纲要》已经初步体现了这一精神，[①] 只不过不是那么明确清晰，在实践中受到旧发展模式的束缚，还背负着 30 年来发展工业城市的沉重包袱，所以许多基础性的问题未能彻底解决，但毕竟已经处在新轨道的入口。总的来看，在 80 年代广州原有的优势不外乎 3 个方面，即商业中心优势、轻工业优势和改革先行的政策优势。除政策优势外，原有优势实际上就是以商业贸易为主的第三产业与轻纺工业并重的发展方向。这些优势在原有基础上已发挥得差不多，开始呈现逐步衰减的趋势，因此要再造广州的新优势，就必须总结经验，探讨进一步发展金融、贸易、教育、技术、航运等第三产业的新路子和调整广州原有工业的发展，使广州三次产业结构的比例从现在的 9.5:47.5:43 逐步调整到 20 世纪末时为 5:40:55。

---

① 参见广州市第八届人大常委会通过的《广州经济社会发展战略纲要》等 3 个文件决议，载于《广州经济社会发展战略纲要　广州文化发展战略纲要　广州科学技术发展战略纲要》，广州：广州文化出版社 1987 年版，第 3—20 页。

（三）可行性

1. 拓展第三产业的新路子

一是发展金融方面。世界上许多现代化大都市都是依靠金融发展起来的，香港就是典型的例子。广州在 10 年改革中未能形成真正的金融市场，不能不说是一种遗憾。虽然广州在 1987 年年底就在国内率先开办了有价证券交易点，并初步形成了网络，但可惜的是一直停留在雏形状态，没有向更高层次发展。1989 年年底广州证券公司停业后，证券市场几乎陷于停顿状态。更为关键的是，作为证券市场最重要的一部分——股票交易市场，至今因种种原因未能开放，这种状况与广州作为全国金融体制改革试点城市的地位是极不相适应的。广州经济在 90 年代要重振雄风，就必须把发展金融作为突破口。广州今后面临着资金严重紧缺的困难，必须通过各种途径筹措建设资金，更要通过资金融通的能力，为周围的地区提供金融服务。因此，加快建设广州国际金融中心，是再造广州新优势的首要任务。

二是发展贸易方面。80 年代以来广州虽然已经不再局限于传统的对内、对外商品贸易，而逐渐扩展到投资、房地产、技术、信息等服务贸易领域，但步子迈得不大，在第三产业中的比重还不到 2%。其实广州作为全省最大的科技中心，不仅拥有相当数量的成熟的传统工业化技术，还拥有相当数量的新兴工业化技术，如生物技术、微电子技术、新型材料等，每年都有大量的科技成果可供开发。据 1990 年的不完全统计，1980—1989 年，广州累计完成科技研究项目约 1.5 万项，其中获市、省、国家级奖励的就有 1 044 项，在国内推广投产率已达 78%。但技术的出口贸易发展很缓慢，在 1990 年广州技术出口项目发布会上才推出 148 个项目，尽管内容包括生物技术、现代化通信技术、微电子技术等，却只是众多成果中的一小部分。[①] 可见广州的技术出口与其拥有的科技实力还不相称，如何进一步扩大广州的技术、信息等贸易服务，应作为再造广州经济新优势的一项重要课题。

三是发展教育、科研方面。广州是全省最大的教育科研中心，汇集了包括全国重点大学在内的 25 所高等院校、162 所科研和科技开发机构、数十万名专业科技人员；广州的天河高新技术产业开发区是全国少数几个高智力密集地区之一，但 1989 年各种综合技术服务所创造的产值在广州第三产业增加值中的比重不到 0.6%，少得可怜。今后应把教育、科研作为经济发展的战略产业，广州地区的高等院校、科研机构，尤其是重点大学，大多同国外著名大学和学术机构有密切联系乃至合作，这是汲取世界最新科学技术、信息的重要来源和途径，是省内其他城市和地区都无法比拟的，是再造广州新优势的一个重要原动力，应给予充分的重视和扶持发展。

四是发展各种专业服务方面。要成为一个国际性大都市，除了有发达的金融业、商业贸易和教育科技外，还必须大力发展各种专业的咨询、信息、技术服务产业，尤其要争取成为举办各种国际展览、国际会议的服务中心。广州在各种旅游设施建设方面已经具备了较好的基础，加快发展各种专业服务，尤其是面向海外，为外商进入广州投资，也为中资走向海外提供各种专业服务，是再造广州新优势的一个举足轻重的方面。

五是发展航运产业方面。广州濒江临海，兼得河海之利，地理位置十分优越。历史上，广州就是依靠海内外贸易起家的，而贸易主要依靠的是航运，航运维系着广州经济的兴衰。航运不仅加强了广州和世界的联系，还可以带动国内外一系列造船、修船、仓储、金融、保险等产业的发展，同时进一步加强广州作为华南地区商业集散中心的

---

① 参见《广州日报》1990 年 11 月 9 日第 1 版。

作用。但是，广州港80年代末的年吞吐量只有4 700余万吨，仅为上海港的33.6%左右，集装箱年吞吐量也才12万多个标准箱，装卸工时利用率才达到64.9%，这与广州港拥有的码头、岸线、泊位也是很不相称的。因此，必须采取各种措施，如进一步加强港口建设，加强与国内外运输业务的联系，想方设法扩大和发展航运产业。

2. 工业发展的新目标

广州经济发展走第三条出路，不等于广州就不再重视发展工业生产，而是意味着一个新的工业发展目标摆在了我们面前。因为就连香港这样的国际大都市，1988年其制造业部门在国民经济结构中还占有近20%的比重，[①] 更何况还未完成工业化发展阶段的广州呢？问题是发展什么样的工业，怎样发展才能再造广州工业新优势。我们必须要在观念上对广州工业发展赋予新的认识，不能再仅仅从产值规模来考虑，而应该从工业能为广州90年代经济发展做出多大贡献来考虑。

用产值规模及其发展速度来衡量经济发展，尤其是城市经济发展，是过去高度集中的计划经济体制下形成的产品经济观念。除去我国工业产值统计上重复计算所包含的水分，它充其量也只是一个规模的概念，而不是真正的效益的概念。目前广州工业的净产值率不到27%，每百元工业产值仅能创造26.99元国民收入，而广州农业同期百元产值所创国民收入则达57.54元，第三产业也达51.32元。1979—1989年，在广州社会总产值增长中，工业产值的贡献度达64.8%，但在以同样口径计算的国民收入增长中，工业部门的贡献度只有51.8%，两者相差13百分点。广州这10年来社会总产值年平均递增17.55%，但同期国民收入年均递增16.3%，地方财政收入年均递增11.6%，分别比社会总产值的递增速度低1.25和5.95百分点。由于工业部门产值占社会总产值比重的65.9%以上[②]，这意味着在广州未来经济发展中，如果工

---

① 参见《香港经济年鉴（1989）》，香港：经济导报社1989年版。
② 根据历年《广州统计年鉴》中有关数据计算。

业部门的净产值率不提高，且产值继续占大比重或者比重越来越大的话，广州的国民收入、财政收入的增长就会越来越慢。

　　广州要在 90 年代提前实现工农业总产值翻两番不难，即使按工业每年增长 6%、农业每年增长 4% 的速度，在 1994 年就可以基本达到了。但同期带来的人均国民收入增长速度只有 4.3% 左右，低于要实现的按可比价格计算人均国民收入翻番目标所需的 12.1% 的增长速度，两者相差 7.8 百分点。而且这种产值增长相当部分必须靠新增投入来推动，以当时广州工业投入产出比 1∶0.6 来测算，要达到这样的产值规模，每年必须增加 30 亿元以上的投入，这意味着必须继续提高积累率，而前面第二部分已分析过，1979—1989 年，广州的平均积累率已达44.1%，是难以长期维持的。

　　因此，广州未来工业的发展必须摒弃仅追求扩大产值规模发展的老路，把高消耗、低效益的工业转变为低消耗、高附加值的，以新兴科技产业为主体、高精尖产品为核心的，具有较高出口竞争能力和能够创造较多国民收入的"都市型"新兴工业体系。广州不应再仅仅作为工业制造中心，更重要的是应成为工业服务、控制中心，这才是再造广州工业新优势的发展目标。

五、结论：十项对策

（一）若干结论性意见

　　行文至此，我们已经详尽分析了广州经济发展中存在的种种矛盾和问题，也提出了解决问题的一些设想，可以把我们的分析归纳为如下的结论性意见：

　　（1）广州经济发展中的问题既有近期的困难，又有长期的困扰。我们认为，近期的困难所反映的正是长期的困扰的集中表现，而这些长期的困扰是广州经济发展中深层次的结构性矛盾，故应对后者给予更充分的重视。

（2）1989 年年底开始的全国性的市场疲软给广州经济带来的困扰虽然是巨大的，但并不是致命的。它不过是全国经济紧缩带来的暂时的负面效应，会随国家宏观政策的调整而逐步缓解。更值得我们忧虑的是，这次市场疲软引起广州经济"超调"波动预示着广州原有的优势正在逐渐衰减的危机。

（3）必须正视广州原有优势衰减的趋势，这表明广州作为华南地区经济中心的地位和作用都面临着挑战，我们不能再用传统的思维定式去解决广州所遭遇的困境，必须进行新的选择，尤其不能囿于计划"单列"把自身切块、封闭起来，而是利用"单列"的赋权①，争取向好的前景发展。

（4）新的选择意味着广州在 90 年代要逐渐实现从工业城市向现代大都市的经济转换，这就必须再造广州新优势，保持和继续发挥其作为华南经济中心的地位和作用。原有的优势也只有通过再造才能重新恢复和发挥作用，必须拓展第三产业的新路子和调整广州工业发展的目标。如果说，80 年代广州选择搞活流通作为突破口，那么 90 年代再造新优势的突破口就是打造广州区域性的国际金融中心。

（5）广州仍应大力发展工业生产，但不要再搞成工业城市。广州要立足于向现代化大都市的方向发展，就必须建立起与之相适应的"都市型"工业，从工业制造中心变为工业服务、控制中心，要以技术进步为导向，走科技兴市之路，把周围地区的工业化带动起来。要与香港加强经济联系，连成经济中心发展轴线，再与澳门、珠海等地联结成一个大都市圈，进而走向国际化，形成互补的亚洲经济体系。

---

① 广州在二十世纪五六十年代曾先后实行过两次计划"单列"，中央原意是想通过赋予计划"单列"城市更多的经济权限来解决传统计划经济体制下行政区划对城市经济发展的某些束缚，但由于这样必然会削弱所在省对其下辖城市的权限，往往又会加剧省市之间的矛盾，故计划"单列"在给城市经济带来活力的同时，也存在一些负面影响。

（二）十项对策

1. 以金融发展为突破口

广州作为综合改革试验区的中心城市，要想继续保持在改革开放和发展的实践中先行一步的优势，就必须尽快建立起与现代商品经济相适应的完整的市场体系。在 80 年代，广州的商品市场有了很大的发展，但金融市场滞后，而在整个市场体系的建立与完善过程中，金融市场的开放、完善和发展占有特别重要的位置，这是广州 90 年代经济发展的突破口，需要考虑以下五个方面：

（1）加快专业银行企业化进程，实现金融机构多样化，尽快形成"成行成市"的局面。首先，应该在广州的中国工商银行、中国农业银行两大分行已经实行"两权分开的目标任期责任制"和市农业银行全行业大包干的基础上，把各大行的城市办事处和县支行以上的银行系统分支机构全部改革为独立核算、自负盈亏、自求平衡、自主经营的金融企业；其次，鼓励中国银行和中国建设银行在广州普设网点，中国工商银行和中国农业银行可以根据经济发展需要，相互将网点下设到集镇和城市，在广州范围内进一步打破专业银行之间的分工范围，淡化金融业务上的垄断色彩，从而使金融市场建立在竞争机制上。

（2）建立一批新的金融机构。如设立若干专业性如房地产、科技开发等信托投资公司；允许一些实力雄厚的企业集团成立财务公司；鼓励外资金融机构在广州开设投资公司；引进外资银行的业务经营机构，并以逐步放开其业务的方式促进国内金融机构提高竞争能力。

（3）改善对有价证券市场的管理方式，积极发展二级市场，尤其是尽快采取措施开放广州股票交易市场。首先，由中国人民银行制定对有价证券的管理细则，使之规范化，尤其是必须严格区分债券和股票的标准，在管理上，则应对债券的发行规模、利率水平做具体的限制，放开对股票分红、股息等的限制，将重点放到资信、资金投放等的监管方面。其次，尽快恢复广州市证券公司，以发展股票、债券等流通市场。再次，争取筹建广州股票联合交易所；最后，开放经常项目下的外汇市场，减少外汇黑市的资金来源。

（4）加强广州金融市场与国际金融市场的联系，使之逐步走向国际化。要培植和加强各有关金融机构的对外融资功能，在引进外资银行的同时，也应发展一批海外金融机构，为广州金融市场走向国际化准备组织基础；充分利用香港的国际金融中心地位，强化穗港双方金融合作，建立外汇资金的同行业拆借市场，包括开办与海外银行间的资金拆借业务，加强直接对外融资能力，争取广州市的中国银行分行能够授权直接对外开展外汇买卖业务。

（5）加强对外金融业务人才的培训和储备，为建立广州区域性国际金融中心做好人才准备。

2. 科技兴市——加速技术进步

在现代社会生活中，科学技术已成为影响经济和社会发展的重要因素。广州要再造新优势，就必须走依靠科技进步的道路，实行科技兴市，把加速技术进步放在各项工作首位，尽快使广州经济增长方式转变成以科技进步为基础。

（1）科技进步要同经济发展同步规划、紧密衔接。广州 90 年代开始实施的"八五"计划和今后"十年"规划设想，不仅要把如何再造广州新优势作为发展战略方向来考虑，还应把各项经济发展指标规划建立在科技进步的基础上，尤其是在安排 90 年代广州产业结构调整时（下文再具体谈有关对策），不要只求"量"的平衡，主要应以科技进步来实现产业结构的合理化。

（2）把推进科技进步当作广州经济体制改革的主要目标。规划下一步体制改革方案时，尤其是在进行企业承包、价格、财税、信贷改革时，都应考虑有利于技术进步的要求，以便为企业创造公平竞争的环境，使企业进入依靠技术进步求发展的良性循环。因为企业是实施技术进步的基础组织，凡是不利于科技进步的方案和措施都应被修改或者废除。

（3）采取倾斜政策，加快广州市属企业特别是大中型企业技术改造的步伐。建议将综合折旧率从现在的5%左右提高到7%，并在经济效益好的企业中试行"快速折旧法"，使企业的资产价值及时得到补偿，同时将技改贷款利息降低到工业平均资金利润以下，取消对技改资金征收能源交通基金和预算调节税，但要制定有关管理办法，以防借技改之名行基建之实，盲目扩大生产能力。

（4）制定有限目标、重点突破的技术进步战略，选择一批对再造广州经济新优势有重大影响的技术开发和技术引进消化吸收项目，集中人力、物力组织攻关。根据广州目前经济发展中的实际问题，中短期应放在节约能源、降低消耗、改善城市环境方面，中长期应放在开发、扶持新技术方面，用高新技术改造广州的传统工业，有重点地加快微电子、生物工程、新材料等产业的形成和发展，加速广州工业向"都市型"转换。在实施重点突破的战略时，要注意发挥广州经济技术开发区和天河高新技术产业开发区的作用。

（5）建立科技兴市的政策支撑系统，包括一系列旨在促进科技进步的财政、金融、部门、企业、体制改革等有关政策的总和，这些政策主要包括两个方面：首先是科技投入政策，重点是确保科技投资。建议以"七五"时期广州科技3项费用和科学事业费实际财政支出的平均数作为基数，今后以比地方财政收入增长高3%～5%的速度增加每年的财政拨款。从两条渠道建立科学开发基金制度，一是行政系统，从市、县、区、镇、乡到村；二是从部门、行业到企事业单位，并建立科技风险投资公司。其次是科技管理政策，包括经费管理、科研机构和社团管理、科技人才开发管理、成果管理以及产业政策和技术政策管理等。

3. 重组城市产业

结构调整将是广州90年代经济发展的中心环节，无论是从避免工业化给大气环境带来的所谓"城市热岛效应"的角度还是从广州要实现向现代化大都市转换的角度来看,都不应再把仅为满足加工工业的需求简单作为结构调整的方向,而应以重组城市产业、实现产业结构的高度化作为结构调整的核心。

(1)争取跨越产业转换的中间阶段。一般而言,产业发展的规律是从轻纺工业化到重化工业化,然后向高新技术产业发展。根据国际经验,在人均国民生产总值300~1 000美元时期,第二产业内部的结构会发生很大的变动,即具有高变换率,促使产业进行从轻纺工业到重化工业的转换。广州工业大体在"六五"时期就开始进入结构高变换率时期,但并未能推动传统的重化工业化(见前文的有关分析),因为广州一无能源、二缺资源,并不适宜发展资源密集型、高能耗的产业。根据广州目前的条件,除支撑少量广州经济发展必不可少的重化项目外,应该争取尽快跨越产业转换的中间阶段,向发展高新技术产业的方向努力。

(2)对现有的产业进行重新配置。首先,要进行存量结构调整,重点是限制和淘汰污染严重、耗能耗材高的行业和企业,扶持深加工、知识密集型主导的产业和行业,实行资源优化的再配置,同时要下决心甩掉一些老企业"包袱",有计划地把一些不适合在市区发展的劳动密集型、资源密集型的工业向外转移;其次,发展新兴材料工业和基础元器件工业,改善产业基础,提高工业配套能力,促进知识技术密集型产业的发展;再次,在科技兴市的支持下,发挥广州的科技优势,用先进科学技术改造原有的工业基础,用新技术改造传统产业。可以考虑把市区相当一部分的老企业有计划地迁移到广州经济技术开发区、番禺南沙开发区或县等地,通过技术改造、产品升级换代等,成为新一代产品中高科技含量高的企业,从而改变市区传统中小企业密集的状况,既可重新调整广州的工业布局,也为改善老市区环境创造条件。

(3)选择优先发展产业进行增量调整。如何选择优先发展产业,涉及一系列关于产业评价的指标。我们根据广州市产业结构的历史与现状，在定性分析的基础上，设计了12项评价指标，然后应用层次分析法，对广州国民经济中44个主要产业部门的相对重要程度进行了排序，排在前15位的工业部门可作为广州90年代在考虑增量调整时优先选择的产业部门的参考。这15个工业部门依次为基本化工原料、电力工业、黑色金属冶炼、棉纺织业、石油加工业、电子及通信设备、日用化学、造纸工业、金属制品业、粮油食品加工、交通设备制造、针织品业、日用电器、医药工业、缝纫业。[①]

（4）变工业制造中心为工业服务、控制中心。随着经济的发展和产业结构的高度化，工业产值在广州产业结构中的比重将会逐步下降。一是相当部分的生产工序将会逐步外移加工；二是市区的工厂也会逐步迁移到郊县或邻近的其他城市；三是某些工业将被周围其他逐渐兴起的城市取代，这是经济发展的必然规律。广州的工业发展模式届时将会从具体的工业制造为主向设计、管理、咨询、技术等以服务、控制为主转变。转变的关键在于有足够勇于创新、不断改良技术的管理和专业人才。因此加快工业人力资源的开发，是广州工业发展的当务之急。

4. 组建大型企业集团

广州迄今已组建了30余家包括工业、交通运输业、商业、建筑、农林等部门的企业集团。企业集团的组织形式有利于打破不同行业、部门和地区的封闭状态，促进生产要素的合理流动，实现优化组合。应继续把组建大型企业集团作为重构广州产业组织的主要方向，可从以下几个方面考虑：

（1）组建行业骨干企业集团。这是在生产连续性强、专业化程度高、要求规模生产的如冶金、石油、化工、汽车、纺织等行业中，应

---

① 44个产业部门的划分参照《广州市1985年投入产出表》的部门分类，优先选择产业部门的评价指标体系设计及计算等可参见本编附件。

以该行业的骨干企业为基础，组建多厂企业公司，逐步发展成为行业化企业集团。新的企业集团可以对整个行业进行统筹规划，促进行业的协调发展，下属的企业从原有的经营生产型转为以加强现场管理为主的生产经营型，以利于提高龙头产品的生产能力，发挥行业整体优势。目前多数产品都达不到合理的经济规模的要求，这是效益不高的一个重要因素。组建大型的行业化企业集团，可以通过有计划的整顿改组，逐步解决这个问题。

（2）组建包括生产、科研、商业、金融、出口贸易等部门的综合性企业集团，利用集团企业之间的经济利益关系，进行资金融通，增强企业的市场扩张能力、应变能力和自我积累的发展能力，把单个企业的优势转化为综合整体的组合优势，实现多元化的经营。这对广州发展外向型经济、参与国际市场尤为重要。组建综合性企业集团，应以大中型企业为主体，以有优势的主导产品或名优产品为纽带，以扩大市场覆盖面和出口创汇为方向，突破行业界限，以参股的形式，成为经济上一体化的紧密型企业集团。

（3）组建以市属企业为龙头的跨地区企业集团，这既是解决广州经济发展原材料、能源、资金严重短缺的一个重要途径，也是扩大"广货"生产基地、增强出口能力以及扩大国内外市场占有率的办法。

（4）组建企业集团，必须在企业体制改革上给予保证，关键是从体制上突破各种条块分割的现状，减少行政部门对企业经营的直接干预。凡是由市属单一所有制组成的企业集团，应打破隶属关系、财政渠道和主管部门"三不变"的做法，让企业成为真正独立的法人；对以市属企业为主体、包含多种所有制成分的企业集团，在股份制的形式下，也可打破"三不变"，由主体企业的直属上级部门对口管理；对跨地区组建的企业集团，可实行外地单位以投入资金（或实物、技术等折股）作为"资金挂靠"的形式依附主体企业直属主管机关，作为同企业集团共同承担风险和分配利益的主要依据。

5. 加速发展对外经贸

对外贸易是80年代广州经济发展的加速器，1979—1989年外贸增长对广州经济增长的综合超前系数平均为1.5以上，其中工业出口对工业增长的超前系数为2.4以上，出口对工业增长的贡献度为45%左右。因此继续加速发展对外经贸，不仅是保持广州作为华南经济中心的重要基础，也是再造广州新优势的主要动力。

（1）规划广州未来10年加速发展对外经贸的战略，大体上分为两个阶段：一是从现在起到1995年，主要战略任务是继续全方位开拓国际市场。所谓"全方位"，首先要紧盯东南亚，尤其是经港澳转口的市场，这是目前的大头；其次要抓住开发苏联、东欧市场的时机；最后要积极拓展欧美市场，保持外贸出口稳定增长。要使广州出口贸易增长继续保持高于国民生产总值和全国、全省出口贸易增长，以显著提高出口产业在国民经济中的比重，争取出口总值增加到50亿～60亿美元，使外贸依存度提高到25%～30%。这一阶段仍以商品出口贸易为主，争取利用外资增长要高于国内固定资产投资的增长。二是从1996年至20世纪末，逐渐转向商品出口贸易和技术出口贸易并重，通过扩大发展海外投资，进一步开拓国际市场，继续带动出口贸易增长，争取实现出口总值增加到80亿～85亿美元，外贸依存度提高到30%～35%。

（2）根据全国外贸会议的精神，90年代我国外贸体制深化改革的重点是提高出口商品质量和经济效益，推行外贸企业自负盈亏、平等竞争机制。广州应及早准备，建议对外贸系统实行全行业总承包，以增加外贸企业活力，扭转目前外贸亏损的状况。

（3）组建外向型综合贸易企业，以推动国际市场的开拓和对外贸易的发展。有条件的外贸企业可以试办综合商社，向综合经营的跨国公司方向发展，以便在涉外经济法规允许的范围内获得最大的经济效益。

6. 加快城市基础设施建设

广州要成为国际性的现代化大都市，在城市建设上还必须要有大的突破，争取在 90 年代基本解决广州城市基础设施建设落后的状况。

（1）改变把城市基础设施建设列为非生产性投资的观念，重视城市基础设施建设在国民经济和社会发展整体中所具有的特殊作用。实际上，城市基础设施及各项公用事业总是一直参与物质资料生产过程的。以 1989 年计，广州市自来水供应量的 35.9%（不包括企业自备供水量）和供电量的 80.9% 用于工业生产，市区道路上行驶的车辆 70% 是生产用车，公共交通 60% 以上的客流量是上下班职工，下水道的排放污水 47.5% 是工业废水。但 1976—1989 年城市基础设施建设投资仅占同期全社会固定资产投资额比重的 5.7%，即使 1989 年也才占 8.8%，而据国外同等配套水平的可比资料①，这个比例至少应在 10% 左右；城市基础设施投资与国民生产总值之比，国外大城市一般为 4% 左右，而广州只有 2.3%；广州城市基础设施建设的滞后与这方面投资偏少有密切关系。因此，今后应把每年城市基础设施建设投资在固定资产投资中的比例提高到 10% 以上，并应对城市基础设施建设投资项目给予优惠的税收减免政策。

（2）广州城市基础设施建设方面欠账多、资金缺、任务重，这与广州每年财政上交任务重不无关系，建议争取中央和省每年从广州上交的财政收入中返还一定比例的建设资金，专项专款用于广州城市基础设施建设。

（3）改革投资方式。由于城市基础设施建设规模大、投资多、周期长，而短期经济效益不明显，主要应由政府财政给予集中投资，但今后除继续保持财政预算内对基础设施直接的项目投资外，可以通过投资"贴息"形式拿出部分预算内资金作"引子"，鼓励和吸引各方面资金对基础设施进行投资。近期先拿出预算内投资资金的 10%，用于"贴息"试点，然后逐步扩大"贴息"比重，争取在"八五"时期平

① 参见于宗先主编：《经济科学全书第八编·空间经济学》，台北：台北联经出版事业公司 1986 年版。

均能有20%～30%用于"贴息",以吸引更多的社会资金投入城市基础设施建设。

(4)以地铁为主体工程,全面带动城市建设。城市交通是城市基础设施的主体部分,城市交通问题不解决,城市经济难以发展,投资环境更难以改变。广州市内已有几条高架路和数十座人行天桥,但布局不均衡,未能形成有效的城市立体交通模式,而发展地铁是解决这一问题的有效途径。广州地铁现已经获国家正式批准立项,总投资41.3亿元,是广州有史以来最大的建设项目①,应以此为广州90年代城市基础设施建设的主体工程,统一规划地铁沿线地面的商业开发、物业发展和空间利用,全面带动广州的城市建设。

(5)要研究改革现有房地产开发的问题。在解决城市建设资金诸多渠道中,这是最主要的途径。据统计,1981年香港房地产业向政府提供的积累为170多亿港元,占当年财政收入的48%,其中政府卖地收入占29%,而广州房地产业用于市政建设配套的投资(相当于向政府提供的积累)直至1988年仍仅为8 796万元,占当年完成的开发工作量14亿元的6.3%,仅占当年地方财政收入的2.1%,即使加上从每年竣工商品住宅总面积中拨出10%以成本价上交作解困房的部分,由于实际上交不足,至1988年累计仅上交101 824平方米;即使全部以当年销售利润率16.4%加大匡算,也仅相当于提供了1 500余万元的积累,不到同期财政收入250余亿元的零头。② 如何使房地产业为城市基础设施建设提供更多的积累,亟待研究。

7. 发展文教战略产业

广州是全省的政治、文化中心,这对搞好精神文明建设、保障再造广州新优势是非常有利的条件,关键是要把文化、教育事业当作促

---

① 广州地铁1号线1990年国家计委批准立项时,投资预算为41.3亿元,但实际上1号线从1993年12月28日破土动工,1998年12月28日全线建成,历时5年,全线工程概算已达127.15亿元。参见《广州日报》1999年2月10日头版报道。

② 根据笔者调研时,广州市建委、广州市房地产学会等提供的资料整理。

进90年代广州发展的战略性产业来认识。

（1）社会主义文化教育事业的根本目的是提高人的素质。广州能否再造新优势，关键就在于90年代广州人的素质能否全面得到提高。故此，必须加强一切宣传手段，使90年代大力发展文化教育事业成为全市人民的共识。

（2）投入是产出的保证。要彻底改变当前文教事业投入严重偏低的状况，现在文教、科学、卫生事业3个方面的费用合计才仅占全年国民生产总值的2%左右，其中教育不到1.1%，应下决心分别提高1百分点，然后以此为基数，今后以比地方财政收入增长快3%~5%的速度增加每年的财政拨款，把现在教育事业每年固定资产投资占全民固定资产投资额的比重从3.7%提高到5%，文化事业投资则应由0.08%提高到1.5%，起码保持5年不变（并随物价指数调整）。

（3）力争在1995年前，市区普及高中教育，郊县普及初中教育，市区文盲率低于5%，郊县文盲率要低于第四次全国人口普查时的全市平均数，为广州经济发展输送合格的劳动力。

（4）规范、调控学历教育，尤其是高等学历教育，包括成人高等学历教育。加强职业文凭和专业岗位培训教育，以培养适应广州经济发展需要的各种专业人员，尤其是熟练的技术工人；增加大专层次的高等职业技术教育；压缩纯文科专业，增加应用工程技术和财经、金融、法律、信息等方面的专业。

（5）坚持终身教育观念，实施"继续教育工程"，积极鼓励各种已持有文凭的专业人员坚持终身学习，及时更新专业知识。

（6）创造各种物质条件，包括设立各种文化事业基金、教育基金、科研基金及奖励基金等，真正改善知识分子的待遇问题，充分调动其积极性，使广州地区汇集的国家、省、市各级科技人员的潜在优势转化为现实的力量。

8. 继续强化商业流通功能

必须重振广州作为商业流通中心的优势。改革十年，广州是靠搞活流通发展的，随着流通体制改革，多渠道销售网络形成后，加上各种口岸的增多和开放，各地区对广州作为商品集散中心的依赖有所减弱，但广州作为商业中心的地理、环境、历史和社会经济条件等是别的城市难以取代的。

（1）必须继续强化广州的商业流通功能。近年来国营商业和供销社的主渠道作用有所下降，原因很多，其中主要原因是工商关系始终未能理顺，在市场畅旺时矛盾尚不突出，当市场疲软时矛盾就会尖锐起来。这对广州的流通功能有很大的影响，必须要在互助、互利、互惠的基础上，通过加大商业体制改革的力度，重新建立商品经济条件下新型的工商关系，才能真正强化广州商业的流通功能。

（2）认真研究广州市区商业网群的合理规划布局问题。广州目前有三业网点（零售商业、饮食业、服务业）7.6 万余个，其中零售商业网点约 5.7 万个，饮食业网点近 8 000 个，服务业网点约 1.2 万个，但 500 人以上的大商店只有 7 家，虽有 40 余家可以对外接待的宾馆、酒店，从基本类型看，大体上也符合市场原则分布的 $K = 3$ 系统①，但由于改革开放前 30 年，零售商业网点建设几经起落，改革后还未很好地统筹规划就迅速发展起来，因此严格地说，整个广州商业网群的布局是比较散乱的，这明显影响了商业分区的功能。要重振广州商业中心的优势，必须尽快结合城市的发展建设，重新规划配置城市的四级商业网群体系。

（3）"食在广州"是一大优势，但目前 8 000 多个饮食业网点中，属于省市旅游服务系统主管的只占小部分，大多数为社会各行业所兴办，其中 4 000 余家为个体饮食店，相当一部分在交通、卫生、环境等方面存在不少问题。为了更好地发展这一优势，我们认为对饮食行业应该实行社会化的行业管理，不论所有制性质，统一制定行业标准，

---

① 参见杨吾扬：《区位论原理——产业、城市和区域的区位经济分析》，兰州：甘肃人民出版社 1989 年版。

加强社会监督以兴利除弊，真正发扬"食在广州"的特色和优势。

9．改造城郊农业

广州要成为国际性大都市，数百万常住人口以及几乎以百万计的流动人口的粮食、副食品供应是不容忽视的大问题。如果说创汇农业是广州城郊农业一大优势的话，那么农业的供给保障对支撑广州发展第二、第三产业，再造新优势来说，更是重要的基础。

（1）广州农业最大的矛盾是，有限的耕地资源既要向全市630多万人提供1/3的生活用粮，又要供应本地、外地和港澳三大市场鲜活农副产品。鉴于种种主客观因素，目前广州的农业还必须保证完成一定的粮食生产任务，故要扭转过去10年平均每年水稻种植面积下降2%以上的趋势，保证种植面积，按目前平均亩产708公斤计，应争取稳定在目前的320万亩左右，不能再减少。必须严格控制对粮食耕地的征用量，同时适当提高粮价，调动农民种粮积极性。

（2）保障粮食生产的另一个重要方面是提高单产。据广州市农委统计，广州郊县粮食耕地中，亩产在650公斤以下的低产田占56.4%，提高这些低产田的单产，应是今后广州农业科技进步的主攻方向之一。

（3）切实执行"菜篮子工程规划"，保障广州及对港澳市场的鲜活农副产品供应。有关资金的筹措，建议借鉴上海的做法，通过改革增加对农业的投入，从四个方面筹集农业发展资金：一是向本市的企业单位和个体工商户进行筹借，定期归还；二是由农业银行每年提供一定的优惠利率贷款；三是由中国人民银行提供副食品基地的开发性贷款；四是地方财政预算中安排一定数额的资金。

（4）发展饲料生产，建设大型的颗粒饲料生产基地，以降低广州发展畜牧业的生产成本，发展大规模的工厂化的种养场。

（5）组织农民在国家财政的支持下，积极通过各种渠道筹措资金，对原有水利设施、科技服务网络等进行维护更新，并加以完善，以保证农业生产的持续发展。

10. 体制改革及转变政府职能

（1）实现广州再造新优势的设想，必须要由体制改革给予保障。当前最关键的是按照计划与市场调节相结合的原则，继续推进以市场为取向的改革，以改革促进广州的进一步开放，使广州更快地向国际性大都市转换。

（2）转变政府职能，实行科学的城市管理。广州要在90年代实现经济转换，首先当然是要遵循经济发展规律，但现代城市经济是一个复杂的大系统，涉及方方面面的问题，更需要由政府管理部门在宏观上进行协调。只有建立一个有权威的以市长为中心的决策指挥系统，才能克服目前传统体制下政出多门、管理混乱的现象，提高城市科学管理的水平，使广州在20世纪余年里发展成为国际性的现代化大都市。

（完稿于1990年9月28日，本编主体部分原载于《暨南学报（哲学社会科学版）》1991年7月第13卷第3期）

附　件：

一、全要素生产率（TFP）计算公式和广州TFP计算结果

$$TFP = GY - (\alpha GK + \beta GL)$$

其中：TFP = 全要素生产率

GY = 总产出（国民收入）增长率

GK = 资金总投入增长率

GL = 劳动投入增长率

α = 资金产出弹性系数

β = 劳动产出弹性系数

（$\alpha GK + \beta GL$）= 全部要素投入增长率

投入要素的产出弹性一般用该要素的收入份额来确定。由于本编

只分析资金和劳动两种总体性生产要素，所以收入总份额只在这两种要素之间分割，即 $\alpha + \beta = 1$。借鉴世界银行经济考察团的方法（世界银行 1984 年经济考察团：《中国：长期发展的问题和方案（附件五）》，北京：中国财经出版社 1987 年版，第 59 页），并考虑我国当时低工资制和收入平均化状况，采用其中的分割方案，资金和劳动的份额分别为 60% 和 40%，即 $\alpha = 0.6$，$\beta = 0.4$。根据上述公式和系数计算的结果如下：

广州 1979—1989 年各年的全要素生产率（$\alpha = 0.6$）

（单位：%）

年份	总产出增长率	资金总投入增长率	TFP 增长	TFP 占总产出增长
1979 年	11.40	10.02	1.38	12.1
1980 年	17.38	1.70	15.68	90.2
1981 年	11.74	5.33	6.41	54.6
1982 年	8.24	5.45	2.79	33.9
1983 年	6.00	5.47	0.54	9.0
1984 年	14.84	3.12	11.72	79.0
1985 年	20.26	16.40	3.85	19.0
1986 年	6.28	11.49	−5.22	*
1987 年	19.05	11.92	7.13	37.4
1988 年	35.03	16.18	18.85	53.8
1989 年	8.23	21.35	−10.92	*
1979—1989 年	14.32	9.31	5.01	35.0

注：* 表示比重为负值。另外，由于计算时四舍五入，部分数据汇总不完全等于 100%。

二、关于广州与全国经济增长的波动周期相关数据比较

1. 周期时间和周期长度的比较

序列	周期时间		周期长度（年）		平均长度（X）	
	广州	全国	广州	全国	广州	全国
第一周期	1951—1953 年	1953—1956 年	2	3		
第二周期	1953—1958 年	1956—1958 年	5	2		
第三周期	1958—1965 年	1958—1965 年	7	7		
第四周期	1965—1969 年	1965—1969 年	4	4	4.63	4.38
第五周期	1969—1973 年	1969—1975 年	4	6		
第六周期	1973—1980 年	1975—1978 年	7	3		
第七周期	1980—1985 年	1978—1985 年	5	7		
第八周期	1985—1988 年	1985—1988 年	3	3		

注：离差（σn）：广州 = 1.5，全国 = 1.9。

资料来源：根据《中国统计年鉴》（1986 年和 1990 年）和《广州四十年（1949—1988）》整理计算。

2. 最高尖峰和最低谷底的比较

周期	最高尖峰		最低谷底		落差	
	广州	全国	广州	全国	广州	全国
第一周期	35.3	18.7	9.1	6.1	26.2	12.6
第二周期	26.3	17.9	5.7	6.1	20.6	11.8
第三周期	22.5	32.7	−26.8	−33.5	49.3	66.2
第四周期	18.5	19.0	−14.2	−9.9	32.7	28.9
第五周期	26.9	25.3	1.1	1.9	25.8	23.4
第六周期	10.3	11.5	−1.0	1.4	11.3	10.1
第七周期	15.5	13.1	8.4	4.6	7.1	8.5
第八周期	18.8	16.5	5.5	10.1	13.3	6.4

注：平均落差：广州 = 23.2，全国 = 23.1；离差：广州 = 12.9，全国 = 18.9。

资料来源：根据《中国统计年鉴》（1986 年和 1990 年）和《广州四十年（1949—1988）》整理计算。

三、广州产业结构评价指标和优先发展产业选择

产业结构一般包括 3 个方面的内容：一是国民经济的产业组成，说明国民经济是由哪些产业组织起来的；二是产业构成，说明各产业在国民经济中的比例关系；三是产业间的生产技术联系，说明各产业产品相互作为原料或中间产品供给时所发生的相互依存关系。根据上述内容，结合广州的市情和现有的统计资料，考虑从以下 6 个方面、12 项指标建立研究广州产业结构的评价指标体系：

（一）比例关系指标

产值比重 $YC_i = i$ 产业总产值/全部总产值

劳动力比重 $LC_i = i$ 产业劳动力人数/全部劳动力人数

投资比重 $IC_i = i$ 产业投资额/全社会投资总额

（二）产业关联指标

i 产业的感应度系数 $F_i = \sum_{j=1}^{n} aij / \frac{1}{n} \sum_{i=1}^{n} \sum_{j=1}^{n} aij$ （aij 为列昂惕夫逆阵系数）

j 产业的带动度系数 $B_j = \sum_{i=1}^{n} aij / \frac{1}{n} \sum_{j=1}^{n} \sum_{i=1}^{n} aij$ （aij 为列昂惕夫逆阵系数）

（三）需求指标

i 产业产品需求的收入弹性系数 $S_i = \dfrac{\text{产业产品需求增加率}（\Delta\rho_i/\rho_i）}{\text{人均国民收入增加率}（\Delta Y/Y）}$

（四）经济综合指标

i 产业综合经济效益系数 $GS_i = \Sigma\left(\dfrac{i\text{产业单项指标值}}{\text{全市该项指标平均值}}\right) \times \text{权数}$

选用 4 项常规统计指标：

①劳动生产率 L_i；

②产值利税率 YR_i；

③资金产值率 IY_i；

④资金利税率 IR_i。

综合物耗系数 $EC_j = \sum_{i \in A} aij$　A：原材料、能源、交通、邮电产业序号集合

综合就业指数 $EM_i = \sum_{j=1}^{n} aijL$　L 为各产业的就业系数

（五）外经贸指标

外向能力系数 $T_i = \dfrac{TR_i}{Y_i}$　某产业出口值占该产业的比重

相对优势系数 $R_i = (E_i - I_i) / (E_i + I_i)$　某产业的净出口与进口之比

（六）其他指标

滞后系数 $X_i = \left(\dfrac{\Delta Y / Y_i}{\dfrac{\Delta Y}{Y}} \right) - 1$

根据以上 12 项指标的计算结果（略），应用层次分析法对广州 44 个产业部门进行排序，首先建立解决广州优先发展产业问题的递阶层次结构，按照目标层、基准层、指标层和方案层，构建递阶层次架构如下图：

目标层 —— 选择优先发展产业

基准层 —— 关联效果 ｜ 需求与供给 ｜ 经济效益 ｜ 外经贸 ｜ 其他

指标层 —— 产业感应度系数 ｜ 产业带动度系数 ｜ 收入弹性系数 ｜ 产值比重系数 ｜ 投资比重系数 ｜ 综合效益系数 ｜ 综合物耗系数 ｜ 综合就业指数 ｜ 外向能力系数 ｜ 相对优势系数 ｜ 滞后系数

方案层 —— 产业1 ｜ 产业2 ｜ …… ｜ 产业N

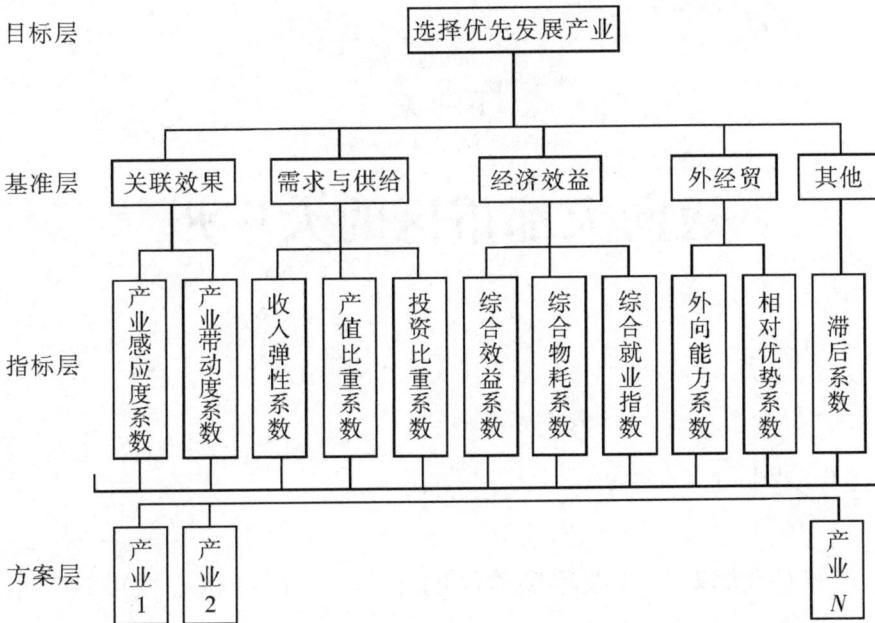

然后根据层次分析的要求，构造各层次元素的比较判断矩阵和计算其最大特征根对应的特征向量，得出各层元素的综合权重，计算各产业相对于优先发展产业目标的排序，下表是排在前15位的工业部门：

广州工业优先发展的前15个部门

排序	原序号	部门名称	系数	排序	原序号	部门名称	系数
1	25	基本化工原料	4.953	9	34	金属制品业	2.451
2	20	电力工业	3.334	10	4	粮油食品加工	1.928
3	32	黑色金属冶炼	3.240	11	39	交通设备制造	1.558
4	9	棉纺织业	3.280	12	10	针织品业	1.263
5	21	石油加工业	3.190	13	40	日用电器	1.263
6	42	电子及通信设备	2.688	14	26	医药工业	1.161
7	24	日用化工	2.661	15	12	缝纫业	0.975
8	17	造纸工业	2.611				

注：原序号是指该产业在《广州市1985年投入产出表》上的产业部门序号。

迈向大都市区的大广州

一、引言

广州是我国对外开放程度最高的珠三角地区的核心城市和广东省省会，历史以来就是华南地区政治、经济和文化中心。自 2009 年国务院颁布《珠三角地区改革发展规划纲要》、明确广州"国家中心城市"的定位以来，广州积极探索城市发展的新路，提出了走"新型城市化发展道路"的战略部署。2013 年年初，中央政治局委员、广东省委书记胡春华同志到广州调研，对广州提出"强化中心城市地位，发挥辐射带动作用，为全省经济社会发展做出新的更大贡献"的希望[①]，受到高度重视。

（一）问题缘起及现有研究

就城市规模和经济总量来看，广州比改革开放前分别扩大近 4 倍和 70 多倍，经济总量从 20 世纪 90 年代起就一直在国内城市中居第三位，2013 年全市实现地区生产总值近 1.36 万亿元，人均 GDP 超过 1.6 万美元。但广州发挥的辐射带动作用与国家中心城市定位还有不少差距，

---

① 参见钟良：《胡春华密集调研深莞广佛，希望广深强化中心城市的地位》，《21 世纪经济报道》，2013 年 1 月 2 日第 5 版。

首先是对周边地区和全省经济发展的带动力不足，广州的 GDP 占全省比重不足 1/4，经济实力地位还比 2000 年时下降了一点几百分点；其次是仍然囿于原来区域中心城市的定位，欠缺建立战略腹地的理念，资源配置、创新能力不足，以及文化"软实力"等辐射功能未能对全国形成足够的影响力。不少功能指标落后于北京、上海等国内城市，与国外先进城市相比差距更大，凸显出广州辐射能量不足和欠缺战略腹地等影响辐射带动作用的"软肋"。

如何克服"软肋"，充分发挥广州中心城市的辐射带动作用？自 20 世纪 80 年代初广州率先全国召开了改革开放后首次关于中心城市作用的研讨会以来，已对此开展过多方面的探讨，[①] 但早期研究或因当时对广州的定位尚不清晰，对如何发挥作用似乎总感底气不足，始终不够明确和深入。21 世纪后，尤其是国家明确将广州定位为国家中心城市后，相关研究逐渐丰富起来，主要集中在 3 个方面：

一是从提升广州科学发展的实力出发，探讨加快经济发展方式转变的路径，包括"迈向服务经济"或以"国际商贸中心"引领广州发挥国家中心城市作用等（朱小丹，2009；张广宁，2010；刘江华、张强、欧开培，2011；张强、李江涛，2011）；二是从中心城市与区域合作发展的角度，提出以广佛都市圈和广州与珠三角、大珠三角及泛珠三角 4 个合作圈层，发挥广州中心城市的作用（杨再高、陈来卿等，2007）；三是认为"建设国家中心城市以功能论输赢"，提出通过加强广州中心城市功能建设来发挥作用（陈来卿，2009）等。

综观已有的研究，增强广州发展实力和提升中心城市的功能，基本是共同的关注点。然而在传统城市化发展模式下，广州正面临着人

---

① 1983 年在广州召开了改革开放后全国第一次中心城市理论研讨会，对广州中心城市历史、地位等进行了初步探讨（见广州市社会科学研究所《广州经济中心文集（中册）》；其后有关部门开展"广州社会经济发展战略研究征文""社会科学研究课题招标"及各种研讨会，对广州中心城市与区域关系、如何"再造新优势"等都有相关研究。参见李权时主编：《改革实践中的社会科学应用研究》，香港：天马图书有限公司 2006 年版。

口、土地、环境等发展"瓶颈"的制约,遵循原有途径提升将面临严峻的挑战。2013 年年初以来广州经济增长有所放缓,曾多年困扰广州的与天津"第三城"之争又成为全城关注的"热点",甚至引起了一场"广州战略是否迷失"的大争论;① 凸显广州在进入发展新时期和走新型城市化道路后将面临诸多挑战,也反映出在发挥广州中心城市辐射带动作用方面尚存在不少包括认识观念上的误区。

(二)立论与研究思路

实际上,自 2008 年全球金融危机爆发以来,不仅世界经济格局进行了重组,中国的区域发展格局也随着区域发展总体战略的实施定位了北京、上海、天津、广州、重庆为五大国家中心城市,广州与北京、上海两市齐头并进,即"北上广",在经济地理上已形成了中国区域结构的新"三角形基本框架",② 也为差异化的中国区域经济发展奠定了从集聚中走向平衡③的地理基础。因此,广州的辐射带动作用已具有全国性(包括代表国家参与国际竞争)的战略意义,这也是国家赋予广州国家中心城市的历史使命。目前,广州城市化已进入"大都市区"④发展阶段,利用建设大都市区这一新的城市空间组织形式,重构中心城市与周边地区(区域)的空间关系和发展机制,有利于广州作为国家中心城市实现更大空间范围内的集聚。加快转型升级,从而增强和

---

① 见《南方日报》2013 年 5—6 月关于广州与天津发展比较及其后开展的对广州发展战略问题的相关专题报道,有关文章收入《广州策论》一书,由南方日报出版社于 2013 年 7 月出版发行。

② 中国区域结构"三角形基本框架"的最初命题及分析,可参见杨军:《区域中国——中国区域发展历程》,长春:长春出版社 2007 年版,具体见导论、第四章及结语部分。

③ 参见陈钊、陆铭:《在集聚中走向平衡:中国城乡区域经济协调发展的实证研究》,北京:北京大学出版社 2009 年版,第 18 - 41 页。

④ "大都市区"概念源自美国,国内 20 世纪 80 年代后开始关注研究,也称为"大都市连绵区"等,参见胡序威、周一星、顾朝林等:《中国沿海城镇密集地区空间集聚与扩散研究》,北京:科学出版社 2000 年版。

提升辐射功能，是克服广州辐射带动作用"软肋"的最佳途径。

本编以此作为研究分析的立足点，运用区域与城市经济学相关理论方法，结合近年来空间经济研究前沿的新经济地理学的观念、方法等，贯彻落实党的十八大和习近平总书记对广东"三个定位、两个率先"的重要讲话精神，以及省委、省政府要求广州强化中心城市地位、发挥辐射带动作用、为全省做更大贡献的指示精神，为广州市委、市政府决策提供科学的参考依据。

本编第二部分回顾分析广州中心城市辐射功能的历史演变及相关比较。第三部分剖析影响广州发挥辐射带动作用的三大"软肋"及其原因。第四部分提出广州克服"软肋"和提升辐射功能的战略抉择。第五部分是八项政策建议。

本编所用的数据资料，除特别说明外，均来源于政府公报或官方统计资料。

二、广州中心城市辐射功能的历史演变

集聚和辐射是中心城市的两大基本功能。城市起源于分工和交易，分工产生专业化，随着生产规模的扩大和集中，交易成本节约的需求催生了集市，逐渐形成商业中心；伴随经济活动的集中是人口的集中，两者结合就形成了城市。有的城市逐渐发展成为一定区域范围内经济运行的枢纽，即中心城市，通过集聚和扩散经济要素的功能，对区域发展产生辐射带动作用，主要通过3个途径：一是中心城市产业结构与所在地区的相互关联，使区域经济形成一个有机整体；二是中心城市通过生产技术的扩散，推动区域经济结构的升级；三是中心城市的资本流动，通过投资使区域内的劳动力和资源得到有效利用。

广州作为华南地区的中心城市，其辐射功能及带动作用正是在一定区域条件下历史演进的结果。如果我们把广州作为华南经济中心的

初始形成到中华人民共和国成立前看作一个大的历史时期的话，那么广州中心城市辐射功能的演变至 20 世纪末大体上可分为初始形成、压抑衰退和复归振兴 3 个阶段。

（一）华南经济中心辐射功能的初始形成

广州地处中国南方珠三角的北缘，是中国商业、对外贸易和工业发展都较早的地方，由于对外贸易长盛不衰，历史上就曾是世界知名大城市之一，素有"华南经济中心"之称，其辐射功能是在珠三角长期发展的历史过程中逐渐形成的。珠三角在历史上开发较早，如从围田古平原[①]开发算起，距今已有 5 000 多年历史，但因偏处我国大陆东南一隅，距当时发达的中原地区较远，相互交往又受南岭山脉阻隔，因而早期珠三角社会发展进程晚于中原地区，[②] 其真正的经济开发，还是在秦统一岭南以后，自秦汉起至明末清初大体经历了 3 个主要时期：

1. 秦汉时期的初步开发

秦统一中原后，开凿兴安运河（即今广西灵渠），把长江水系与珠江水系连接了起来，沟通了中原地区与岭南的水路交通。公元前 214 年，秦设南海郡（包括今广东大部分和广西部分地区），[③] 郡治就在番禺（即今广州）。南海尉任嚣在今越秀区仓边路附近按"楚城"的规格

---

① 珠三角在自然地理上被称为"嵌合迭复式三角洲"，即其不仅由多条江河的三角洲合并而成，而且由沉积组成不同的海陆、平原嵌合迭复而成。整个珠三角以古海岸线（大约现今黄埔—市桥—大良—江门等一线）为界，以北是形成于 6 000 年前地球最后一次冰川期基本结束后，由河流陆相冲积而成的"围田古平原"；以南则是近一两千年由江河带来的泥沙在海湾内堆积而成的"沙田平原"。（参见罗章仁、应秩甫等编著：《华南港湾》，广州：中山大学出版社 1992 年版，第 120–122 页。）

② 有研究认为广东境内奴隶制的出现要比中原地区迟缓了 1 000 多年（参见蒋祖缘、方志钦主编：《简明广东史》，广州：广东人民出版社 1987 年版，第 53 页）；但也有学者认为，"先秦之前，番禺的农业和手工业生产已经有了一定基础"（参见关其学、刘光璞主编：《论经济中心——广州》，广州：广东高等教育出版社 1987 年版，第 3 页）。

③ 参见司马迁撰：《史记》，北京：中华书局 1959 年版，第 253 页。

修筑城池，史称"任嚣城"，即番禺城，也是最早的广州城①，随着大批中原汉人落籍番禺，传播中原当时先进的生产工具和技术，铁器逐步应用于农业生产，珠三角从此进入了铁器时代。

秦之后，汉朝继续"与南粤通关节"，开展互市贸易，广州成为汉人南迁的主要落脚地，并吸引大批波斯商人旅居经商，成为海上丝绸之路始发地。公元前111年汉武帝平定南越后，"番禺（广州）亦其一都会也，珠玑、犀、玳瑁、果、布之凑"②，可见其作为交易活动中心，已初现集聚辐射功能，起着商品集散流通的作用。

历史上秦、汉对南越的两次进军，估计前后有近百万中原汉人流入岭南，包括留驻当地的军队、官吏、随军迁徙的流民（流放犯人、为士卒配偶的妇女）及自发的移民等，③ 他们既是一支强大的军事队伍，又是一股传播中原先进文化和生产技术的经济力量，促进珠三角从"火耕而水耨"的原始耕作制度发展到束水护田、修堤围垦的新水平。东汉末年，广州附近已多种蚕桑④，开始出现印染、丝织、造船等手工业。从广州汉墓出土的各种航船模来看⑤，这无疑是当时造船业与船运交通发达、商业贸易繁荣的反映，表明广州在对外贸易上也开始占有重要的位置。三国吴黄武五年（226），划交州东部为广州，番禺为广州治所，"广州"一名由此开始使用，⑥ 客观上提高了广州在华南

① 参见广州百科全书编纂委员会编：《广州百科全书》，北京：中国大百科全书出版社1994年版，第578页。

② 参见司马迁撰：《史记》，北京：中华书局1959年版，第3268页。

③ 据《淮南子·人间训》，秦"发卒五十万为五军"南下平越；《史记》载，被秦始皇贬役岭南者（包括被罚去筑南越城的违法官吏）及家属和商人约有50万人；另秦二世应赵佗所请，派15 000名未婚女子为士卒配偶，合共已超过百万人。另汉武帝平越也是派五路大军进驻，可见"近百万人"的估计并不多。

④ 参见吴郁文主编：《广东省经济地理》，北京：新华出版社1986年版，第53页。

⑤ 参见中国社会科学院考古研究所、广州市文物管理委员会、广州市博物馆编：《广州汉墓》，北京：文物出版社1981年版，第475页。

⑥ 参见广州百科全书编纂委员会编：《广州百科全书》，北京：中国大百科全书出版社1994年版，第297页。

地区的政治、经济地位，作为中心城市的辐射功能已经开始显现。

2. 隋唐时期的加速开发

隋朝结束了自东晋以来的分裂局面，使我国进入一个新的历史阶段，珠三角也得到进一步开发。隋唐交替时期，珠三角的稻米等农作物生产已占有重要地位，畜牧、养鱼以及野生植物采集也较为发达，坑冶、纺织等手工业已达到一定水平，促进了广州港市的勃兴和市舶贸易的日益增加，南北往来急剧频繁，其时国家经济重心也已转向沿海江淮流域，北江水道的便捷性日益超越西江水道。

唐开元四年（716），张九龄主持重修了大庾（梅岭）岭道，使其成为广州通向经济发达的长江中下游最重要的交通干线。"广州之波斯、阿拉伯商人、北上逐利者，必取道大庾岭，再沿赣江而下，顺长江而至扬州也。"[1] 中原南迁移民主要也是经由大庾岭道，顺北江水道入南雄珠玑巷，再转移至广州及珠三角各地。唐天宝年间（742—756）广东人口已逾100万。[2]

唐代重视南海，拓展延伸了秦汉时代海上丝绸之路的航线，与西亚、东非及东南亚一带的许多国家建立了联系，并于唐开元二年（714）在广州设立市舶使，这是我国首次设置官员专门管理海外贸易。[3] 广州当时执全国"海港之牛耳，成为世界上最著名的贸易港口城市"[4]，是当时全国对外贸易中心，其辐射功能进一步显现。

3. 宋至明清时期的大规模开发

宋代我国社会的政治经济重心逐步南移，遂把开发珠三角等东南

---

① 张星烺编注：《中西交通史料汇编（第二册）》，北京：中华书局2003年版，第285页。

② 参见赵文林、谢淑君：《中国人口史》，北京：人民出版社1988年版。

③ 陈苍松：《市舶管理在海外贸易中的作用》，见陈柏坚主编：《广州外贸两千年》，广州：广州文化出版社1989年版，第73页。

④ 顾朝林：《中国城镇体系——历史·现状·展望》，北京：商务印书馆1992年版，第61页。

地区作为财政收入的重要来源，加之受北方战乱影响，中原汉民大量南迁，珠三角由此进入大规模开发时期。随着耕地面积扩大，稻米产量大幅提高，广州已成为一大米市，新兴的制糖和棉纺织手工业更为突出，出口物资日渐丰富，广州的对外贸易成为国家重要税源。971 年北宋在广州首设市舶司，比唐时设市舶使又进了一步，对推动广州海外贸易的空前繁盛起了积极作用，使其"对外贸易额几占全国90%以上"①。

南宋后期因北方战事迁都杭州（古称临安），泉州借近杭州之利，对外贸易曾一度超越广州。② 但 15 世纪末地理大发现后，世界航路重心由地中海移向大西洋，西欧人取代阿拉伯人掌握了国际贸易的主动权，广州外贸再次伴随航海贸易的发展恢复了旧日的繁荣。宋元交替后，至元二十七年（1290）时，珠三角已成为广东人口分布最稠密的地区，而广州路的各县户口数就占了广东的40%左右。③

经过宋元两代的开拓，珠三角进入了全国经济发达地区行列。到明初，基塘生产方式出现④，珠三角成为国内最重要的养蚕区和蔗糖产地，花果、塘鱼、蒲葵等经济作物的集中生产，使广州的商业和对外贸易规模得以进一步扩展。

清代广州作为行政中心的地位得到加强，不但成为两广总督驻在

---

① 顾朝林：《中国城镇体系——历史·现状·展望》，北京：商务印书馆 1992 年版，第 4 页。

② 也有学者不同意这一说法，认为泉州虽一度繁荣，但其自然条件、经济实力等未能超过广州，对外贸易更不可能在广州之上，因其没有史料根据，故只是一"重大误会"。参见袁钟仁：《从海上丝路看各个时期中国主要港口比较研究》，《炎黄纵览》2000 年第 3 期。

③ 参见朱云成主编：《中国人口（广东分册）》，北京：中国财政经济出版社 1988 年版。

④ "基塘"是珠三角地区独创的农业生产方式。即根据珠三角围垦土地特点，将低洼农田深挖成塘，泥土覆于四周堆垒成基，塘用以养鱼，基面种果木、桑、蔗等，即为"果基鱼塘""桑基鱼塘""蔗基鱼塘"等。尤以"桑基鱼塘"最能集中体现基塘生产方式的优越性：桑叶养蚕，蚕沙、蚕蛹喂鱼，鱼粪沉淀塘底，塘泥挖起肥桑，形成"桑—蚕—鱼—桑"独特的良性循环人工生态系统。其错开了农作物的种养收割季节，而在单位面积土地上容纳更多劳动力和提高产出价值，在历史上是一个很大的技术进步，至今仍得到国内外学者极高的评价。参见左正：《广州：发展中的华南经济中心》，广州：广东人民出版社 2003 年版，第 9 – 15 页。

地,而且康熙二十四年（1685）清政府解除海禁后,在广州实行"一口通商",更在此设立中国第一个海关——粤海关,取代宋以来的市舶司,全面负责税收和管理对外贸易,广州作为华南中心城市的地位和辐射功能得到进一步加强。

4. 区域经济和地理区位的有利条件

回顾漫长的历史过程,可以看到广州中心城市辐射功能的初始形成,首先体现在商贸流通中心的作用上。伴随着珠三角的经济开发进程,尤其是基塘生产方式的技术变迁[①],引起珠三角区域经济在专业化和流通交换等多个方面的重大变化,自然经济开始解体,市场需求成为促进发展的主要推动力,尤其是珠三角圩市的兴起,更逐渐形成以广州为中心的商贸流通网络。

据学者研究,当时珠三角圩市的发展有两大特点:一是以广州为地理圆心,由密而疏地向周边地区展开;二是大多数圩市以商贸为主,其主要作用就是沟通各地商品的交换。[②] 正是这些特点,使珠三角的圩市群几乎遍地皆是,实际上形成了一个以广州为核心的近代城镇体系雏形,有利于其发挥辐射功能,成为内商与外贸兼于一身的商埠,进而发展为华南地区最大的中心城市。

广州中心城市辐射功能的形成,除取决于所在区域的发展外,还与其优越的地理条件有很大的关系。广州地处珠三角北缘,介于北纬22°30′~24°19′和东经112°43′~114°35′,远古时期这里本是珠江出海口,故其当年是海岸城市,海船由狮子洋顺潮可直接驶入。由于地貌历史变迁,广州虽由海港渐变为河港,但始终保持着河海连通的特点,

---

[①] 北京大学林毅夫教授在研究中国农业问题时指出"技术变迁是农业生产率增长所依赖的最重要因素",并认为这一变迁可通过"节约劳动型"技术或"节约土地型"技术来达到,基塘生产方式的技术变迁正是后者。可参见林毅夫教授在《制度、技术与中国农业发展》一书中的有关论述。

[②] 参见关其学、刘光璞主编:《论经济中心——广州》,广州:广东高等教育出版社1987年版,第12页。

非常有利于对外通商。

同时，广州又位于西江、北江、东江三江总汇的位置，可通过与三江流域城乡相连获得广阔腹地支撑；加上广州自建城以来，一直在古番禺城原址上发展和扩大，与我国不少历史名城位置屡经变迁相比，独广州历经 2 200 多年而不变。[①] 广州北靠罗平山脉，南临南海，城市就建在山海之间的大片丘陵、台地和平原上，构成典型的背山面海环境，使其获得一个最佳的城市发展位置，得以千年不移。这对广州中心城市辐射功能的形成和发展是非常有利的。

（二）计划经济时代中心城市辐射功能的压抑衰退

中华人民共和国成立后，广州被称为国家的"南大门"，进入前所未有的发展新时期。一方面，改革开放前 30 年广州 GDP 年均增长 9.3%，全市经济规模扩充了 14 倍；但另一方面，广州实行高度集中的计划经济体制，被视为"非物质生产部门"的第三产业发展缓慢，其结果是使广州由一个工商业城市向工业城市转变，中心城市的辐射功能受到抑制。这是计划经济体制下通过政府行为推动而形成的。

1. 向工业生产城市的转变

20 世纪 50 年代实施"一五"计划时，广州提出要"变消费城市为社会主义生产城市"。所谓"生产城市"，是指"社会主义工业生产城市"[②]，这是广州在计划经济时代制定的经济发展目标和城市建设方针。这一指导思想贯穿"一五"计划直至改革开放初期，通过压抑第三产业发展，促使广州向工业城市转变。

首先，集中全市主要财力大量投资工业建设。1953—1978 年，广

---

① 参见曾昭璇：《广州历史地理》，广州：广东人民出版社 1991 年版，第 437 页。
② "生产城市"说法最早见于 1954 年广州市市长何伟在广州市第四次党代会的报告；1955 年广州市委书记王德在广州市第五次党代会报告中提出"工业生产城市"概念。参见广州市社会科学研究所编：《广州经济中心文集》，广州：广州市社会科学研究所 1983 年版，第 319 - 321 页。

州工业建设投资合计 29.67 亿元，占同期投资总额的 44.1%，新建工业企业 1 000 多家，改建、扩建了一大批原有的工业项目，新增工业固定资产 23.59 亿元，使广州工业生产能力扩大了 18.5 倍。

其次，动员大量劳动力进入工业部门。1952 年工业部门就业人数只占全市城镇就业人数的 29.7%，而 1953—1978 年工业部门就业人数以年均 6.3% 的速度递增，到 1978 年已增长了近 4 倍，占全市城镇就业人数的比重上升至 45.4%，其中工业部门职工（指国营与集体企业职工）人数 67.37 万，也占了广州当年年末职工总数的 45.72%，而商业、饮食、物资仓储部门职工不到 13%，详见表 2 - 1：

表 2 - 1　1978 年全市职工在各部门分布情况

部门	人数（万人）	比例（%）
工业	67.37	45.72
农林水利	6.71	4.55
建筑、勘探	11.69	7.93
交通运输、邮电	16.84	11.43
商业、饮食、物资仓储	19.09	12.96
城市公用事业	6.22	4.22
文教、体育、卫生等	11.75	7.97
科研	1.79	1.21
金融保险	0.71	0.48
机关团体和其他	5.18	3.52
合计	147.35	100

资料来源：据广州市统计局编的《广州四十年（1949—1988）》第 126 页的数据整理计算。

1978 年改革开放时，广州工业总产值已达到 75.39 亿元，比 1949 年增长了 30 多倍，平均每年递增 12.7%，全市人均工业总产值达 1 561 元。工业总产值在全市工农业总产值中的比重从 1952 年的 76.21% 上升到 90.42%，占全省工业总产值的 36.5%；在广州 GDP 的构成中，工业增加值比重也从 30.48% 上升为 56.52%，成为广州经济的重要支柱，也促使广州成为名副其实的工业生产城市。

2. 商业流通与外贸的变化

与此同时，广州商业流通与外贸的发展却历经曲折。中华人民共和国成立初期，广州商业、外贸曾得到恢复和发展，1952 年全市社会商品零售额回升至 4.73 亿元，比 1949 年增长了 1.4 倍，商业网点从 5 万余个增加到 6.3 万个，从业人员从 13.8 万人增加到 15.2 万人。同时批准广州 508 户私人进出口厂商在国家统一管理下从事对外贸易，举办了第一届华南出口商品展览会（"广交会"前身）。1952 年全市进出口额为 2.21 亿美元，比 1950 年增长了 45.5%，其中出口占广东的 57.6%。但因逐步实行计划经济，广州商业和外贸开始出现微妙的变化：

首先是所有制形式逐渐单一化。广州从"一五"时期开始对工商业进行社会主义改造，到 1956 年，广州商业、外贸已先后实行了全行业的公私合营。商业行业中实行公私合营的商店有 6 824 户，实行合作化的小商贩有 36 120 户，合计占商业总户数的 97.3%，私营商业和个体小商贩只剩下不到 3%；外贸随后还实行了国营与公私合营单位合署办公的形式，基本上是完全转为国营。

其次是经营指导思想的改变。由于商业、贸易等部门被认为是不创造价值的，只是生产部门的辅助，其一切经营活动都被纳入以物质部门生产为核心的计划体制中，从实行商品统一购销和调拨、三级批发体制，到进出口实行垄断经营等，完全无视市场需求，不讲经营核算、外贸只为"互通有无"等，结果导致广州商业部门在五六十年代居然长期亏损，外贸收购增长也发展缓慢。

最后是"文化大革命"期间对商业、外贸的彻底破坏。1975 年市内商业网点被撤并剩下 3 269 个，比 60 年代中期剧减了 95.7%，导致广州居然出现全国闻名的所谓"吃饭难、做衣难、理发难、住店难"

现象;"广交会"虽不曾中断,但广州外贸系统在 1970 年竟然被全部撤销,导致当年及其后广州外贸出口收购持续负增长,这虽有当时政治因素的影响,但长期"抑商促工"的发展思维也是重要原因之一。

3. 中心城市辐射功能的衰退

客观来看,广州转变为工业生产城市有其历史因素,在中华人民共和国成立初期亟须打破西方国家经济封锁,解决国内就业和社会繁荣等诸多发展问题,以至于希望建立完整工业体系来发展广州经济等情况下,广州工业发展功不可没。问题是在传统计划经济体制下,只有物质部门(如工业、农业等)被视为生产部门,故重生产而轻流通和消费,忽视社会再生产各环节间的内在联系,势必造成经济发展的失衡和城市功能的衰退。现实中,这一转变对广州带来了 3 个方面的影响:

一是不重视第三产业发展,影响中心城市的辐射带动作用。如前文所述,1953—1978 年,广州投入工业部门中的建设资金占全市最大比例,加上生产经营所需的流动资金,可以估算出实际投入工业发展的资金,占同期全市能够支配使用的资金资源的 60%～70%,而投入商业、流通、贸易等部门使用的资金只占 15%～20%,这些部门自然得不到应有的发展。中心城市的主要功能就是流通和交换,流通渠道遭受不应有的阻塞,中心就只能变成一个封闭的"城"而没有了"市",广州的对外辐射带动作用就被削弱了。

二是不重视城市基础设施建设,影响中心城市的整体综合功能。1953—1978 年,广州累计投入城市建设的资金不到 4.33 亿元,只占同期全市固定资产投资的 6.42%。[①] 以当时广州老城区 54 平方千米面积计算,每平方千米城区仅投入 795 万元,每年摊分下来仅 30.6 万元,即每平方米城区历年总投入仅 7.95 元,平均每年投入的建设资金居然

---

① 根据广州市统计局编的《广州四十年(1949—1988)》相关数据计算。

不足 0.31 元，导致维系城市整体运转的道路、水、电、气及住房（还有办公和商业用房）等基础设施长期处于严重短缺或陈旧失修的状态，影响广州作为中心城市的综合功能，自然也妨碍了发挥辐射带动作用。

三是传统城市工业化模式，加剧城乡分割二元经济格局。广州当年发展工业基本与全国同一模式，即以发展重工业为主、实行高度集中统一的计划管理，以便能够通过"剪刀差"计划价格，无偿调用农业积累为工业发展提供资金。这种模式违背市场规律，造成极悬殊的城乡发展水平差异，见表 2-2：

表 2-2　80 年代初广州与珠三角区域经济份额比重的对比

（单位：%）

项目	区域	城市	其中：广州	农村	平均每个县
土地面积	100	6.5	5.7	93.5	4.7
人口	100	28.8	24.9	71.2	3.6
工农业总产值	100	59.4	50.9	40.6	2.0
其中：工业	76.8 (100)	56.8 (73.8)	48.7 (63.4)	20.1 (26.2)	1.0 (1.3)
农业	23.2 (100)	2.7 (11.6)	2.2 (9.5)	20.5 (88.4)	1.0 (4.3)

注：1. 表中城市栏指当年建制城市广州、佛山、江门三市的原市区范围，不包括各自辖县，农村栏包括 20 个县。

2. 括号内以区域工农业总产值 = 100。

3. 城市人口比重中包括这些城市的少量农业人口，农村人口中包括部分城镇的非农业人口，若以当时整个区域测算，非农业人口比重约为 26%。

4. 由于计算时四舍五入，部分比例数据汇总或相加不完全等于 100%。

资料来源：根据《广东统计年鉴 1984》和《广州经济年鉴 1983》等整理计算。

从表 2-2 中可见当年珠三角工业高度集中在城市，尤其是在广州这个工业生产城市里，大量人口滞留在农村从事传统农业生产，在被人为扭曲的价格体系下为工业发展和城市建设提供积累，城乡间人口流动却受到严格限制。这导致工业化进程被局限在广州城市里自我循环，难以辐射带动区域经济结构的变革，工业化与城市化进程严重错位，广州自身发展受到限制，城市发展的内部矛盾日益尖锐，进一步削弱其吸引力和辐射力，造成广州中心城市辐射功能的日渐衰退。

（三）改革开放后中心城市辐射功能的复归振兴

改革开放后，广州运用中央赋予广东"先行一步"的特殊政策和灵活措施，以及作为沿海开放城市的有利条件，以"敞开城门，搞活流通"为突破口，力图摆脱传统计划经济发展模式的束缚，大力发展市场经济，经济运行机制发生了显著的变化，使广州中心城市的辐射功能得以逐渐复归和振兴。

1. "敞开城门"，复归中心城市功能

首先，恢复和强化广州作为商品流通中心的辐射功能，这既是广州的历史传统，也是其地理区位和比较优势之所在。广州采取"敞开城门、疏通渠道、改革购销体制、放活价格、货畅其流"等措施，率先把搞活流通作为经济体制改革的突破口，建立全国第一个打破政府指令性定价的交易市场——广州河鲜货栈，引入市场机制，极大地促进了广州商业流通和商品市场的繁荣兴旺。① 至1999年，广州社会消费品零售总额达到1 000.68亿元，是1978年的56.8倍，平均每年增长21.2%以上，国内商业购进总额和销售总额比1978年翻了五番，年均增长都在20%以上。

其次，消费市场规模的不断扩大，促进了广州各类要素的市场和多种商业形式的发展。如广州友谊公司在全国首次引入开架自选销售的超市，开办了广客隆仓储式商场、广州购书中心，以及各种批发市场等。到90年代末，广州已恢复和发展各类市场3 200余个；商业网

---

① 参见黄菘华主编：《广州改革开放十年》，海口：海南人民出版社1988年版。

下 编
迈向大都市区的大广州 **63**

点从 1978 年的 6 164 个增加到 1999 年的 19.52 万个，从业人员从 17.05 万人增加到 76.94 万人，分别增加了 30.7 倍和 3.5 倍；平均每万人口拥有商业网点和服务人员分别从 1978 年的 15 个和 353 人增加到 1999 年的 285 个和 1 123 人，使得商品流通量增加，流通速度大大加快，显示广州的中心城市功能开始复归。

2. 调整工业结构，发挥广州轻工业的优势

改革开放前广州工业虽然一直保持高增长势头，但轻重工业比例严重失衡，每年重工业增长都比轻工业高出 6 百分点，却与缺乏能源、矿产资源的华南地区难以形成紧密相关的产业联系，也压抑了广州传统的轻工业优势，无法在珠三角地区工业化进程中发挥应有的带动作用。

80 年代后，广州首先调整了轻重工业结构，实施以"关、停、并、转"为核心的行业调整，集中资源发展具有传统优势或因开放具有外源优势，而当时国内市场紧缺的 16 种轻工业"拳头产品"①，广州不但在"广货北伐"中抢占了先机，而且通过原料采购、发外加工或技术转移等多种合作形式，与珠三角传统中小企业和新兴乡镇企业等重新建立了联系，开始发挥中心城市对周边区域地方工业发展的辐射带动作用。

3. 发展外向型经济，扩大对外贸易中心作用

改革开放后的头 20 年，广州已签订各类外资合同 5 万多宗，实际利用外资累计 203.8 亿美元，平均每年增长 33.5%。至 1999 年，广州当年实际利用外资已达 31.76 亿美元，比 1979 年增长 321.8 倍，占广东同期实际利用外资两成多。利用外资的方式也由初期的"三来一补"为主，逐步向中外合资合作、外商独资经营等转变，1999 年的实际利用外资额中，外商直接投资达 29.87 亿美元，已占 94% 以上。外资投

---

① 参见汤国良主编：《广州工业四十年》，广州：广东人民出版社 1989 年版。

向从一般的加工性生产项目扩展到交通、能源、商业、旅游、房地产，以及金融、社会服务、农业、高新技术产业等行业，全球排名前500位的跨国公司已有59家落户广州，投资了近百个项目。

外向型经济极大地推动了广州对外贸易的发展，1999年广州外贸进出口总值为194亿美元，占全国当年外贸进出口总值的5.4%，占广东的比重更达13.8%；而每年"广交会"成交额已有260多亿美元，经广州口岸的进出口额已占全国18%以上，这都进一步扩大了广州作为对外贸易中心的作用。

4. 向服务经济转型，振兴中心城市辐射功能

在商贸、流通等行业快速发展的拉动下，广州进一步从加强城市基础设施建设入手，调整第三产业发展的速度及规模。1978—1999年广州累计城市基础设施建设投资额达636.14亿元，是改革开放前26年累计投资额的146倍，年均增长34.7%以上，比前26年的年增长率高出二十几百分点。尤其在亚洲金融危机后，在中央以大规模基础设施投资扩大内需的政策推动下，广州相继建成一批贯通城区的交通干道和10多座大型立交桥；建成并开通地铁1号线；水、电、气及环境整治等都得到加强，尤其是房地产业的发展，改善了市民居住条件和广州的商务办公环境，为重新振兴广州中心城市辐射功能准备了有利的条件。

在城市基础设施建设投入大幅增加的带动下，第三产业投资占全社会投资比重也从前26年的不到41%，上升为近20年的74%左右，1999年更是达到81.63%的水平。1979—1999年，第三产业投资年均增长比全社会投资高出近3百分点，不断加大的投资力度推动第三产业迅速增长，促使广州逐渐向服务经济转型。

80年代末，广州第三产业比重上升为46.52%，经济服务化的趋势已见端倪；进入90年代后，广州在继续发展商贸、流通等传统服务业的同时，加快了金融、物流、会计、法律及商务等现代服务业的发展。

1998年广州第三产业比重首度过半，其后至2000年更上升为55.23%，成为全国除北京外第三产业比重最高的中心城市，以重新振兴中心城市辐射功能的态势进入21世纪。

（四）小结

从上述分析中，我们或可归纳广州中心城市辐射功能和作用演变的一些规律和特点：一是广州辐射功能的形成和作用演变，与所在区域及自身发展水平相辅相成，是在一定区域条件下历史演进的结果；二是区域条件很大程度上受地理因素的影响，不仅包括广州的位置、港口、地形等先天地理因素，更主要的是历史发展的"偶然"与这些因素结合，使广州成为经济活动和人口相对密集的中心；[①] 三是由于上述历史、地理等因素的影响，广州作为商贸流通中心的辐射功能非常明显，并孕育出独特的广州商业文化，而作为生产中心的辐射功能相对薄弱。

三、广州发挥辐射功能的"软肋"

进入21世纪后，广州虽早已成为国内第三大城市，人均GDP排在最前面，但大量外来人口涌入广州，城市人口规模急剧膨胀，城市容

---

① 关于历史的"偶然事件"与地理因素结合，导致一个或两个久盛不衰的生产中心的兴起，乃至大城市的产生，源自2008年诺贝尔经济学奖得主美国普林斯顿大学教授克鲁格曼的研究，笔者参照其CP模型进行数理经济学分析，也得出广州已形成集聚"中心"的地理分布特征，考虑本编属决策咨询研究报告，故此处略去分析过程，只列出根据结论得到的分析观点；有关克鲁格曼的理论及模型，除了专业论文外最通俗的解释，可参见其1990年在比利时勒芬（Leuven）天主教大学作加斯顿·艾斯肯斯（Gaston Eyskens）讲座时，所讲述的几个关于产业地方化的小故事。参见 KRUGMAN P. Geography and trade. MIT：MIT Press, 1991；中文版可见保罗·克鲁格曼著，张兆杰译：《地理和贸易》，北京：北京大学出版社2000年版。

量备受压力；而在广州城市化进程中，户籍人口的非农比重也迅速上升，仅从第四次人口普查到第五次人口普查的 10 年间，广州户籍的非农人口就从 341.39 万人增至 436.11 万人，增长近三成，比重上升 5 百分点，城区发展空间亟须扩充。

故继 90 年代的东南部开发后，广州在 21 世纪初，再提出了"南拓、北优、东进、西联"的空间发展策略，力图形成"大广州"发展格局，也是尝试提升中心城市辐射功能的一次努力。

（一）广州提升辐射功能的努力与纠结

"广州东南部"这一地域概念始于 90 年代初，是以珠江为轴线，西起天河，东至增城三江，南至番禺新垦，北临广深高速公路，呈丁字形展开的一个区域地带。涉及广州当年 3 个区和 2 个县级市的全部或部分土地面积共 1 780 余平方千米，其中包含 4 个国家级开发区，10 余个省市级开发区、工业区和示范点，包括当时在建的珠江新城，列入重点开发区域的面积达 246 平方千米。[①]

1. 从东南部开发到新的空间发展策略

东南部开发的起因是广州长期挤在几十平方千米的老城区中，土地和空间早就不敷发展，也制约着城市辐射功能的提升。因此，东南部开发是广州试图拓展城区空间、提升城市辐射功能的最初尝试，但由于当时观念认识的局限和发展条件的制约，该计划重点主要还是落在加快土地（主要是工业用地）开发利用和东南部产业（也主要是工业，尤其是重化工业）的重组上，见表 2 - 3：

---

① 参见广州市人民政府发的穗府〔1997〕10 号文《广州东南部"九五"开发计划》。

表 2 - 3　东南部各类土地开发计划（1996—2000 年）

[单位：平方千米，（%）]

区域	规划面积	可开发	已开发	计划开发
一、4 个国家级开发区	147.82 （59.9）	85.20 （52.9）	20.10 （59.6）	25.82 （51.7）
二、8 个其他开发区和工业区	73.44 （29.8）	62.90 （39.1）	10.51 （31.2）	20.70 （41.5）
三、示范点中的城区（旅游区）	25.50 （10.3）	12.90 （8.0）	3.10 （9.2）	3.40 （6.8）
四、合计	246.76 （100）	161.00 （100）	33.71 （100）	49.92 （100）

注：1. 国家级开发区包括广州开发区、广州高新区（包括科学城）、南沙开发区和广州保税区。

2. 其他开发区和工业区中包括"华侨工业城"。

3. 计划共有 6 个示范点，其中 2 个是工业区，其余 4 个包括在建的珠江新城（计划建成广州 CBD）、长洲岛文化旅游区、龙洞旅游度假区和南岗丹水坑综合旅游区。

资料来源：根据《广州东南部"九五"开发计划》整理计算，各栏括号内为该列合计数的百分比，由于四舍五人或某些数据不准确，相加不完全等于 100%。

　　显然，东南部开发更像一个扩大工业用地、重组广州工业体系的庞大计划，尽管其中包含有建设广州 CBD 珠江新城的部分，但规划的用地面积仅 6.8 平方千米，占整个东南部土地开发计划不及 2.7%，相比之下对提升城市辐射功能的作用非常有限。真正拉开城市空间布局，为形成"大广州"格局和提升其辐射功能做出努力的是其后提出的"南拓、北优、东进、西联"空间发展新策略。

　　因为地理以及行政区划等"门槛"的约束，北面的从化是广州城市主要水源涵养地，发展受此限制；而西面一过珠江大桥就是佛山南海的行政地域，发展受到行政区划的限制。所以一般而言，广州城区只能向东南方向延伸发展，但东南方向的增城、番禺又一直属县或县级市。理论上，广州对其行政关系只是"代（省）管"而已，很难把城市发展直接规划过去。故自中华人民共和国成立至 20 世纪末，广州虽已编制过 15 个城市总体规划方案，① 但始终未能解决这些问题，即使被认为"较全面、系统和完善"的于 1984 年首次获国务院批准实施的第 14 方案，也只是提出把花都的新华镇、番禺的市桥镇发展为"广州市外围"的卫星城镇而已。

2000 年番禺、花都的撤市设区，标志着广州城市空间格局得到了重大改变的机遇，不仅市辖区从 8 个增加至 10 个，更重要的是市区土地面积从 1 443.6 平方千米扩大至 3 718.5 平方千米，增加了近 1.6 倍。这意味着广州可以在更大的空间范围中选择能更好地实现社会、经济与环境协调的城市空间形态模式，从原来传统的"云山珠水"向未来新的"山城田海"格局演进，从而为广州完善中心城市功能，发挥辐射带动作用提供新的契机。

所以，新的空间策略在以"北优、西联"的举措解决或处理城市北、西部地理和行政区划发展"门槛"的基础上，以"南拓、东进"来"规划确定东、南部为都会区发展的主要方向"② 。也就是说，拉开城市空间布局，促使广州城市结构由原来的单中心向多中心转换，巩固和提高广州作为华南最大中心城市的地位，希望借此提升其辐射功能，更好地发挥带动作用。

2. 空间拓展未能同步提升辐射功能

然而，外延扩展虽然扩大了城市边界，也扩充了城市内部发展的空间，但未能同步提升广州的中心城市辐射功能。

从表面上看，一是城市基础设施尤其是交通基础设施建设未能及时适应城市空间的快速扩展，阻碍了城市辐射功能的形成，这既有时间的因素，也与财力有关。但即使在广州尽力集中财力并争分夺秒般

---

① 参见广州城市规划发展回顾编纂委员会编：《广州城市规划发展回顾（1949—2005）（上卷）》，广州：广东科技出版社 2006 年版。

② 参见广州市规划局、广州城市规划编制研究中心：《广州城市建设总体战略概念规划纲要》，《人居》2002 年第 2、3 期合刊，第 150 页。

扩建、修建了广园东快速路二、三期，华南快速干线，南沙高速，以及提前开通地铁 4 号线南沙段等，迅速打通了东、南部的主要交通后，交通基础设施建设仍未见到较为理想的预期带动效果。以省、市均极为重视的南沙新区为例，直至 2011 年其 GDP 占全市的比重仅为 4.6%，社会消费品零售总额甚至仅占全市的 1.0% 多一点，而财政收入也不到全市的 3.2%，[①] 可见其辐射作用及对全市的贡献仍相当有限。

二是虽然城市空间迅速扩大，但广州的常住人口也从 2000 年"五普"（第五次人口普查）的 950 多万人，增加至 2010 年"六普"的 1 272 万多人，如果加上实际未能纳入统计的流动人口 200 万 ~ 300 万人，广州现有人口保守估计应超过 1 600 万人，这对城市发展和管理都带来了巨大的压力。尤其是城市快速发展过程中积累的包括交通拥堵、住房紧张及环境污染等问题，已经成为广州提升辐射功能的"绊脚石"，即使是"十一五"期间针对中心城区发展问题而提出的"中调"战略，也受制于中心城区的各种"瓶颈"而实施困难。

因此，尽管 21 世纪以来广州经济保持着相对平稳的持续增长，产业转型升级有了较好的开端，制订了以"9 + 6"战略性主导产业为核心的现代产业体系规划；汽车制造、电子产品制造和石油化工三大支柱工业在 2011 年完成的工业总产值已占全市工业总产值 48.2% 以上，吸纳全市近三成的就业，提供全市一半以上的税收；[②] 借助举办亚运会也使广州城市形象和城市建设上了新台阶，但广州中心城市辐射功能的提升似乎仍处于相对迟缓的状态。

实际上，除引言已提到广州 GDP 占全省比重下降的情况外，广州在外贸、工业，甚至是服务业等方面都概莫能外。虽然第三产业整体仍在继续增长，但平均增速已从 90 年代早期的 16.1% 减缓为 13.6%，

---

① 根据《广州统计年鉴 2012》（中国统计出版社 2012 年版）第 12 ~ 15 页和第 39 页相关数据计算。

② 参见《广州统计年鉴 2012》（中国统计出版社 2012 年版）第 290 页的相关数据。

下降 2.5 百分点，2012 年第三产业比重虽从 2000 年的 55.23% 提升至 63.59%，但相比前 12 年每年提升 1.02 百分点，后 12 年每年只提升 0.69 百分点，提速减缓三成多。这些都显示近年来广州辐射功能因经济实力地位变化甚至呈逐步减弱之势，见表 2-4：

表 2-4　21 世纪以来广州在全省经济实力地位的变化

（单位:%）

项目	占全省比重		增长率		百分比	
	2000 年	2012 年	广州	全省	比重变化	增长率对比
地区生产总值	24.59	23.75	13.20	12.20	-0.84	+1.00
其中：工业	20.72	17.04	13.20	14.40	-3.68	-1.20
服务业	32.94	32.49	13.60	11.70	-0.45	+1.90
社会消费品零售额	27.53	26.36	15.10	14.70	-1.17	+0.40
外贸进出口总值	13.73	11.90	14.40	15.80	-1.83	-1.40
其中：出口总值	12.83	10.26	14.30	16.50	-2.51	-2.20
外商直接投资	24.43	19.43	12.10	14.40	-5.00	-2.30
一般预算财政收入	22.02	17.70	15.30	17.40	-4.32	-2.10

注：1. 广州占全省比重按当年价计算；增长率按可比价计算。

2. 除外贸进出口和外商投资数据为美元外，其余均以人民币计价。

资料来源：根据相关年份的《广州统计年鉴》和《广东统计年鉴》的数据整理计算。

（二）影响辐射功能的三大"软肋"

从表 2-4 中我们看到，广州近年来经济增长势头并不算差，在不算短的 12 年的平均增长率中，所选取的 8 项主要经济指标都在两位数以上，其中一般预算财政收入和社会消费品零售额分别达到 15.3% 和 15.1%，而 GDP 年均增长不仅保持在 13.2% 以上，还比全省平均水平高出 1 百分点以上。但可惜占全省比重无一例外都下降，虽然大多只是小幅下降，但也反映出广州中心城市辐射功能确实存在令人担忧的"软肋"。

1. 高能量辐射力的不足

城市地理学中有所谓"城市首位度"的概念，是指一国中最大城市比第二位城市拥有压倒优势人口数量（2 倍以上）的城市规模分布被称为首位分布，① 该最大城市即可被定为首位城市，其在政治、经济及社会生活中往往占据明显优势。如果借用这个概念，把区域内规模最大城市也称为首位城市的话，则广州直至 20 世纪末都还可算是广东的"首位城市"，但其在经济实力上未能占据"明显优势"，"经济首位度"就只能算是差强人意。我们从表 2-4 中可见，广州 2000 年的 GDP 仅及全省的 1/4，这比当时已居第二位的城市深圳只多了不到 6 百分点，工业能力则只有全省的 20.7%，与深圳相差不到 1 百分点，只有第三产业占全省比重超过 32.9%，显示服务业方面尚有能力辐射影响和带动周边地区。

但到 2012 年，广州在规模等级上已不再是"首位城市"，"经济首位度"更显得勉为其难：其 GDP 占全省比重下降为 23.75%，比深圳只多 1 百分点，工业能力更下降为 17.04%，反被深圳超出近 3 百分点，第三产业也下降为 32.49%，虽仍比深圳多 5 百分点，但问题是深圳这十余年间占全省比重基本处于上升趋势，广州却呈下降走势。由于经济总量相对变小，广州要辐射带动周边地区和全省经济发展就更显乏力，这可从辐射功能的 3 个主要途径来看：

一是广州的产业结构虽历经调整，但传统产业仍占一定的比重，未能很好地解决产业和空间发展高端化的难题。即使对区域性产业链的带动有所成效，除了个别行业（如近年大力发展的汽车制造业）外，尚难使广州与周边区域真正形成一体化发展的有机整体。以工业主要行业结构的演变为例，见表 2-5、表 2-6：

---

① 参见周一星：《城市地理学》，北京：商务印书馆 1995 年版，第 254-258 页。

表 2-5　1978—2011 年广州工业的主要行业结构变动情况

主要行业	1978 年占工业总产值（%）	1979—1990 年生产增长率		1990 年占工业总产值（%）	1991—2000 年生产增长率		2000 年占工业总产值（%）	2001—2011 年生产增长率		2011 年占工业总产值（%）
		倍数	年均（%）		倍数	年均（%）		倍数	年均（%）	
食品工业	10.75	1.2	6.7	6.75	4.0	14.8	5.49	4.8	15.3	4.29
烟草加工业	3.71	2.2	10.0	3.53						
纺织工业	9.40	1.8	8.5	6.18	2.9	2.9	3.62			
化学工业	6.24	3.1	12.4	6.56	8.0	8.0	9.37	7.4	20.0	10.76
医药制造	3.02	7.0	18.9	5.00						
橡胶制品	5.19	1.7	8.8	3.64						
有色金属冶炼	3.55									
金属制品	5.13	3.6	13.6	4.98	3.9	14.5	3.60			
机械工业	9.69	2.6	11.2	7.50	2.6	9.9	3.31	7.5	20.1	3.82
交通运输设备制造	5.25	3.4	13.1	5.26	9.8	25.7	9.96	14.4	27.4	22.09
电气机械	8.02	4.6	15.5	9.22	5.9	19.3	7.06	4.3	14.1	4.67
服装及纤维制品		6.6	18.4	4.09	6.9	21.2	5.01			
石油加工		5.8	17.3	3.30	2.6	9.9	5.83	4.8	15.3	4.33
皮革等制品					10.8	26.9	5.27			
非金属矿物制品							3.15			
塑料制品							3.38			

（续上表）

主要行业	1978年占工业总产值（%）	1979—1990年生产增长率		1990年占工业总产值（%）	1991—2000年生产增长率		2000年占工业总产值（%）	2001—2011年生产增长率		2011年占工业总产值（%）
		倍数	年均（%）		倍数	年均（%）		倍数	年均（%）	
电子及通信设备					23.1	36.9	6.34	11.8	25.2	11.58
电力、蒸汽等					2.0	7.2	4.35	8.7	21.8	5.88
黑色金属冶炼								9.6	22.9	3.41

　　注：主要行业是指占当年工业总产值比重3%以上的行业，其中"食品工业"包括食品加工和食品制造业；"机械工业"包括通用设备制造业和专用设备制造业；"工艺品及其他制造业"不参加排序。行业占总产值比重均按当年价格计算，增长按不变价格计算，但2001—2011年增长未能剔除价格变动因素，只可作为对比参考。

　　资料来源：根据全国基本单位普查广州地区数据和历年《广州统计年鉴》数据整理计算。

表2−6　主要年份广州工业行业前6位排列次序的变化

（单位：%）

排序	1	2	3	4	5	6
1978年	食品工业（10.75）	机械工业（9.69）	纺织工业（9.40）	电气机械（8.02）	化学工业（6.24）	交通运输设备制造（5.25）
1990年	电气机械（9.22）	机械工业（7.50）	食品工业（6.75）	化学工业（6.56）	纺织工业（6.18）	交通运输设备制造（5.26）
2000年	交通运输设备制造（9.96）	化学工业（9.37）	电气机械（7.06）	电子及通信设备（6.34）	石油加工（5.83）	食品工业（5.49）
2011年	交通运输设备制造（22.09）	电子及通信设备（11.58）	化学工业（10.76）	电力、蒸汽等（5.88）	电气机械（4.67）	石油加工（4.33）

　　资料来源：根据表2−5及相应年份的《广州统计年鉴》数据计算整理，括号内为该行业占当年工业总产值的比重。

　　综合以上两表，可看到广州工业已基本完成从轻纺为主到重化制造为主的转型过程，目前唯一仍保留主要行业地位的食品工业已退出前6位的行业序列，而基本由重化制造"一统天下"的6个主要行业已占全市工业总产值的59.3%以上。但这6个行业中，有4个属于高能耗的行业，且这些资金密集行业未必完全就是技术密集或拥有自主技术的行业，相当部分还属于组装加工性质；更要考虑的是，超大型中心城市的产业结构是否应更综合性和多元化，而不是高度集中在一两个会面临或甚至已经面临市场风险的产业上。[①] 服务业内部结构也存在着类似的问题，就此而言，广州产业结构的调整仍远未达到优化的目标。

　　二是因技术扩散受制于广州创新能力不足，难以带动区域经济结构升级。从表面上看，广州拥有省内最多的高校、研究机构和60多万城镇单位专业技术人员，其中不乏国宝级的专家和机构，如2012年年末全市共有两院院士35人、国家级工程中心15家和国家工程实验室9家（省、市级分别有112家和181家）、国家和省级大学科技园6个，每年仅市级地方财政支出的科技事业费就有60多亿元；还有各大中型企业内设的500多个科技机构和10多万R&D人员，仅以上工业企业2012年R&D经费内部支出就逾140亿元，全市科技力量不可谓不强。

　　然而，广州创新能力的表现相对不足，2012年全市专利申请量为3.34万多件，但七成以上只是属于实用性型和外观设计类型，在获得授权的2.2万多件专利中，属于发明专利的不足18%，仅4 000余件。[②]比较北京和上海，2012年各自获得授权专利中的发明专利分别达到39.9%和22.1%，实际数量也分别是广州的4.99倍和2.82倍。[③] 上海

---

　　①　广州市最近已经主动调减了汽车产业未来几年的规划目标，见《南方日报》2013年8月的报道。

　　②　根据《2012年广州市国民经济和社会发展统计公报》和《广州统计年鉴2012》有关数据整理。

　　③　参见《2012年北京市国民经济和社会发展统计公报》和《2012年上海市国民经济和社会发展统计公报》的相关数据。

2012年的高新技术成果转化项目中，不但电子信息、生物医药、新材料等重点领域项目占87.7%，而且拥有的自主知识产权项目更占100%，而广州的高新技术成果转化项目中，多属引进转让或授权使用，真正拥有自主知识产权的竟不足三成。由此可见广州技术外溢的能量和效应不仅低于北京、上海等市，甚至还可能逊于省内的深圳市，很难带动区域经济结构的升级。

三是资本流动更因金融中心发展滞后而受阻。金融中心的建设可谓是困扰广州多年的老大难问题，由于缺失全国性的金融市场交易平台，广州金融配置资源的能力一直与其作为华南最大中心城市，乃至国家中心城市的地位严重不相适应。2012年广州金融业占GDP的比重仅为7.05%，不仅低于北京、天津、上海等国家中心城市，也只及深圳（14.3%）的一半；其行业规模均不到北京、上海的四成，也只相当于深圳的54.7%。尽管广州拥有相对庞大的银行系统，每年的存贷款规模也不低，但法人金融机构数量较少，规模偏小，综合实力不强，金融发展的广度和深度都远远不够，资本流动很不充分，致使自身发展的金融需求都未必能满足，遑论辐射功能，缺乏根本能量去发挥辐射带动作用。

导致广州出现这种尴尬的局面，既有金融体制、政策等方面的问题，也有改革开放中金融发展布局的机遇问题，如全国至今仅有的两家股票交易所已设在上海、深圳两市；广州自身也有曾错失机遇的问题，原有的广州期货交易所不幸被撤销停办，至今尚难以恢复，以及产权交易机构设置与省之间的利益博弈等，造成广州金融中心发展滞后，严重制约中心城市的辐射功能。

从以上3个方面障碍分析来看，凡此种种矛盾或缺失，尤其是创新能力不足和金融发展滞后，导致广州中心城市高能量辐射力的不足，是广州发挥辐射带动作用中存在的最致命的"软肋"。

2. 战略腹地的欠缺

然而即使广州培育了强大的辐射能量，其辐射带动作用也要有可达的广阔空间，即其辐射能量要有足够的伸展空间，意指城市的腹地。腹地是城市生命力之所在，一个城市的腹地就是一个城市的生命力，腹地能到哪里，这个城市的生命力就延伸到哪里。从一定意义上说，中心城市的地位高低及辐射作用的大小是由腹地的范围所决定的。相比国内北京、上海等拥有环渤海湾或长江流域等广阔腹地的国家中心城市，或纽约、伦敦等甚至是以全球范围作为战略腹地的国际中心城市而言，战略腹地的相对欠缺是影响广州辐射作用的"软肋"之一。

理论上广州并不欠缺腹地。如前文所述，广州位于西江、北江、东江三江总汇的位置，可通过与三江流域的城乡相连而获得广阔腹地支撑，这恰是形成广州中心城市辐射功能的有利条件之一。从经济地理角度，广州原来的腹地可分为两个层次：

一是广州的直接腹地。即三江在广州附近汇合后（准确地说，是在现佛山三水区思贤窖汇合，经佛山涌再入广州），南下入海流经的珠三角地区。正是三江河流的冲积以及长期人工围垦形成了珠三角，广州就坐落在这片富饶的三角洲平原和丘陵台地上，是珠三角的发展孕育了这座辉煌的商贸大城，宛如镶嵌在珠三角大地上的一颗明珠。故广州与珠三角自古以来就是浑然一体的自然经济区，珠江水道和纵横交错的水网河汊曾是广州与这片腹地上各城乡之间经济、社会、文化联系的重要渠道。

二是广州的间接腹地。即三江上游流域地区，包括广东的西、北、东部，以及广西、湖南和江西的部分地区。还可以通过这三江上游的江河之利，把经济腹地扩大到西南三省及江淮流域一带，历史上广州就是循西江、北江水路或西行，或北上，再通过灵渠、大庾岭等沟通珠江与长江两大水系，使腹地范围伸入内陆的西南、中原等地区；又或经惠州、潮州，然后通过东江水系的韩江进入大埔县的石上埠，接通福建省上杭县的鄞江、汀江等，而与福建及至江浙等地区相连，这一方向的腹地在清嘉庆年间被称为"赴京入闽及江浙"①。见图2－1：

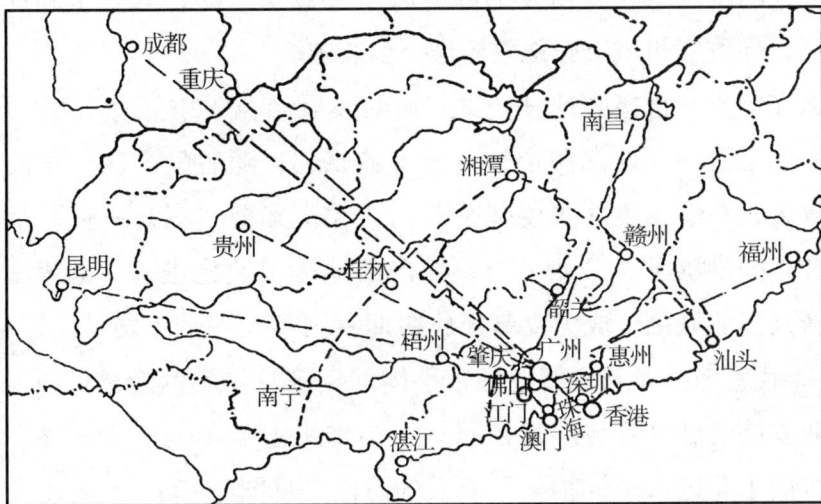

图2－1　广州直接腹地与间接腹地的示意图

资料来源：转引自左正：《广州：发展中的华南经济中心》，广州：广东人民出版社2003年版，第25页。

　　然而，广州的城市腹地效应在改革开放前就随着广州中心城市辐射功能的压抑衰退而逐渐衰减了。如前文所述，广州当年的传统城市工业化发展模式，加剧了城乡分割的二元经济格局。广州与腹地之间的经济交流受到严格的计划控制，使得城市只能封闭自我循环，难以辐射带动腹地经济的发展。另外，由于失去经济腹地的有力支持，广州城市发展也就无所依托，削弱了自身对区域的吸引力和辐射力，自然导致城市腹地效应日渐衰减。

　　改革开放后，随着广州中心城市功能的复归，与腹地的经济联系也在逐渐恢复，市场化取向的分权改革虽然激励了地方政府发展经济的积极性，但也出现了所谓"诸侯经济"现象，市场分割和保护主义

---

　　①　参见嘉庆《大埔县志》卷三。转引自邓端本：《18世纪末19世纪初广州的海外交通和贸易》，见广州市社会科学研究所编：《近代广州外贸研究》，广州：科学普及出版社广州分社1987年版，第37页。

在一些地方愈演愈烈。广州昔日的许多直接腹地变成了竞争对手,同时与广大间接腹地正在恢复的经济联系又被众多的行政壁垒和地方保护割裂,导致广州城市腹地效应进一步衰减。

这在广州与直接腹地——珠三角的发展与竞争中尤为突出。80年代初,先是深圳、珠海两个特区城市的兴起;随后整个珠三角成为经济开放区,在港、澳(主要是香港)劳动密集型"三来一补"加工业大量转移的推动下,开始了出口导向的地区工业化进程,迅速崛起了大批新兴工业城镇,成为改革开放初期我国重要的加工贸易出口基地。至90年代,珠三角新兴工业城市整体的经济总量不但超过广州,而且在工业发展上已具有与广州在同一结构水平上竞争的能力,整个珠三角地区的工业进入"同构化"发展的阶段。见图2-2:

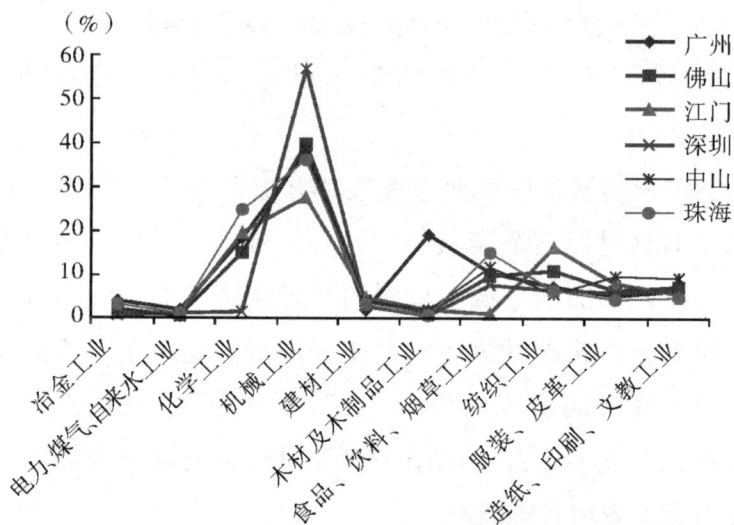

图2-2 广州与珠三角城市工业发展的"同构化"(部门产值构成)

资料来源:根据《广东统计年鉴》有关数据(按1990年不变价)计算绘制,各市数据均为市区数值。

珠三角迅猛的工业化势头极大地推动了该区域的城市化进程,不到30年时间,珠三角的城镇化率从不足20%跃升至83.1%以上,珠三角地貌被彻底改变,从昔日直接腹地的城乡交界变成了高楼林立的城市区域。深圳、佛山、东莞等一批区域中心城市崛起，尤其深圳的经济总量已逼近广州，在出口、高新产业等方面甚至超过了广州，形成对广州"首位城市"地位的挑战。

珠三角的巨变也改变了广州城市腹地的传统格局，广州与珠三角不再是"城市与腹地"的关系，而是"珠三角城市群"或"珠三角都会区"这一大都市地区内，核心城市（如果广州还能算是核心的话）与其他城市之间的关系了。但广州长期以来似乎一直忽视了区域关系的这一深刻变化，即使在广东为实施《珠江三角洲地区改革发展规划纲要（2008—2020 年）》，把珠三角分为"广佛肇""珠中江"和"深莞惠"3 个次区域都市圈后，广州仍继续只把珠三角作为自己的直接腹地，却没有意识到传统腹地模式已不适应发展要求，以及自身对珠三角的吸引力和辐射力已然减弱的现实。

由于广东及周边省区与港澳形成"9 + 2"的泛珠三角区域合作是以省级行政层面联手主导推进的，9 个省区直接与港澳对接；即便作为省会的中心城市也只是处于从属配合或辅助的角色，因此在某种程度上反而使广州与原来的间接腹地有了疏离感，辐射功能似乎找不着方向和发挥的空间。欠缺战略腹地成为影响中心城市辐射功能的又一"软肋"。

3. 文化"输出"功能的缺失

一切经济、社会的竞争到最后，无一例外都表现为文化的竞争，中心城市的辐射带动作用不仅体现在经济实力方面，还体现在文化软实力上。这里的文化指的是大文化的概念，在此意义上作为岭南文化中心的广州，如果仅重文化实体建设而轻"软件"投入、重数量而轻质量、重模仿而轻创新、重"官方"而轻民间，会导致文化"输出"功能缺失的"软肋"出现。如果不能输出自己独特的文化产品和文化影响，广州就难以真正发挥中心城市的辐射带动作用。

作为世界历史文化名城，广州文化资源非常丰富，不仅拥有"古代海上丝绸之路发祥地""岭南文化中心地""近现代革命策源地"和"当代改革开放前沿地"的"四地"文化资源优势，而且在文化设施建设及文化事业发展的投入上，广州也从不吝啬。据市发改委的资料，仅从 2003 年至今，广州地区已经开始和即将开始的各类文化设施建设项目就有 26 个，总投资额逾百亿元，其中由广州负责投资建设的项目有 21 个，总投资 73 亿多元；而地方财政每年用于文化的支出（包括体育与传媒）可谓巨额，2011 年已达 56.4 亿元，占市地方财政预算内支出的比重约 4.77%，比科技支出还高出近 1.2 百分点。改革开放以来广州文化发展状况可见表 2-7：

表 2-7　1978—2011 年广州文化发展的主要状况

指标	1978 年	2000 年	2011 年	1978—2000 年变化		2000—2011 年变化	
				对比	增长率(%)	对比	增长率(%)
影剧院（间）	35	53	58	+18	1.90	+5	0.82
#座位数（万个）	4.34	4.77	7.01	+0.43	0.43	+2.24	3.56
专业艺术表演团体（个）	19	19	63			+44	11.51
广播电台/节目（家/套）	2/3	8/14	2/17	+6/ +11	7.25	-6/ +3	1.78
#平均日播音（小时）	60	303	352	+243	7.64	+49	1.37
电视台/节目（家/套）	1/1	11/24	3/33	+10/ +23	15.54	-8/ +9	2.94
#平均周播放（小时）	90	2 181	3 960	+2 091	15.59	+1 779	5.57

（续上表）

指标	1978 年	2000 年	2011 年	1978—2000 年变化		2000—2011 年变化	
				对比	增长率	对比	增长率
公共图书馆（间）	4	15	15	+11	6.19		
#图书总藏量（万册件）	232	845	2 093	+613	6.05	+1 248	8.60
#图书流通量（万册次）	48	376	715	+328	9.81	+339	6.02
群艺馆、文化馆（间）	6	14	14	+8	3.93		
博物、纪念馆等（个）	8	27	31	+19	5.68	+4	1.26
报纸出版（万份）	31 927	233 782	340 452	+201 855	9.47	+106 670	3.48
图书出版（万册）	17 244	26 426	31 977	+9 182	1.60	+5 551	1.75
杂志出版（万册）	2 124	22 505	17 247	+20 381	11.33	−5 258	−2.39

注：1. 影剧院包括各种艺术表演场馆，但不包括开放礼堂、俱乐部等。

2. 2000 年及以前的广播电台、电视台包括无线和有线两大类别的数据，而 2011 年只有无线广播电台和有线电视台数据；表中广播、电视类指标的年均增长率只计算节目套数和播音、播放时间。

3. 图书流通量是指书刊外借册次，表中 1978 年栏的该项数据为 1980 年的统计数据。

4. 增长率为年平均数，单位：%。

资料来源：主要根据相关年份《广州统计年鉴》《广州年鉴》和《广州五十年》等的统计数据整理计算。

　　由表 2-7 可见，广州自改革开放以来文化发展有不少的进步。若以 2000 年为界将其分为前后两个时期的话，不难看出前一时期的发展带有恢复性质，加上改革开放前的标准基数本来就不高，故这一时期除了个别指标外，大多数指标的增长都很快。21 世纪初，广州文化发展在数量上已上了一个台阶，尤其在流行文化、广播、电视及新闻出版等方面均开风气之先，一度成为全国文化发展的"先行区"和"领头雁"，粤语流行曲、粤版影视剧和扩版后的《广州日报》《南风窗》《南方周末》等报刊，如同粤菜、广货等一样都曾风靡全国。

2000 年后，或许广州文化发展进入了一个"休整"阶段，不少指标的年均增长率都低于前一时期，尽管在珠江新城建设了新的歌剧院、图书馆等场馆，但在文化软件建设方面，除专业艺术表演团体数量有较大增长外，其余指标表现都不大如意，个别还出现负增长，如杂志出版减幅几近1/4。至2012 年，曾一度领先的广州文化建设却与北京、上海等再次拉开不少差距，见表 2－8：

表 2－8　2012 年广州与北京、天津、上海部分文化指标的对比

主要指标	广州	北京	天津	上海	差距系数（n）
公共图书馆（间）	15	25	31	25	0.40～0.52
#图书总藏量（万册件）	2 071	5 556	1 353	6 893	－0.53～0.70
博物馆、纪念馆等（间）	30	165	19	109	－0.58～0.82
群艺馆、文化馆（间）	14	20	19	27	0.26～0.48
档案馆（间）	28	18	51	41	－0.56～0.45

注：差距系数 $n = (u_y - u_x)/u_y$，u_x＝广州样本值；u_y＝比较样本的最大值或最小值；n 值越小表示差距越少，通常比较只取其一，本表为了更好地观察广州在样本城市中的位置，同时取值以考察差距的范围。

资料来源：根据广州与各样本城市政府发布的 2012 年国民经济与社会发展统计公报的相关数据计算。

以博物馆、纪念馆等指标对比为例，这是展现城市文化实力的一个重要方面。北京的博物馆、纪念馆等数量高达 165 个，不仅是广州的

5.5 倍之多，还拥有北京故宫博物院、中国国家博物馆、中国军事博物馆、中国地质博物馆等世界级博物馆，上海的博物馆、纪念馆等数量也是广州的 3 倍多，同样拥有上海博物馆、上海自然博物馆等著名博物馆。在公共图书馆的图书总藏量方面，上海、北京也分别是广州的 3 倍和 2 倍以上。

如果再比较带有文化"输出"性质的如电影、电视剧制作方面，2011 年全国共生产了 558 部电影故事片，其中北京 306 部，占全国的一半以上（54.8%），上海 25 部，也占全国的 5% 左右，而广州只有 2 部，不及上海的 1/10，与北京的差距更大；在全国制作的约 1.5 万集电视剧中，北京、上海分别占了 18.2% 和 16% 左右，广州只占 10% 多一点；在文化传媒产业的报纸、杂志等方面，广州出版的各类报纸只有 54 种，仅及北京（254 种）的 1/5 和上海（100 种）的一半多；各类杂志总数为 294 种，明显低于北京（3 044 种）和上海（632 种）；各类图书 6 538 种，约为北京的 1/35 和上海的 1/4。这其中或有新媒体冲击等因素，但广州近些年来无论是文化体制改革还是文化产业创新、文化品牌建设，所显示的滞后性都不容忽视。虽然广州在动漫、网络游戏等新兴文化产业上有所建树，但整体上文化"输出"功能的不足，成为影响其中心城市辐射带动作用的另一"软肋"。

（三）"软肋"成因及其影响

造成广州中心城市辐射带动作用存在"软肋"的原因可能有很多，历史、地理（如我国已故著名地质学家李四光在其中国地质构造学说中提出的"新华夏地槽"论，就认为东西向的南岭山脉隔断了广东与内陆的联系，[①] 也有人认为这是导致广州难向内地辐射带动的原因之一）、发展政策或文化因素等，不一而论。但以下两点显然是最直接、最主要的：

① 参见李四光：《中国地质学》，转引自李约瑟著，《中国科学技术史》翻译小组译：《中国科学技术史》，北京：科学出版社 1975 年版，第 132－138 页。

1. 增长方式尚未实现真正转变

广州长期以来实际上主要依靠投资和出口拉动经济增长，尤其在改革开放初期，投资和出口对经济增长贡献经常为 70% ~ 80%，甚至更高，如 1991 年就曾高达 90.04%，其中投资贡献占 41.4%，说明投资率非常之高。整个"八五"时期广州投资总额占 GDP 比重高达 46.56%，可谓典型的投资驱动型增长方式。

通常一般均衡的投资率大致相当于 GDP 的 30%，故广州如此之高的投资率，当然无法长期维持。事实上，20 世纪 90 年代末亚洲金融危机后，中国经济就已被倒逼进入转型阶段，开始艰难的结构调整过程，希望通过转变经济增长方式，将投资驱动型或出口驱动型的经济增长逐步转变为创新驱动型的经济增长。但广州当时只能采取继续加大城市基础设施建设投入，同时加快第三产业和重工业发展的策略。[①] 因为在出口受阻、内需不足的情况下，要维持既定增长率就只有继续投入，唯一能做的就是力保投资方向尽量符合广州结构调整的需要。

从"九五"时期至"十一五"时期，广州投资占 GDP 比重才逐渐从 46.56% 下调为 28.00%，下降了约 18 百分点，近两年基本稳定在 28% ~ 29%。但投资结构和投资效益似乎未得到真正的改善。以 2011 年为例，广州投资占 GDP 比重为 27.5%，当年的资本形成总额占 GDP（支出法）的 33.17%，但对 GDP 增长的贡献率只有 17.5%，拉动 GDP 增长仅 2 百分点；从投资结构看，对第三产业的投资占了 83.68%，但第三产业对 GDP 增长的贡献率才达到 60.9%，拉动 GDP 增长不到 7 百分点。

当然，投资或有滞后性，但从投资的内部构成也可看出问题。广州 2011 年投资总额 3 412.2 亿元，用于建设改造部分为 2 106.84 亿元，占 61.74%，其余近四成用于房地产开发；建设改造投资当年形成新增

---

① 参见《增创广州新优势，建设现代化中心城市》，《广州日报》，1998 年 10 月 31 日第 1 版。

固定资产 1 809.22 亿元，形成率为 85.9%（这比总的新增固定资产形成率 71.8% 高十几百分点，是因为后者中房地产开发新增固定资产形成率较低，通常不到 50%），其中通过新建、扩建形成的占 55.13%，通过单纯购置（设备等）形成的占 18%，而通过改建和技术改造形成的仅占 26.35%，只相当于全年投资总额的 13.97%，即使加上购置形成的部分，也仅相当于投资总额的 23.51%。① 可见，广州目前还是以外延的投资驱动为主，经济增长方式未能真正实现转变，是广州辐射功能"软肋"的主要成因。

这从产业内部的投资构成可以进一步说明，2011—2012 年广州对第三产业的投资都占大头，2011 年和 2012 年分别达到总投资额的 83.68% 和 83.85%，但在其内部构成中，对房地产业的投资就分别占了 52.16% 和 53.38%，对交通邮电、批发零售和餐饮业等传统服务业的投资也分别占 21.63% 和 21.46%，但对金融业的投资仅占不到 0.27% 和 0.31%，商务服务和科研、技术服务等行业加起来也还不到 3.29% 和 3.30%，而这些都是对提升广州辐射功能起重要作用的现代服务业。

另外，对科研投入严重不足则影响广州的创新能力，也导致经济增长方式不能实现真正的转变。如前文所述，广州的发明专利不及北京、上海，这与广州的 R&D 经费支出太少有一定的关系。如 2011 年广州在规模以上工业企业（这应是创新的主力军）中，用于 R&D 的经费内部支出为 140 多亿元，仅及当年规模以上工业企业营业总收入的 0.91%；而当年全社会的 R&D 经费支出也仅相当于 GDP 的 2.01% 左右，远低于北京、上海的水平，见图 2－3：

① 本编对 2011 年广州总投资内部构成的计算分析，是笔者根据《广州统计年鉴 2012》第 114、126 和 132 页的相关数据整理计算而成，由于折算过程中四舍五入或可能存在误差等，数据加起来不完全等于 100%。

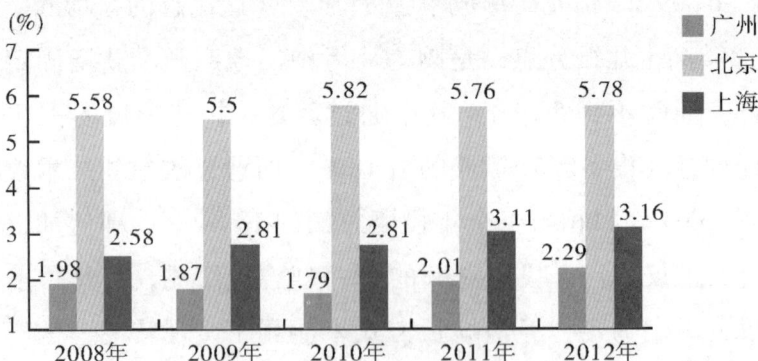

图 2-3　广州与北京、上海 R&D 经费支出相当于 GDP 比例的对比

资料来源：据三市 2012 年国民经济与社会发展统计公报及相关年份统计年鉴数据绘制。

由图 2-3 可见，广州 2012 年 R&D 经费支出相当于 GDP 比例的水平，还不及上海 5 年前的水平，更不要说与北京比较了，而且这还只是比例数而已，如果以支出的实际数额比较的话，广州 2012 年 R&D 经费支出额仅及 5 年前上海的八成和不到北京的一半，若与同年比较，则远不到上海的 1/2 和北京的 1/3。

显然，对科研、技术等投入的严重不足势必影响广州的自主创新能力，继而导致高能量辐射力的不足。2012 年广州六大战略性新兴产业增加值占 GDP 比重仅为 9.4%，高新技术产品产值全年增长也只比工业总产值增长高 1.3 百分点；全市十大主要商品出口额中，纺织、服装及鞋等传统行业产品出口额占了 44.5% 以上，而数据设备、显示器等技术性产品只占 30% 左右，全市进出口贸易额中加工贸易仍占一半以上，遑论提升辐射功能。

2. 传统城市化发展的路径依赖

广州城市发展将面临人口、土地、环境等"瓶颈"制约虽然早已被人们认识，但对传统城市化发展的路径依赖，让广州迟迟未能摆脱"拼土地、拼资源"的低成本快速扩张的城市化发展模式。在促进人口和经济向中心城市集聚的同时，调整与周边地区关系和发挥辐射带动作用也往往被忽视。

如前文所述，广州市域土地面积为 7 434.4 平方千米，目前全市常住人口约 1 600 万，人口密度 2 152 人/平方千米，即使以户籍人口 815 万左右计算，人口密度也在 1 096 人/平方千米以上，① 最稠密的中心城区更是高达 3.5 万人/平方千米。而广州是一个土地资源先天不足的城市，人地矛盾比较突出，全市土地中 48% 是山地丘陵，11% 是水域，最适合开发建设的平地资源只占 41%，约 3 000 平方千米。从可开发利用平地资源的角度看，广州实际可用平地资源仅为 30.7%，是全国 12 个人口超千万的城市中最少的，若扣除平地上的基本农田和已经使用的建设用地，目前全市未来还可用于城市建设的土地资源只剩不到 600 平方千米。

据广州市国土局负责人介绍②，广州 30 年来城市化发展主要依靠对平地资源的快速投放，1978 年广州建成区面积只有 58 平方千米，到 2012 年扩张到 1 100 平方千米，扩大了近 20 倍，差不多每一年半就扩张出一个经历 2 000 多年发展才形成的老广州城。广州目前建设用地达 1 695 平方千米，全市土地利用强度为 23.4%，距离国际通行的 30% 城市生态宜居警戒线只差 6.6 百分点。

广州这种城市化发展的土地利用方式相对粗放，大量和过快投放的土地资源往往会被低效利用，闲置浪费现象非常突出。据广州市国土部门的摸查统计，全市以"三旧"用地为代表的低效土地利用竟有 600 多平方千米，超过全市建设用地面积的 1/3。这使得广州 2012 年全市土地产出率仅为 1.82 亿元/平方千米，只相当于香港的 1/8 和新加坡的 1/6，甚至还不及深圳的 1/3，这就不易在区域内形成中心城市的高能量辐射力。

---

① 常住人口约 1 600 万人是有关部门及新闻媒体日常公开使用的估计数据，另有一种估计口径是已逾 1 800 万人，而《广州统计年鉴 2012》中的数据则为 1 275 万人。

② 参见媒体记者对广州市国土局原负责人采访对话的报道，载于《南方日报》2013 年 7 月 5 日 AII 版。

广州目前按常住人口估算的城镇化率为 84.3%[①]，全市估计有
250 万乡村人口（其中户籍人口中非农比重为 90% 多，故也有 80 余万
属户籍内农业人口）。未来国内流动人口向广州聚集的趋势短期内不会
改变，广州的城市化进程也会继续，如果继续依赖上述传统城市化发
展的路径，以近 10 年广州年均土地消耗速度，不到 2016 年，广州建设
用地总规模就将超过国家确定的 2020 年 1 772 平方千米建设用地规模
的控制线；即使国家允许广州用，不用 15 年广州也将消耗完目前所剩
不到 600 平方千米的可用平地资源，这显然不是能够持续发展的道路。

四、大都市区化：提升辐射功能的抉择

综上可知，广州要发挥中心城市辐射带动作用，首先要增强自身
实力和提升辐射功能。正如广东省委领导在广州调研时所表示的，不
仅经济总量要做大，还要进一步做强、提高，要占据发展的前沿和高
端。[②] 只有改变原来的传统发展模式，实施与广州现阶段城市化进程相
适应的新的发展策略，才能切实转变经济增长方式，实现城市功能的
转型升级，走出一条新型城市化发展的道路。

（一）新型城市化与大都市区发展阶段

2011 年年底，广州市第十次党代会提出了"走具有广州特色的新

---

① 广州 2010 年第六次人口普查的城镇人口比重为 83.77%，而从"五普"到"六
普"期间，广州的城镇人口比重每年约提升 0.24 百分点，按此趋势推算，至 2012 年应提
升了近 0.5 百分点。
② 参见《21 世纪经济报道》2013 年 1 月 2 日第 5 版，媒体记者钟良对广东省委书记
胡春华调研广州等城市的报道。

型城市化发展道路" 的战略和相应的 "12338" 决策部署①，积极探索
广州城市发展的新路，这既是市委、市政府对广州在传统城市化进程
面临一系列现实问题和困难做出的应对战略部署，也是对广州被定为
国家中心城市的积极回应。

1. 城市化规律与大都市区化

新型城市化道路的特征是集约、智能、绿色和低碳，一般理解是
"以人为本、内涵提升、质量提高的集约型城市化"。从理论上说，新
型城市化是相对于城市化概念提出来的，后者实际上是城市的集聚过
程，是人口伴随经济活动集中由乡村向城市转移的过程，被称为人口
转移城市化，一般以城市人口比重为衡量城市化水平或城市化率的标
准，通常是伴随着工业化发展而进展的。

世界城市化规律表明，当城市化率超过 70% 时，就会因为城市的
拥挤和环境污染等问题导致城市生活成本上升而使城市人口产生逆向
流动，即出现 "郊区化"，或一些学者认为的 "逆城市化"② 现象。郊
区化是城市 "辐射力" 超过了集聚的 "向心力"，从而推动城市人口和
产业向郊区迁移的一种分散化过程，一般在工业化成熟阶段产生，被
称为 "结构转换城市化"，是相对于 "人口转移城市化" 的高级发展
阶段。

---

① "12338" 决策部署是指："一个奋斗目标"，即全面建设国家中心城市和率先转型
升级、建设幸福广州；"两个战略重点"，打造广州国际商贸中心和世界文化名城；"三个
城市发展理念"，树立低碳经济、智慧城市、幸福生活三位一体的城市发展理念；"三个重
大突破"，努力实现战略性基础设施、战略性主导产业和战略性发展平台建设的重大突破；
"八大工程"，推进产业提升、科技创新、城乡一体、生态环保、文化引领、人才集聚、民
生幸福和党建创新八大工程。参见党代会报告全文。

② "逆城市化" 是指 20 世纪 70 年代以来西方发达国家尤其是美国城市发展中，因交
通拥挤、犯罪增长、污染严重导致城市人口大量向郊区乃至农村流动，使市区出现 "空心
化"，以人口集中为主要特征的城市化由此发生逆转的现象。国内很多主张中小城市发展
道路的观点把其作为限制大城市发展的理论依据，笔者不认同这种观点，也不赞成把其等
同于郊区化。其实早有学者提出质疑，认为其立论依据经不起推敲。参见王旭：《美国城
市化的历史解读》，长沙：岳麓书社 2003 年版，第 36–51 页。

　　这一阶段早期的特征，就是城市人口和职能由市区逐渐向郊区扩散与转移，是城市在功能上和空间上的延伸，从而使郊区变成了城市化的地区。其表现往往以住宅的郊区化为先导，然后是为居民服务的商业服务部门的外迁；同时，工业部门由于占地面积多，越来越昂贵的地租令其土地成本大幅度上升，加上环境保护压力，也不得不大量向郊区转移，逐渐在城市外围形成了郊区工业带；最后，一些商务办事机构等也开始搬离市区，进入郊区。郊区化逐渐改变了人口分布格局，使得郊区在社会经济生活中发挥日益重要的作用，其功能也由原来单纯的居住向专门的零售走廊、工业园区、高密度办公区和商业节点等转化。

　　从微观看，郊区化促使城市发展由原来的向心集聚转为离心分散，导致了城市的分散化；但从宏观看，郊区化实际上带来了更大范围内城市的集聚。因为郊区化一定程度上缓解了中心城市人口密集、交通拥挤、住房紧张和环境污染等问题，改善了城市生活质量，无形中有利于中心城市在人口和产业外迁的同时进行功能转变，完成从工业经济向服务经济的转换和升级。因此，随着原来集中于中心城市的多种经济活动日益分散到郊区的各个中心点，实际上已在郊区形成了功能相对完备的新城市，但其仍依赖于中心城市的信息和服务，与中心城市保持着密切的联系。这是中心城市功能外延的产物，或者说是中心城市功能的有机组成部分，即由传统的城市中心区与它的郊区中心共同组成的大都市区。

　　大都市区与传统意义上的大城市不同，它是一个大的人口核心（中心城市）以及与这个核心具有高度的社会经济一体化的邻接社区（郊区）的组合，[①] 即中心城市与周边地区共同构成内部相互联系，有一定空间层次、地域分工和景观特征的巨型地域综合体。[②] 这一新的城

---

① 参见周一星：《城市地理学》，北京：商务印书馆 1995 年版，第 41 页。
② 参见谢守红：《大都市区的空间组织》，北京：科学出版社 2004 年版，第 20 页。

市空间组织形式可以有效地解决城市化过程中，中心城市与郊区及一定范围内城镇组合间的集聚和辐射带动关系。这种以大城市为轴心横向扩展，从而使其市区和郊区规模不断扩大、城市化水平不断提高的过程，学术界称为大都市区化。①

大都市区化是城市化发展的一个更高级阶段。与较宽泛的城市化概念相比，大都市区化更能准确地概括中心城市在城市化过程中的地位和作用，即通过中心城市的辐射作用，带动周边地区发展，使一定范围地域变成城市化的地区，实现更大空间尺度的集聚和辐射。不少学者认为，大型的大都市区 [也有称"大都市带"（Megalopolis)② 或"大都市连绵区"（Metropolitan Interlocking Region，简称MIR③)］将是未来世界城市化的发展方向。

美国是最早采用大都市区概念的国家。至 21 世纪初，美国已有 317 个大都市区，人口占全国的 80.3% 以上，其中 500 万人以上大型大都市区的人口占全国 1/3 以上，仅纽约、洛杉矶、芝加哥、旧金山和费城五大都市区就拥有全国 1/5 以上的人口，④ 成为典型的大都市区化国家。这种大都市区化不仅仅局限于美国，在西欧地区及亚洲的日本、韩国等发达国家均已普遍出现，是一种带有规律性的现象。尤其日本 20 世纪60 年代提出"都市圈"的概念，虽类似于西方大都市区，但突破了大都市区的地域范围限制，其直径距离为 100～200 千米，人口可达 3 000 万。⑤

---

① 参见王旭：《大都市区化：本世纪美国城市发展的主导趋势》，《美国研究》1998年第 4 期，第 65－77 页。

② GOTTMAN J. Megalopolis: or the urbanization of northeastern seaboard, Economic geography, 1957（33），pp. 187－220.

③ 周一星：《城市地理学》，北京：商务印书馆 1995 年版，第 58 页。

④ 王旭：《美国城市化的历史解读》，长沙：岳麓书社 2003 年版，第 17－18 页。

⑤ 于宗先主编：《经济学百科全书第八编·空间经济学》，台北：台北联经出版事业公司 1986 年版。

2. 广州已进入大都市区化发展阶段

无论从哪个角度看，广州的城市化实际已经进入了大都市区化发展阶段。

首先，从总人口空间分布的变动来看。1982—2011 年广州常住人口增加了 1.46 倍，年均增长率为 3.04%，[①] 但同时，广州中心城区的人口增长落后于郊区和县级市的人口增长，呈现出城市人口逐渐向郊县迁移的现象，见表 2-9：

表 2-9　1982—2000 年广州市总人口分布变动情况

城市地域	1982 年（万人）	1990 年（万人）	2000 年（万人）	1982—1990 年		1990—2000 年	
				增长(%)	年均增长率(%)	增长(%)	年均增长率(%)
中心区	190.81	210.52	197.43	10.33	1.24	-6.22	-0.64
近郊区	160.90	227.56	532.45	41.43	4.43	133.98	8.87
远郊区	167.63	191.92	264.32	14.49	1.71	37.72	3.25

注：本表城市地域是原作者以街道、镇为基本单元划分的，其中中心区包括原荔湾区、越秀区、东山区及海珠区的西北部，共 41 个街道；近郊区包括芳村区、天河区、白云区、黄埔区、海珠区东南部及番禺区沙湾水道以北地域，共 51 个街道（镇）；远郊区包括番禺区沙湾水道以南地域、花都区、增城市及从化市，共 52 个街道、镇。

资料来源：转引自谢守红：《大都市区的空间组织》，北京：科学出版社 2004 年版，第 113 页。

据人口普查统计，1982—1990 年广州常住人口增加约 110.7 万人，增长了 21.31%，年均增长 2.44%，但中心区人口增长几乎不及全市平

---

① 1982 年人口数据为广州第三次人口普查的总人口数，即普查时的常住人口数；笔者根据广州市统计局《关于 1990 年人口普查主要数据的公报（第一号）》的相关数据计算。

均增长率的一半，更低于郊区人口增长率，说明 80 年代广州已开始出现郊区化现象，近郊区成为人口增长最快的区域。90 年代后，广州人口增长更为迅速，1991—2000 年增加 364.2 万人，增长 57.83%，年均增长 4.67%，几乎为 80 年代的两倍，这期间中心区人口出现负增长，反映广州中心区人口开始大量向外围地区迁移，进入郊区化的典型时期，而近郊区人口急剧增长导致其人口密度迅速上升，并与紧邻的中心区融合成为新城区，初现大都市区雏形，如天河区的发展。不过这一进程在进入 21 世纪后又变得迟缓起来，见表 2-10：

表 2-10　2000—2011 年广州市常住人口分布变动情况

城市地域	2000 年（万人）	2005 年（万人）	2011 年（万人）	2000—2005 年		2005—2011 年	
				增长（%）	年均增长率（%）	增长（%）	年均增长率（%）
中心区	347.55	396.05	504.32	13.95	2.65	27.34	4.11
新城区	156.15	202.57	307.83	29.73	5.34	51.96	7.22
郊县	286.79	351.06	462.99	22.41	4.13	31.88	4.72

注：受统计资料限制及广州辖区（县）行政区划调整等，本表城市地域以区（县级市）为基本单元划分，其中中心区包括越秀区、荔湾区、海珠区和天河区；新城区包括白云区、黄埔区及萝岗区；郊县包括番禺区、花都区、从化市、增城市及南沙区。与表 2-9 的划分相比，除天河区划入中心区外，其余大致相当，但不宜直接比较。

资料来源：根据《广州统计年鉴 2001》《广州统计年鉴 2012》等相关数据整理计算。

　　21 世纪后广州人口增长进一步加速，主要是外来流动人口增长加快，且中心区人口重现增长，虽然增速仍低于新城区和郊县，这与 21 世纪初广州筹办亚运会以及行政区划调整等不无关系。这些因素的综合作用使对区域人口的拉力和对城市人口的推力两种迁移力量互动，使广州同时出现人口集聚城市化和人口扩散郊区化两种现象，加快了中心区与新城区的融合。

其次，从广州产业分布的变化来看，中华人民共和国成立初期，广州工业占全市经济的比重还不到28%，绝大部分集中在原老城区（中心区，即原荔湾区、越秀区、东山区和海珠区）内。① 50年代后广州工业开始向近郊区发展，先后在西南、北部及东部建工业区，至改革开放前基本形成了中心区以轻纺、机电工业为主，市郊周边发展重化工业的布局轮廓。

改革开放后，广州加快了工业扩散转移的步伐，1984年中心区工业企业尚有1 780户，占当年全市企业数（不包括个体及村和村以下工业）一半以上，新城区（即原近郊区，包括白云区、黄埔区、芳村区及天河区）和4个县级市的工业企业共占全市的47.8%。但1996年全国基本单位普查时，已发生了根本变化，见图2-4：

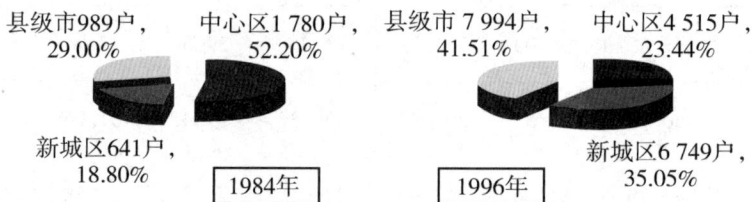

县级市989户，29.00%　中心区1 780户，52.20%　县级市7 994户，41.51%　中心区4 515户，23.44%

新城区641户，18.80%　1984年　1996年　新城区6 749户，35.05%

图2-4　1984年、1996年广州工业企业分布变化情况

资料来源：根据全国基本单位普查广州地区数据及相关年份《广州统计年鉴》数据整理绘制。

由上图可见，1984—1996年广州工业企业从3 410户增加至19 258户，增长达4.6倍，但中心区工业企业增速远低于新城区和县级市，致使其占全市比重反而减少了28百分点，新城区和县级市比重则分别增加了16百分点和12百分点，显示中心区作为工业生产中心场所的地位

① 参见原广州市统计委员会编：《1950—1959年度广州市国民经济统计资料提要》，原件现存于广州市档案馆。

正在下降：1996年中心区工业实收资本和生产用固定资产分别只占全市工业的19.2%和21.6%，在当年全市的工业销售收入中，中心区所占比重也下降到24.5%左右了。

广州工业分布变化过程与上述人口郊区化几乎是同步的，说明广州工业也已出现郊区化现象，并随经济转型升级和中心区"退二进三"的调整逐步加快。2011年中心区工业总产值虽增长到1 800多亿元，但只占全市的10.9%左右，见图2-5：

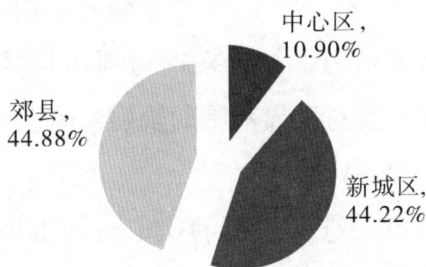

中心区，10.90%

郊县，44.88%

新城区，44.22%

图2-5 2011年广州工业总产值的分布情况

资料来源：根据《广州统计年鉴2012》数据计算，图中城市地域的划分与上述表2-10表注中的方案相同。

可见，新城区和郊县已经成为广州工业向外转移发展最主要的基地，如果进一步深入分析，还可以看到这两个地域不仅是广州先进制造业和重化工业的重要发展区域，其中新城区还是广州重点倾斜发展高新技术产业的地区。因此，广州的郊区化现象虽然出现得比北京、上海迟，初期强度也不大①，但至20世纪末，广州的郊区化趋势已逐渐明显，近郊区出现了不少新城的雏形；而进入21世纪后，中心区与近郊区（新城区）的融合进一步加速，新城区人口和产业已在全市占

① 到目前为止，国内学者已对北京、上海、沈阳、大连、广州、苏州及杭州等大城市开展实证研究，均认为这些城市已开始了郊区化进程，比较认为尤以北京、上海等城市郊区化现象出现得较早、强度较大。可参见胡序威、周一星、顾朝林等：《中国沿海城镇密集地区空间集聚与扩散研究》，北京：科学出版社2000年版。

有相当的比重，表明广州实际上已进入了大都市区发展阶段。

（二）建设大都市区："做强""提高"辐射能级

要实现省委领导对广州提出的"强化中心城市地位，发挥辐射带动作用"的希望，"还要进一步做强和提高，要占据发展前沿和高端"的话，从以上分析来看，只有走新型城市化道路，建设一个大都市区化的大广州，才是克服广州辐射带动作用"软肋"的最佳战略抉择，才能在集聚中"做强""提高"广州中心城市辐射"能级"，形成作为国家中心城市的强大辐射力，充分发挥对周边地区和全省乃至全国相应区域的辐射带动作用及对世界范围的辐射影响。

1. 国际经验及对广州的反思

大都市区作为城市化进程中新的城市空间组织形式，在发达国家城市化发展中，已有成熟的经验教训和典型模式，试从城市发展角度，分析归纳其发展的一些经验教训，有 3 个方面值得广州重视：

一是大都市区促使中心城市辐射功能向更大空间延伸。大都市区的构成有两个基本要素或组成部分：中心城市与郊区。一般而言，世界上绝大多数的大城市都有归其行政管辖的郊区，这些位于中心城市外围的郊区与中心城市构成了一个共同的人口密集地区。但只有当中心城市这个大的人口核心与其郊区形成高度融合的社会经济一体化倾向时，才能被称为大都市区。

所谓"高度融合的社会经济一体化倾向"，是指中心城市与郊区之间有紧密的社会经济关系，这是通过中心城市集聚与辐射的双向运动形成的。如前文所述，中心城市的形成首先是一个向心集聚的过程，当集聚到一定程度时，就会产生郊区化现象，这意味着城市的辐射力超过了集聚的向心力，从而推动城市中心区人口和产业向外围迁移的分散化过程，但换个角度看，也可以说是为了在更大的地域范围内容纳更多的城市集聚。就此意义而言，这种集聚与辐射的双向运动推动了大都市区地域范围的迅速扩展，促使中心城市辐射功能向更大的空间进一步延伸。

二是大都市区的辐射带动作用于 3 个层次。从中心城市角度看大都市区的构成空间，可分为 3 个层次：首先是作为其核心的中心城市内部空间，包括中心城市的各个功能区及其变化，是这种内部空间中最基本的实体场所。其作为城市功能的载体空间是形成整个大都市区辐射力的核心层次。

其次是中心城市外部空间，即中心区与郊区（相邻区）城乡接合部地区，包括郊区中心、卫星城镇以及城市的边缘乡村等。这个层次是中心城市集聚与辐射双向运动作用强烈的地方，也是郊区化现象最活跃、地貌演变最剧烈的地域，反映城市生长和未来演化方向，是中心城市辐射带动作用的关键层次。

最后是中心城市与周边城市群体空间，这是由中心城市和郊区共同组成的大都市区与周边城市及区域之间更为宏观的关系层次，体现大都市区（作为国家中心城市）对周边地区及国家相关区域广阔范围的辐射带动作用。

三是建设大都市区应循序渐进、顺势而为。大都市区作为城市化发展的高级阶段，是一个历史演进的过程。我国学者在借鉴弗里德曼城市空间演化模式[1]的基础上，把大都市区的空间发展归纳为 3 个阶段：首先是以集聚为主的城市化阶段，形成人口、产业等高度集聚的大城市，城市规模迅速扩张；然后是集聚与扩散并行的大都市区形成阶段，由中心城市及与其有密切联系的郊区共同构成大都市区；最后是以扩散为主的大都市区发展阶段，大都市区空间进一步向多中心网络式结构发展。[2]

---

① 转引自姚士谋、陈振光、朱英明等：《中国城市群（第 3 版）》，合肥：中国科学技术大学出版社 2006 年版。

② 参见谢守红：《大都市区的空间组织》，北京：科学出版社 2004 年版，第 30 页。

可见，大都市区的发展是循序渐进的演化过程。我们只有深入认识广州城市化发展的进程，才能较准确地判断其发展的阶段特征，才能尽量做到顺势引导建设广州大都市区，既不因循守旧，也不揠苗助长。

从总结经验教训的角度回顾广州近30余年的发展，客观地说，批评广州不做战略研究是有失公允的。如前文所述，改革开放以来广州已编制、修编了多次城市总体规划，90年代就已提出国际大都市战略；2000年"城市总体战略概念规划"在国内更是开创先河，提出的"南拓、北优、东进、西联"空间发展策略奠定了广州今日城市发展的大框架；80年代初和90年代后两次较有力度的产业结构调整，也为广州经济转型打下了坚实基础。没有这些战略举措，广州不可能跃居国内第三大城市，更不可想象能与北京、上海并肩称为"北上广"。

但是也必须看到，广州在实现超常规快速发展的同时，在发展质量上也存在很多问题。除前文所述的广州中心城市辐射功能的三大"软肋"外，在作为功能载体的城市空间发展上，也"存在重规模轻结构、重中心轻外围、重城市轻农村、重扩张轻保育、重物轻人等问题"[1]。然而最大的问题是，这不仅仅是"后遗症"，还是整体发展理念问题，当年的空间发展战略虽然纠正了90年代城市发展方向的失误，明确城市空间向东南方向拓展，但没意识到广州已不是单一城市，未能以大都市区的发展理念来统领规划和建设。

直至2012年，广州在新型城市化道路指引下，新一轮修编的城市总体规划提出了"123"功能战略布局，即在继续实施"十字方针"[2]

---

[1] 　参见《南方日报》记者对广州市城市规划编制研究中心主任吕传廷的访谈对话，载于该报2013年6月25日AⅡ01~02版；笔者认同吕传廷的分析，也参考了他在对话中阐述的策略思路。

[2] 　原来的"南拓、北优、东进、西联"8个字，加上后来增加的"中调"，通称为"十字方针"。

空间发展战略基础上，形成"一个都会区、两个新城区、三个副中心"①的多中心、组团式、网络型城市空间结构，这意味着广州实际上已进入了建设大都市区的发展轨道。

2. 建设大都市区的战略抉择

然而，或许受各种制约的局限，这一规划仍未明确提出建设广州大都市区的概念，尽管其实质上就是一个大都市区发展框架的雏形了；同时采用"123"功能战略布局，在把广州的经济产业、城市建设、社会文化等各种功能分解到各个行政区划，以6个功能区承担不同区域职能时，采取的战略方针是未来10~20年逐步将中心城区的人口、就业迁移，通过居住和就业的外围平衡来减少中心城区的压力。从长远看，当大都市区进入以扩散为主的发展阶段时，这是必然的。

但如前文所述，广州目前城市化仍处于集聚与扩散并行的发展阶段，其集聚效应还有待提升，现中心区规划面积1 300多平方千米，过早分散不利于做强、提高中心城市综合实力，难以克服其辐射功能的"软肋"。故当前宜取"辐射的集聚战略"，即只有在"123"功能战略布局基础上，通过辐射带动、整合中心城市与周边地区（区域）空间关系和发展机制，使广州在更大空间尺度上实现集聚，形成一个大都市区化的大广州，才能"做强""提高"广州中心城市辐射能级，充分发挥其辐射带动作用。

如此做的理由有3个：一是目前我国城镇化发展正处在加速期，未来10~20年仍是农村人口向城镇持续转移的阶段，将有2亿以上农村人口陆续进入城市；而在我国区域发展格局上，作为主要增长引擎的东部沿海三大都市圈，必将成为人口迁移的主要区域。有实证研究发现，

---

① 一个都会区是指中心城区，包括越秀区、海珠区、荔湾区、天河区、黄埔区、白云区北二环以南、萝岗区南部（不包括知识城）、番禺区北部（沙湾水道以北）等；两个新城区是指南沙滨海新城和东部山水新城；三个副中心是指花都、增城、从化三个副中心城区。

这三大都市圈中大部分城市现有规模均低于最优城市集聚效应倒 U 形曲线对应的城市规模，①说明其集聚仍不够，未来还有很大空间需继续集聚发展。作为珠三角都市圈中的国家中心城市，广州也势必继续承接这一轮人口迁移，以国内外经验评估，以广州的土地、生态环境等资源容量，如能集约发展的话，其城市综合承载力应能容纳 2 000 万~2 500 万人口，这也是我国国情所决定的。

二是从"做强""提高"广州中心城市辐射能级角度看，其中心城区 1 300 多平方千米仍然是辐射能量的主要来源地，尤其是高端服务业、信息产业、文化创意及生产性服务业等的集聚效应。随着广州产业结构转型为服务经济，其在大都市区中实际形成了新的定位，在大都市区化过程中，新定位只有强化而非削弱中心城市主导地位，集聚而非分散辐射能量，才能有效整合其与周边地区的关系。

三是从广州财政能力和土地资源情况看，恐怕不可能对全市 7 000 多平方千米土地全部进行开发建设，而只有选择最有利于发挥作用、需求最为紧迫、发展条件最成熟的中心区、近郊若干新城区中心、郊区中心等，才能有重点地扩大集聚，加快广州中心城市的转型升级，以有效的路径进行辐射带动。

3. "辐射的集聚战略"三个重点层面

"辐射的集聚战略"是指广州作为中心城市发挥辐射功能，带动周边地区（区域）城市化的发展，通过整合自身与这些地区的空间关系和发展机制，形成一个大都市区化的大广州，使其在 3 个层面上实现更大空间尺度的集聚和功能提升：

（1）广州中心城区对周边地区的辐射带动。这是形成广州大都市区基本构架、建设广州大都市区基本功能的关键层面，分为两个层次：

---

① 参见张蕾：《中国东部三大都市圈城市体系演化机制研究》，杭州：浙江大学出版社 2012 年版，第 145 - 147 页。

一是属于中心城市内部空间层次的中心城区各功能区之间辐射与集聚的互动。该层次地域大致可以这一轮城市总体规划提出的"123"功能布局规划的都会区为基本范围，这是广州国家中心城市功能的主要承载地，重点发展现代商贸、金融保险、文化创意、教育培训、医疗健康、会展商务、科技信息及总部经济等现代服务业，以"2 + 3 + 9"战略性发展平台建设①中的 9 个战略发展平台为重点集聚空间，并通过分级设置现代 CAZ（Central Activity Zone，即中央活动区）替代传统 CBD 作为辐射带动的核心区域。

广州中心城区（都会区）包括现行的 7 个市辖区，面积为 1 696.31 平方千米，2011 年 GDP 合计 8 194.81 亿元，分别占全市的 22.82% 和 65.96%，每平方千米土地产出约 4.83 亿元，是全市平均土地产出的 3 倍以上。但与香港土地产出相比，仍仅为其三成左右，故广州中心城区的集聚效应还有很大的提升空间，见表 2－11：

表 2－11　中心城区（都会区）面积、人口密度和土地产出水平（2011 年）

行政区	面积（平方千米）	人口（万人）	密度（人/平方千米）	GDP（亿元）	GDP/面积（亿元/平方千米）
中心城区	1 696.31	907.33	5 349	8 194.81	4.83
#荔湾区	59.10	89.15	15 085	694.33	11.75
#越秀区	33.80	114.89	33 991	1 897.16	56.13
#海珠区	90.40	156.63	17 326	873.65	9.66
#天河区	96.33	143.65	14 912	2 167.72	22.50

---

①　广州在 2013 年 3 月初召开全市战略性发展平台建设专题会议，提出大力推进 14 个战略性发展平台的建议，其中的"2"指南沙滨海新城、东部山水新城；"3"指花都、增城、从化 3 个副中心；"9"指广州国际金融城、海珠生态城、天河智慧城、广州国际健康产业城、空港经济区、广州南站商务区、广州国际创新城、花地生态城、黄埔临港商务区。参见《广州日报》2013 年 3 月 15 日 A1 版的报道。

（续上表）

行政区	面积 （平方千米）	人口（万人）	密度 （人/平方千米）	GDP（亿元）	GDP/面积 （亿元/平方千米）
# 白云区	795.79	223.67	2 811	1 076.35	1.35
# 黄埔区	90.95	46.10	5 069	616.84	6.78
# 番禺区	529.94	133.24	2 514	868.76	1.64

　　注：白云区实际只有不到一半的范围列入都会区规划，囿于统计资料，这里使用的仍为全区数据；番禺区数据则是按最近区划调整后的情况计算的，其中 GDP 按面积、人口变更后的比例估算调整，会有一定的误差，但不影响分析结论。

　　资料来源：根据《广州统计年鉴 2012》及番禺区、南沙区行政区划调整等相关文件资料整理计算。

　　从表 2－11 中可以看到，人口密度最大的越秀区土地产出水平最高，天河区次之，而这两区的第三产业比重也是最高的。白云区、番禺区两区人口密度虽然小，但其土地产出水平也低，这与两区的产业构成中第三产业比重相对较低、一半以上土地仍为农村土地且低效使用等不无关系。假设参照香港城市人口密度及土地产出水平的一半来提升广州中心城区的集聚效应，只需将白云区、番禺区两区的人口密度和土地产出水平都提高至现在中心城区的平均水平，中心城区容纳的总人口即可增至 1 280 万人，GDP 也可达 12 652.98 亿元。假如把人口密度和土地产出水平都提高至天河区的水平（大致相当于 2008 年东京都市圈核心的东京区部人口密度和都市圈土地产出水平的一半[①]），中心城区容纳的总人口可增至 2 528 万人，GDP 可达 38 166.98 亿元。可见，提升中心城区集聚度是做强其辐射力的重要途径。

　　二是中心城市外部空间层次的中心城区对近郊（区、县市）和广

　　① 东京都市圈数据的依据来自 www.citymayors.com 及转引自《北京 2030：世界城市战略研究》等。

佛都市圈①两个方面的辐射带动。首先是广州中心城区对近郊（区、市）的辐射带动。近郊可以以"123"功能布局规划的"两个新城区"和"三个副中心"范围来考虑：①主要向新城区辐射扩散高新技术创新资源及提供高端生产和生活服务，使之成为广州创新中心和高端产业的集聚区，其中对东部山水新城（以开发区科学城、中新知识城为主要核心）的辐射更多的是知识资源和研发要素，促进其集聚以知识为基础的研发和科学产业；而对南沙新城的辐射应更注重金融、贸易、物流等以生产性服务业为主导的高端产业要素，促进其集聚以第三产业中的创新要素和人力智力要素为主的高端服务产业。②对3个城市副中心主要是辐射扩散先进制造业与现代服务业的创新资源和生产要素，通过对副中心的扩容提质及中心镇建设，破解城乡二元结构，带动镇村发展，使其集聚成为先进制造业基地和相对独立的地区生产、生活服务中心。3个城市副中心的集聚重点也有所不同，重点在花都副中心，其集聚应更多与中心城区相关联，其未来的城市空间走向应与中心区、南沙新城连成一条轴线，可将广州原来空间发展战略的南、北两个方向的拓展轴各自旋转45°，调整为东南、西北两个方向的拓展轴，一来避免向东北方向的水源涵养区过度拓展，二来有利于延伸中心城市对"广佛肇"经济圈的辐射带动。广州中心城市对广佛都市圈的辐射带动，主要考虑对广佛同城化的辐射带动。广州与佛山不仅历史上有着天然的联系，两个城市的经济结构互补性也很强。现状建设上尤其是经过改革开放后30多年的发展，两市相连地域（广州荔湾区与佛山南海区）的建设已大部分连接在一起，不仅两市地铁已连接互通，而且佛山在城市路网的规划建设上，6条按高速公路标准建设的对

---

① 从行政区划角度可能认为广佛都市圈已超出本编定义的中心城市外部空间层次的范围，现有的许多研究也是把这个问题归入区域协调层次来考虑的。但这只是由于受行政区划的束缚，实际上广州中心区的地域西面是直接与佛山地域相连的，如从形成广州大都市区的架构来考虑，广佛同城发展应属于这一层次。

外通道均与广州路网相连接，承接广州交通枢纽的辐射。广州应加强对广佛同城化在产业、资讯、文化等方面的辐射带动，使之成为广州中心城市向西江流域经济走廊延伸辐射的能量集聚区。

（2）广州中心城市对区域的辐射带动。这是体现广州作为省会的职能和承担国家中心城市的责任，是广州进一步迈向世界城市，获取在全球范围配置资源能力的前提。也分为两个层次：

一是广州中心城市对全省的辐射带动。广州作为省会，辐射带动全省经济社会发展是责无旁贷的。尤其是在全省区域经济发展极不平衡的状况下，2012 年珠三角地区实现的 GDP 占全省近八成，其中广州占全省的 23.75%，而粤东、粤西、粤北三个地区加起来还没有广州多，仅占全省的 20.86%，见表 2 - 12：

表 2 - 12　2012 年广州与全省各区域的主要经济指标情况

区域	GDP（亿元）	GDP 增长（%）	GDP 占全省（%）	三产增加值增长（%）	三产占GDP（%）	地方公共财政预算收入（亿元）	地方公共财政预算收入增长（%）
珠三角	47 897.25	8.1	79.13	9.3	51.6	4 128.94	12.4
#广州	13 551.21	10.5	23.75	11.1	63.6	1 102.25	12.5
粤东地区	4 112.04	10.2	6.79	7.0	36.3	226.06	17.8
粤西地区	4 698.38	10.1	7.76	8.2	38.6	213.33	17.8
粤北山区	3 819.19	8.7	6.31	8.0	40.6	279.02	13.3

注：由于四舍五入，部分比例数据汇总或相加时不完全等于 100%。

资料来源：根据《2012 年广东省国民经济和社会发展条件公报》与《2012 年广州市国民经济和社会发展条件公报》中相关表格和数据整理计算。

广州对全省的辐射带动要区别对待几种不同的关系。首先，是对珠三角的辐射带动关系。如前文所述，随着珠三角经济成长和城市化的迅速发展，珠三角地区已从昔日广州的直接腹地变成了高楼林立的

城市化地区，故广州中心城市与珠三角不再是"城市与腹地"的简单
关系，而是在"珠三角城市群"或"珠三角都会区"这一大都市区内，
核心城市与其他城市之间的城市群体空间关系。以广州在珠三角城市
群中相对实力和地位的变化而言，原来以辐射带动为主的发展已转向
以合作与竞争为主，尤其是珠三角分为"广佛肇""珠中江"和"深
莞惠"3 个次区域都市圈，以及深圳作为全国经济中心城市，实际上与
广州已成为珠三角城市群两大核心城市。如何处理协调这些关系，是
决定广州能否在更大空间进行集聚的关键。其次，是对粤东、粤西、
粤北 3 个地区的辐射带动关系，以落实省委、省政府有关促进粤东、粤
西、粤北地区振兴发展的决定。重点从两个方面着手：一方面是建立
广州与粤东、粤西、粤北区域中心城市汕头、湛江、韶关以及广州负
责对口帮扶的清远、梅州两市的直接联系，[①] 通过产业转移、技术外
溢、资本投资及人才引进和培训等的辐射带动，延伸广州中心城市的
辐射作用空间，引领帮助这些地区中心城市（尤其是帮扶城市）加快
集聚，成为各自区域发展的主要增长极，带动其周边地区集聚发展；
另一方面可考虑在粤东、粤西、粤北地区各选择合适地点（除上述五
市外，还包括一些重要节点城市，如茂名、阳江、云浮、河源、汕尾
等），以"经济飞地"的模式独立或合作建立各种产业园区，利用广州
服务业平台优势和产业高度优势，直接增强广州中心城市的辐射力，
使这些"经济飞地"成为粤东、粤西、粤北地区经济集聚的新载体，
培育这些地区新的区域经济增长极。

二是广州中心城市对"泛珠三角"地区的辐射带动。2004 年启动
的"泛珠三角"区域合作中内地的 8 个省区，即福建、江西、湖南、
贵州、云南、四川、广西和海南，大多是广东周边的省区（其中部分
省区与广东粤东、粤西和粤北地区相邻的部分也被合称为"环珠三角

---

① 广州市对口帮扶地区的调整可参见吴哲、陈曾珍：《以援藏援疆劲头做好对口帮
扶》，《南方日报》，2013 年 11 月 8 日 A03 版。

地区"），属于广州中心城市历史上的间接腹地范畴，故其传统上就与广州中心城市有密切的经济联系。我们曾在过往研究中把这些被视为广州中心城市间接腹地的省区称为广州腹地效应所能达到的"经济边疆"①，但计划经济体制以及转轨时期的市场分割和地方保护主义，实际上使广州丧失了这些间接腹地构成的"经济边疆"，令中心城市辐射影响的范围大大缩小了。广州要发挥国家中心城市的辐射带动作用，必须重构与这些周边省区的经济关系，拓展广州中心城市腹地的"新边疆"。

广州与这些周边省区在经济上的互补性很强。作为国家中心城市，广州不仅有改革开放"先行先试"的体制优势，还有资金、技术、信息、人才、市场等要素优势，而周边省区则有资源、土地、劳动力等要素优势，正好形成互补型辐射带动合作关系；更可利用高铁通车后形成的高铁经济带，高效便捷地对沿线地区发挥辐射带动作用，可以实现在更大区域空间上的集聚和资源配置。

（3）广州大都市区对战略腹地的辐射带动。恢复与原周边省区的经济联系和辐射带动，严格来说只能算是"收复"了原来传统腹地的"经济边疆"，只有开发新的腹地，才能算开拓了"新边疆"。故广州要摆脱传统腹地概念的束缚，确立信息经济和网络时代中心城市的战略腹地模式，才能拓展广州中心城市发挥辐射带动作用的战略腹地"新边疆"。

为此，广州应建立横跨国内及东南亚的八大战略腹地。首先，从

---

① 参见左正：《广州定位国家中心城市及拓展战略腹地的构想》，《城市观察》2009年第2期，第33-48页。"边疆"一般作为地理概念理解和使用，但自1893年美国历史学家F. J. 特纳在名作《边疆在美国历史上的意义》中对其赋予了特殊的含义，其不仅仅是指地理意义上的边缘地带，还可引申为开疆拓土、征服自然或开拓新的领域的人文精神后，被学者们效仿，相继在思想史、社会史等领域中开拓并发现了很多新的"边疆"，笔者借用这一名词比喻广州中心城市与其腹地的经济关系，以及拓展广州中心城市新腹地的举措。

广州西面到东面分别建立涵盖"泛珠区域"的西江流域经济带、北江流域经济区和东江流域经济圈的三大内陆战略腹地，这基本上是由广州原来的传统间接腹地沿珠江水系或近年陆续建成的高铁、高速公路及航空等现代交通廊道向内地区域拓展而成的。

其次，沿珠江入海口经港澳向东南亚一带辐射，建立涵盖东盟10国的三大海外战略腹地：

①从珠江入海口眺望南海的广阔海洋地区战略腹地，以马尼拉为核心支撑点，包括菲律宾、文莱、东帝汶三国及马来西亚东部的沙捞越和沙巴部分、印度尼西亚的内岛（爪哇岛及其延伸的马都拉岛）和加里曼丹、苏拉威西、努沙登加拉群岛等外岛及西伊里安部分。2012年广州与该地区的贸易额超30亿美元，占全市外贸比重近3%，主要进口油料、木材、橡胶、铁矿砂等，该地区是广州传统的原料来源地之一。

②经南海过南沙群岛，再往西南方向即马来半岛和苏门答腊岛战略腹地，以新加坡—吉隆坡为核心支撑点，包括马来半岛上的马来西亚西部马来亚联合邦、新加坡及马六甲海峡西岸的印度尼西亚苏门答腊岛。2012年广州与该地区的贸易额达50多亿美元，占全市外贸的4%以上，主要进口成品油、初级形状的塑料、油料、天然橡胶、铁矿砂等；对其出口主要包括钢材、塑料制品、自动数据处理设备等。

③由广州经海南隔海相望的东南亚半岛及其岛屿战略腹地，以曼谷为核心支撑点，包括越南、老挝、柬埔寨、泰国和缅甸南部。2012年广州与该地区的贸易额合计约110亿美元，占全市外贸的比重近10%，主要进口木材、大米、农副产品、矿产等；对其出口主要是广州产的机电产品、纺织品、药品、塑料制品及家具等。

在东南亚拓展海外战略腹地，除了广州与其经济社会和华侨华人等方面的历史渊源，以及中国—东盟（10＋1）的关系外，还由于南海的海底资源丰富。虽然我国对南沙群岛拥有无可争辩的主权，但周边国家都在此争夺海洋资源，尤其是对石油资源的激烈竞争，而美国、日本等也插手于此。广州作为国家中心城市，也是中国的"南大门"，更是我国走向南海海洋、建设21世纪"海上丝绸之路"的必经之途，拓展广州在东南亚的战略腹地，发挥辐射影响作用，实在是未雨绸缪之举。

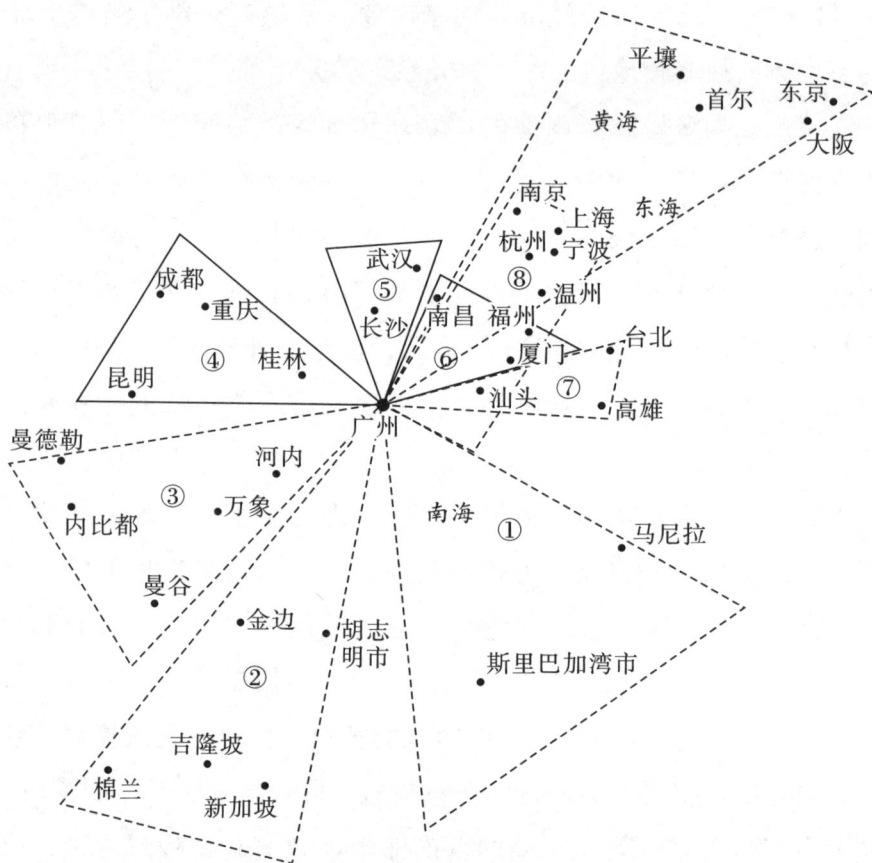

图 2 - 6　广州八大战略腹地示意图

注：1. 图中①～③虚线框分别表示以马尼拉、新加坡—吉隆坡、曼谷为核心支撑点的三大海外战略腹地；④～⑥实线框分别表示涵盖"泛珠"区域的西江、北江、东江流域的三大内陆战略腹地；⑦、⑧虚线框分别表示开拓"珠、长三角"两大经济圈接合部及台海两岸地区的战略腹地。

2. 本图标注的城市位置为大致方位；图中的虚（实）线框无论大小都不具有代表腹地范围、实力大或小的含义，仅仅是一种表意。

最后，以内陆向东（东江流域与闽、赣经济圈）的战略腹地为基础，向我国东部沿海及台海两岸地区延伸，开拓广州战略腹地另外两处"新边疆"：一是经厦门入江浙抵达上海一带，这是中国经济最发达的地区之一，也是"泛珠三角"与长三角两大经济圈在东南沿海的接合部，广州在此建立战略腹地有非常重要的区域整合意义；二是经广东汕头等方向延伸至台海两岸地区，开拓广州在台湾地区的战略腹地"新边疆"，其经济、政治意义也是不言而喻的。

五、实施方略与政策建议

综合上述研究，可以清晰地看到，广州中心城市辐射功能在发展演变过程中，与城市地位和自身发展状况，包括经济规模、创新能力及地理因素等存在着紧密的关系。一个城市的地位和发展实力，决定着其辐射能级的高低和辐射力的强弱，也决定了其辐射范围的大小，并在一定程度上引导着辐射发展的方向和进程；但反过来，辐射范围的大小及其状况，又制约着中心城市的地位和影响力。比如纽约、伦敦、东京这样的世界城市，它们的辐射带动作用实际上是以全球为范围的。从广州目前的经济实力、国际影响等来看，与这些世界城市相比当然还有着巨大的差距，但就广州发展的历史、现状及未来的潜力而言，特别是放在中国正在和平崛起这一大背景下，广州逐渐发展成为能影响亚太地区的世界先进城市是完全有可能的。

因此，发挥广州中心城市辐射带动作用的关键，在于通过新型城市化发展，建设大都市区化的大广州，重构广州中心城市与周边地区（区域）3个层面的空间关系和发展机制，全面深化改革，推动广州的经济发展和城市的转型升级，占据发展的前沿和高端，"做强"和"提高"广州作为国家中心城市的辐射能级，才能充分发挥广州中心城市的辐射带动作用。对此，笔者提出以下8项相关的政策建议：

（一）以大都市区理念引领构建大广州

广州正走在重返世界先进城市行列的征途上。历史上广州曾是世界著名大都会之一，19 世纪中叶，更曾在世界经济实力前十位城市中排第四，为人类社会和世界发展做出过巨大贡献。21 世纪全球已进入城市社会和知识经济时代，经过改革开放正在和平崛起的中国，需要若干个能代表国家参与国际合作竞争的大城市，并进入世界先进城市的行列，争取中国在国际经济、政治、生态环境等事务中的话语权。

环顾国内（不包括港澳台地区），现阶段能担当此重任的大概只有5 个国家中心城市中的前三位：北京、上海和广州，即"北上广"，见表 2－13：

表 2－13　五大国家中心城市主要经济指标的对比（2012 年）

指标（单位）	广州	北京	天津	上海	重庆
人口规模（万人）	1 600.00	2 069.30	1 413.15	2 380.43	2 945.00
土地面积（平方千米）	7 434.40	12 187.00	11 916.85	6 340.50	82 400.00
GDP（亿元） （占全国的比重,%）	13 551.21 （2.63）	17 801.00 （3.44）	12 885.18 （2.39）	20 101.33 （4.10）	11 459.00 （2.21）
第三产业增加值（亿元） （结构比重,%）	8 617.33 （63.6）	13 592.40 （76.4）	6 049.96 （47.0）	12 060.76 （60.0）	4 346.66 （37.9）
制造业能力占全国的 比重（%）	2.29	1.65	3.06	3.58	2.60
对外贸易（亿美元） （占全国的比重,%）	1 161.71 （3.03）	3 895.83 （10.55）	1 033.91 （2.99）	4 374.36 （11.30）	532.04 （1.38）
客运量（万人） （占全国的比重,%）	76 065.74 （2.01）	149 035.60 （3.93）	28 462.20 （0.75）	14 546.55 （0.38）	157 797.90 （4.16）
货运量（万吨） （占全国的比重,%）	75 995.70 （1.84）	28 649.50 （0.70）	47 697.58 （1.16）	94 376.25 （2.29）	110 135.88 （2.67）

（续上表）

指标（单位）	广州	北京	天津	上海	重庆
社会消费品零售总额（亿元）（占全国的比重,%）	5 977.27（2.84）	7 702.80（3.66）	3 921.43（1.86）	7 387.32（3.51）	3 961.19（1.88）
居民储蓄余额（亿元）（占全国的比重,%）	11 310.69（2.76）	21 644.90（5.28）	7 204.72（1.76）	21 512.01（5.24）	8 472.51（2.07）
每万人大学生数（人）	722.50	281.30	334.80	212.80	340.00

注：1. 表中人口规模的广州数据为笔者估计数，计算时仍按《广州统计年鉴2012》中"期末常住人口"1 275万人计算。

2. 重庆规划主城区的土地面积为5 696.6平方千米，常住人口为1 837.14万人。

资料来源：根据全国及5个城市各自的2012年国民经济和社会发展统计公报，以及相关年份的统计年鉴等整理计算。

由表2-13可见，广州除"人口规模"和"土地面积"以外的9项指标全排在前三名之列，其中还有一项第一（每万人大学生数）和一项第二（第三产业结构比重），但在城市规模、经济总量等方面仍稍逊于北京、上海。故在当今国内外各种研究世界城市、全球城市等体系的排行榜或行列中，可常见到北京、上海的身影，而广州尚属"偶露峥嵘"一类，并未能常见于诸榜上。所以广州必须全面深化改革，立足于从更广阔的区域角度，考虑广州作为国家重要中心城市的辐射带动作用及对世界的影响。

1. 确立世界先进城市战略目标，建设大广州

建议确立广州用10~15年时间进入世界先进城市行列的战略目标，建设一个具有世界知名度和影响力的大广州，范围大致涵盖广州，以及佛山、肇庆、清远、东莞、惠州和中山等部分相邻区域。不是要追求扩大广州的行政区划边界，而是要着眼于通过重构与这些地区的经济关系，把广州中心城市经济总量的"边界"做大，同时"做强"

"提高"和"占据发展的前沿和高端",使广州中心城市能够通过提升自身的辐射能级,充分辐射和带动周边区域乃至整个珠三角地区,使之形成具有"高度融合的社会经济一体化倾向",并以其为龙头的超级大都市地区,成为人们心目中能与"大北京""大上海"媲美或相提并论的、对世界具有影响力的大广州。

一是谋划打造全市域的大都市区。如前文所述,大都市区是由中心城市与郊区两个基本部分组成的。一般而言,国外大都市区的郊区并不是独立的社区,而是原集中于中心城市的多种经济活动扩散到郊区各中心点,形成功能相对完备的郊区中心(新城市),实际是中心城市功能外延的产物,成为大都市区的基本组成部分。而国内中心城市与郊县,实行不同建制和户籍管理,形成城乡分离的"二元结构",改革开放后,虽尝试"市管县"或"撤县设市"直至"撤市设区"等改革打破"二元结构",但在户籍制度彻底改革前,传统的"城乡"观念实际仍阻碍着郊县与中心城市的一体化发展。大广州亟须打破这种束缚,把仍停留在过去的传统"城乡"观念转变为建设"全市域范围的大都市区",实现广州全域一体化发展。

建议在"123"功能战略布局基础上,以大都市区理念将全市空间发展格局调整为"中心区—次中心区—副中心区"3个层次。因为"123"功能战略布局虽未明确提出建设广州大都市区,但其实质上已经搭起了一个大都市区的框架雏形,只是概念尚有不够明晰之处,因为"都会区"实际上包含了中心城市及邻接郊县(市)的概念,① 换言之,"新城区"和"副中心"就成了"非都会区"了;而"新城区"

① 周一星、史育龙曾对国外有关都市(会)区、大都市带等理论概念进行了系统的梳理和研究,并首次提出了我国都市(会)区及大都市连绵区等概念的界定方法和标准,参见胡序威、周一星、顾朝林等:《中国沿海城镇密集地区空间集聚与扩散研究》,北京:科学出版社2000年版,第28-84页;该书是中国科学院地理研究所胡序威先生领衔的国家自然科学基金重点项目成果(批准号:49331010),结题验收时,"专家一致给予该项成果以很高的评价"。

又夹在"主都会区""副中心"之间，其层次定位也不够清晰。如按"中心区—次中心区—副中心区"划分，中心区可以由原规划的"都会区"范围加上萝岗区的科学城部分构成；次中心区属于近郊城区，包括原规划南沙滨海新城和东部山水新城的两个"新城区"，加上原花都"副中心"构成；副中心区属远郊城区，包括原规划的从化和增城两个"副中心"。将花都从"副中心"调整为次中心区，主要考虑其包含了白云区北部，整体地理位置邻近中心区，与中心区联系的紧密程度远大于其他两个"副中心"，且花都撤市设区至今已有十几年，其产业发展水平及城市化程度等也比其他副中心稍高一些，故将其列入次中心区层次。

将"123"功能战略布局微调为"132"空间发展格局，重大发展平台的序列也顺势调整为"3+2+11"（原来的"9"变为"11"，增加"北京路文化核心区"和"白云综合服务功能区"），有利于大广州形成大都市区"中心城市（中心区）+郊区"（近、远郊城区）两大部分构成的基本格局，通过这两大部分的集聚与扩散互动，实现广州全域一体化发展；也有利于为实施前文提出的"辐射的集聚战略"奠定基础，使广州能在3个层面（周边地区、区域、战略腹地）上实现更大空间的集聚和功能提升，从而充分发挥广州作为国家中心城市的辐射带动作用。

二是加快促进区域的大都市区化。构建大广州需要重构与"广佛肇"和清远、东莞、惠州及中山等部分相邻区域的经济关系，就必须促进"区域的大都市区化"。由于依据我国现行城镇体系和行政区划，广州周边这些城市都是地级市建制，本身也是所在地域的中心城市，基本上也已进入了大都市区发展阶段，因此所谓"区域的大都市区化"，实际上就是"联合大都市区"或"大都市连绵区"，①广州作为这一巨型城乡一体化区域的龙头城市，加大与周边这些城市的强烈交互作用和融合力度，是实现其自身更大空间范围集聚和辐射的必然途径。

因此，在广州西面，要加快广佛同城化的步伐，继续以重大交通项目建设为抓手，在推动基础设施进一步互联互通的基础上，加强两市在产业互补、资讯共享、文化融合等方面的互动，可以考虑在两市地域相连的地方建立广佛同城化的合作示范区，如"荔湾—南海""花都—三水""番禺—顺德"等，打造同城化的合作平台，进而推动"广佛肇"经济圈的一体化发展，使之成为大广州向西江流域经济带这一战略腹地拓展的"桥头堡"。

往北是广州负责对口帮扶的清远市，该市东南部大片地域与广州花都区和从化市相连，是广州周边经济发展的相对薄弱区，但也是连片土地资源较为充裕的地区，所以更要通过产业、技术的转移，以及资本投资及人才引进和培训等的辐射带动，以产业合作园区等为载体，加快其工业化和城镇化发展，要在全面帮扶的基础上，推进"广清一体化"进程，促使其成为广州开拓北江流域经济区战略腹地的前沿平台。

广州东南面与之相连或隔江相邻的东莞、惠州及中山，都是珠三角经济实力雄厚的新兴工业城市，城镇化水平也与广州不相上下，已经是高度城市化的地区。广州与它们的关系要从辐射带动为主转向合作竞争为主的融合发展，要加快推进交通基础设施建设的对接，发挥

---

① 联合大都市区又称"联合大都市统计区"（Consolidated Metropolitan Statistical Area，简称 CMSA），美国联邦预算局 20 世纪 80 年代修改统计定义时，把邻近的大都市区相连接成的一个更大的都市区称为"联合大都市统计区"；法国地理学家戈特曼则把若干大都市相连发展称为"大都市带"（Megalopolis）；我国学者周一星为了与西方研究相区别，主张把中国大都市带称为"大都市连绵区"。参见周一星：《城市地理学》，北京：商务印书馆 1995 年版；以及本书第 112 页注①。

广州作为综合交通枢纽中心的作用；产业合作要从垂直分工为主向水平分工为主发展，广州要为产业合作提供高素质的金融、技术及专业服务等支持；合作领域要从经济向社会、民生等方面拓展，包括区域环境治理、教育、医疗、文化服务等，通过与这些周边城市共建优质生活圈，延伸大广州的辐射空间至整个珠三角地区，促进区域"高度融合"的大都市区化，以此为基础深化与港澳地区的进一步合作，推进共建世界级的"大珠三角都会区"。

2. 大广州是实现中国梦的历史使命

只有明确构建大广州世界城市的远大目标，同时对全市民生有切实可行的承诺，才能激励全市干部群众齐心协力率先实现全面建成小康社会。进而建成富强、民主、文明、和谐的社会主义现代化国家中心城市，成为区域和国家的表率，才能充分发挥广州中心城市的辐射带动作用，引领区域及代表国家参与国际合作与竞争，最终跻身世界先进城市行列，为实现中华民族伟大复兴的中国梦做出贡献。

3. 完善和扩充大广州的核心区

构建大广州要有周详的战略谋划，其中建成一个强大的多中心结构核心区最为关键。广州中心区（原都会区）面积有1 300多平方千米，但地域边界轮廓在东北面凹入了一角，东面的黄埔区多年来由于各种原因始终未能形成强有力的中心，"黄埔品牌"的开发利用也未尽人意；而萝岗区所辖的原开发区西区（约10平方千米）又被黄埔区分隔，成为坐落在珠江干流与东江汇合处，紧接黄埔新港区的一块"经济飞地"，由于地域分离，管理多有不便，致使这片区域格局显得相对凌乱。

广州东部的黄埔、萝岗和增城3个区、市，合计面积约为2 100平方千米，占全市面积的28.3%，但列入原都会区规划范围的黄埔区不到91平方千米，只及增城的5.6%。现东部山水新城规划由萝岗区的科学城、中新知识城和增城市的教育城3个组团构成，其中科学城组团从地形看刚好嵌在中心区东北面上凹入的一角。故从上述各组团区位、开发程度及地形地貌上考虑可作以下微调：①将科学城组团列入新的中心区规划范围，使中心区面积扩大至 1 500 多平方千米，并形成较为方正完整的中心区地域边界轮廓，也可改变这里较凌乱的格局，有利于提升中心区的形象和辐射带动作用。②科学城组团进入中心区范围后，建议增加其为中心区的战略性发展平台，使中心区的重大发展平台扩展为 12 个，改善其发展平台布局及增强创新能力。③长远考虑可将黄埔区与萝岗区合并，仍以"黄埔"为区名，以利于整合两区资源和各自优势，尤其可借助开发区的实力帮助打造"黄埔品牌"，打造一个新黄埔区①，这无疑对构建大广州具有深远意义。

（二）重组多元化产业体系，寻求新的产业增长点

改革开放后广州曾两次重组产业体系。第一次如前文所述，是改革开放初期以重点发展 16 种轻工业"拳头产品"和搞活流通为中心的结构调整，激发广州传统的轻纺工业和商贸中心优势，首次重组了被计划经济严重扭曲的产业体系，从"以工业为主"转向"轻纺工业与第三产业并重"，从而为广州中心城市功能的复归和振兴奠定了基础。第二次重组，是 90 年代广州率先提出建设现代化国际大都市的目标，实施以第三产业为主导、发展包括高科技制造业等六大支柱产业的结构调整，②使第三产业比重在 1998 年突破 1/2 界限升至 52%；同时工业实施"适度重型化"发展计划，汽车、石化、电子信息制造成为三大支柱，虽然第二产业比重不断下降，从 1989 年的 45.0% 一直下降到 2002 年的 37.8%，但重化工业比重从 36.2% 上升为 46.9%，两年后更超越轻工业比重至 55.0%，形成"三产主导＋重化支柱"的产业体系。

---

① 2014 年 2 月，广州已经国务院批准调整部分行政区划，同意广州市撤销黄埔区、萝岗区，合并设立新黄埔区。新黄埔区已于 2015 年 9 月 1 日正式成立。
② 参见《广州市 15 年基本实现现代化总体方案》，《广州政报》1993 年第 24 期。

　　正如前文所述，这两次产业体系重组或立足于广州传统产业的比较优势，或顺应广州工业化和城市化的发展趋势，"没有这些战略举措，广州不可能跃居国内第三大城市"。但进入 21 世纪以来，尤其是广州已进入后工业化的服务经济时期，城市化发展也进入大都市区化阶段，原有形成于工业化高速增长时期基础上的产业体系显然不再适应。故自 2008 年全球金融危机以来，广州已在不断地进行新的产业调整探索，前后提出了多种方案。先是十大核心产业，后是"9 + 6"战略性主导产业，2013 年又提出发展十大重点产业的"343"方案，[①] 见表 2 - 14：

表 2 - 14　2010 年以来广州制订的若干产业调整发展方案内容对比

	十大核心产业 （2010 年）	"9 + 6"战略性主导产业 （2011 年）	十大重点产业 （2013 年）
产业内容	汽车制造、石油化工、信息产业、重大装备、商贸会展、现代物流、金融保险、文化创意、生物医药、新材料	9 个优势产业： 商贸会展、金融保险、现代物流、文化旅游、商务与科技服务、汽车制造、精细化工、电子产品、重大装备 6 个战略性新兴产业： 新一代信息技术、生物与健康产业、新材料与高端制造、时尚创意、新能源与节能环保、新能源汽车	三大先进制造业： 汽车制造、精细化工、重大装备 四大战略性新兴产业： 新一代信息技术、生物与健康产业、新材料、新能源与节能环保 三大现代服务业： 商贸会展、金融保险、现代物流

　　资料来源：根据广州市政府发布的《广州市国民经济和社会发展第十二个五年发展规划纲要》《广州市加快战略性主导产业实现重大突破工作方案》《广州市加快推进十大重点产业发展行动方案》等相关文件资料综合整理。

---

　　① 参见张西陆、穗府信：《十大重点产业布阵"343"》，《南方日报》2013 年 11 月 26 日第 AⅡ01 版。有评论认为"十大重点产业预示新的结构调整方向"，其实细心对比一下，就会发现这十大重点产业只不过是从原"9 + 6"战略性主导产业中提炼出来的，是延续原来产业方向的精要版而已。

　　比较表 2 - 14，不难发现除个别产业的调整取舍外，其实这三个方案基本是"一脉相承"的。以两个"十大"方案为例，除先进制造业的"石油化工"被"精细化工"替代外，"汽车制造""重大装备"则无改变；战略性新兴产业中，"信息产业"被包含进"新一代信息技术"，"文化创意"被"新能源与节能环保"替代，其余两个产业也无改变；现代服务业的 3 个产业则完全一样。可以说，两个方案的基本内容变化不大，从"核心"变成了"重点"，产业发展方向基本是一致的。

　　关键在于这轮调整要形成怎样的产业体系。从世界范围看，自 20 世纪 70 年代全球化以来，发达国家和发展中国家都出现了经济结构转型，这种转型在生产、分配和资源利用上影响了所有国家的主要城市；同时，全球性贸易组织的规章超越了国家法律，使主权国家对本国经济的保护能力大幅下降，参与世界贸易的城市不得不直接面对国际竞争。对发达国家而言，这意味着制造业外移和服务业取得经济主导地位，即从直接控制制造业转向通过以资本、技术、管理和销售为中心的现代服务业来控制全球经济，[①] 从而使现代服务业所在的主要城市成为控制全球资本流动、高新技术和销售网络的重要枢纽。

　　这种趋势在 2008 年全球金融危机后更加深化。目前世界主要大都市区中心城市的产业体系通常有两大特征：一是现代服务业成为经济主体，一般占 60% 以上，甚至更高；二是经济的多元化结构。这样的产业体系有利于大都市区产业分工形成金字塔式的层级结构，位于顶层的中心城市（区）通过现代服务业引导整个大都市区经济的发展，包括制造业和一般服务业；同时，应对大都市区庞大的人口集聚和就业需求，按层级由高至低地发展不同就业门槛的产业，有意识地体现服务业（中心区）与制造业（郊区和周边地区）的空间分工，在市域范围、区域范围内进行合理的高、低端产业功能配置，形成了多元化的经济结构。

---

　　① 参见张庭伟、王兰编著：《从 CBD 到 CAZ：城市多元经济发展的空间需求与规划》，北京：中国建筑工业出版社 2010 年版，第 8 页。

因此，广州只有重组为以现代服务业为中心的多元化产业体系，及早采取行动应对全球产业发展和竞争的这种根本转变，才能实现转型升级，发挥广州中心城市的辐射带动作用，既为全省发展多做贡献，更要代表国家在国际竞争中发挥作用。

1. 切实确立"以现代服务业为中心"的战略指导思想

广州无论是传统上的比较优势还是现实中的竞争优势，无不体现在服务经济上，以上述最新的十大重点产业方案为例，其预测2016年实现的超万亿元增加值中，现代服务业就占了近六成；先进制造业总产值虽有13 500亿元，但按广州目前工业增加值率为25.51%①（2011年）计算，增加值仅为3 443.85亿元，尚不及现代服务业的一半；战略性新兴产业则预测有1 940亿元增加值，这三者的比例约为58:27:15，基本体现出广州产业发展的现状和近期趋势。但是，多元化经济意味着不仅只有上述高端产业，还有与之对应的中、低端传统制造业和一般服务业，故重组应循着"服务经济主体＋制造业"的多元化产业体系思路来考虑。其中，"服务经济主体"包括现代服务业和一般服务业，"制造业"包括先进制造业、新兴产业及传统制造业，可谓"五轮驱动"的多元化产业体系。

2. 加快广州第三产业的转型升级

广州2012年第三产业比重为63.6%，在国家中心城市中仅次于北京居第二位，规模虽逊于北京、上海两市，但占广东全省的32.6%，比省内居第二的深圳高出五点几百分点。然而，其构成中批发零售、住宿餐饮已占26.4%，加上交通、仓储和邮政业等合计占近38%的比重，远高于北京、上海等城市，而金融业仅占10.1%，房地产业也只

① 根据《广州统计年鉴2012》第322~323页的相关数据整理计算。笔者20多年前也曾计算过1989年广州工业的净产值率（大致相当于增加值率）不到27%，似乎还略高一些（参见左正：《关于再造华南经济中心新优势的构想》，《暨南学报（哲学与社会科学版）》1991年第3期），但因计算依据的都是广州全部工业的平均数据，而这两个时期的广州工业内部结构并不完全相同，故不宜直接比较。

有11.9%的比重，都远低于北京、上海；此外，信息传输、计算机服务和软件业，科研、技术服务业，租赁和商务服务业等加起来不到20%，也低于北京、上海。故第三产业加快转型升级的重点有3个：①围绕建设广州国际商贸中心的目标，加快金融保险、商贸会展、现代物流等优势服务业的创新转型与集聚发展，使现代服务业比重提高至65%以上。②以信息化改造融合传统服务业发展，开拓商业新形态、新模式，如电商、物联网等，推动传统的"千年商都"向现代的"网络商都""时尚商都"等转型。③大力发展各种专业服务，如会计、审计、法律、专利、研发、医疗、检测、咨询等，尤其要通过深化穗港澳合作，引进和借助港澳服务业优势，提升广州服务经济主体的辐射带动作用。

3. 大力培育和寻求新的产业增长点

多元化产业体系，意味着广州需保持相当体量的制造业，但目前过于集中的行业结构不利于多元化发展。广州工业综合发展指数（*ID*）曾达0.95以上，近年大幅下降到不足0.6，这对超大型中心城市而言意味着存在颇高的市场潜在风险，美国"汽车城"底特律市的破产案例尤应引起我们的高度警醒。重点也有3个：①延伸现有先进制造业的产业链，包括品牌的开发和新领域的开拓，如汽车产业要努力开发汽车零部件和自主品牌产品，尤其是在新能源汽车研发和生产、推广应用上下功夫，争取在低碳、环保及个性化方面创出广州的自主品牌等。②发展战略性新兴产业须拓宽视野，瞄准引领第三次工业革命的新技术、新工艺和新生产方式的发展方向，积极推进数字制造技术、互联网技术和再生性能源技术的重大创新与融合，大力发展3D制造、物联网、云计算、分布式能源、高端服务业等，抢占前沿和高端的产业制高点。③加快"两化"融合步伐，用信息化改造和提升广州的传统制造业，大力推动制造业的服务化，发展"都市型"工业，不断培育和开拓新的产业增长点。

4. "抓大放小"推动产业组织优化

缺乏大企业，常被批评为广州产业发展的"短板"，但由众多中小

微型企业组成具有竞争力的产业集群,未尝不是广州产业发展特色之
一。从国际经验看,大型制造业企业一般分布于中心城市外围或更远
的区域,中心区保留的制造业则多以高新技术的中小企业为主,成为
小而优的知识密集型企业,故"抓大放小"形成大中小企业合理协调
的结构,是广州优化产业组织和布局的取向。

"抓大"可先从国企做起。据调研的资料估算,目前广州市属的国
企有9 000余家,国有资产总量约1.6万亿元(不包括在其他类企业中
投入或占股的国有资产),其中约40%的资产由广州市国资委直管,其
余60%由市属各局和直辖单位管理。广州市国资委直管的百余家国企
中,除广汽集团等个别销售额超千亿元外,广药集团、广百集团、广
发集团等销售额虽有500亿~600亿元,但多由旗下庞杂的企业汇集而
成,余下的集团多为销售额数千万元至十多亿元不等的企业;市属各
局和直辖单位的国企除少数大企业外,多为中小企业。可考虑用2~3
年分两步完成市属国企的重组:①将广州市国资委直管的百余家国企
按产业方向或企业性质整合为30家左右的大型企业或集团,基本退出
一般性竞争领域,集中在基础性、资源型及公共事业等领域进行资本
经营并发挥其对全市经济的引导作用。②通过梳理资产监管关系,将
其余60%国资中属于企业经营的部分纳入市国资委统一监管,整合为
20家左右大型企业或集团。③同时制定相应政策,积极鼓励和扶持有
条件的广州本土民营企业做大、做强。

"放小"是指通过体制创新,如商事登记、税收优惠、金融支持、
创业基金、孵化扶持、行业协会以及试行负面清单管理等,使政府职
能从重审批转向重监管和服务,打造一个有利于中小微型企业发展的
营商环境,激励和扶持广州地区30多万家中小微型企业做强、做优,
鼓励和吸引更多的企业家到广州兴办企业,尤其是高新技术或创新型
的中小微型企业,逐步形成有特色的产业集群。

（三）分级设置现代 CAZ，超越或替代传统 CBD

广州中心城市辐射功能中最具特色的优势，是建立在"千年商都"及其商业文化传统基础之上的商贸流通中心功能。老城区曾承载了这一体现商业文明功能演绎进程的作用，扩展后的新中心城区则延续着这个独特的优势，演变为建设以珠江新城为代表的 CBD，以便进一步发挥中心城市的辐射带动作用。但中心城市仅靠一个 CBD 发展是不足以承载这一抉择的，也难以统筹其他众多服务业功能区。

1．以现代 CAZ 替代传统 CBD

随着广州开始进入后工业化的服务经济时期，传统 CBD 过于单一的功能规定、过于集中在中心区的经济活动及与城市其他部分在功能和服务对象方面联系不足等不利于城市整体发展的局限也逐渐显露，已难以满足广州经济多元化和城市化发展进入大都市区化阶段的巨大需求，只能不断扩大甚至无限扩充原有 CBD 的地域范围，或到处规划建 CBD，被迫造成所谓"泛 CBD"的城市空间格局。

传统 CBD 的这种局限在发达国家的城市化进程中早已被质疑。因此 21 世纪以来，英国、美国等发达国家为反映新时代条件下大都市区化的多功能城市中心建设，已提出了 CAZ，即"中央活动区"的理念，作为对传统 CBD 理念的扩展或替代。[①] CAZ 的定义与传统的 CBD 有明显的不同，是指一个能提供多种活动的组合空间区域，包括政府行政中心、现代服务中心（金融、贸易、法律等）、商业文化设施中心（购物中心、博物馆、美术馆、音乐厅等）与具有多种活动和各种档次的居住中心等。这一概念将多种活动区域组合联系在一起，使各种功能和用地在一定地域范围内相互渗透，服务于不同的消费人群，居住成为其重要功能之一。CAZ 的核心是强调多种功能的组合和分级设置，

---

① 参见张庭伟、王兰编著：《从 CBD 到 CAZ：城市多元经济发展的空间需求与规划》，北京：中国建筑工业出版社 2010 年版，第 23 页。

其本质是在全球化条件下大城市经济的多元化和现代服务业的兴起，以及由此导致的城市区域空间重组，较传统的 CBD 而言更加综合、可持续和稳定，更能发挥中心城市的辐射带动作用。

因此，构建大广州应超越传统 CBD 理念，打造现代 CAZ 作为引领全面提升中心城市辐射功能的核心区，统筹其他众多的服务业功能区，组合现代商贸、金融保险、商务办公、文化休闲、生活居住等多种产业功能；甚至某些无污染的都市型中小微型制造业，实行城市中心土地的混合使用，提高中心城区土地利用的效益，为充分发挥广州中心城市辐射带动作用提供强大的动能。

2. 设置三个层级的全市 CAZ 体系

根据 CAZ 分级设置原则，建议在广州中心区设置核心和次核心两级 CAZ，根据城市发展进程在次中心区和副中心区设置次（副）中心级 CAZ，形成全市分三（四）个层级设置的 CAZ 体系。首期设置的各级 CAZ 发展重点设想，见表 2 - 15：

表 2 - 15　广州现代 CAZ（中央活动区）分级设置和发展重点设想

设置分级	CAZ 地区	发展重点
1. 重点打造 3 个核心 CAZ 位于中心区最核心区段，包含原 CBD 功能，以商务活动为主，整合多种功能，是广州经济多元化发展的标志性区域	①北京路—环市北地区	以原北京路传统 CBD 为基础，以广府文化商贸旅游中心、商务和行政办公、宾馆酒店、餐饮娱乐、文博产业、生活服务及居住等为主，兼及研发、文化产业、时尚创意等
	②珠江新城—员村地区	以珠江新城 CBD 和国际金融城的金融服务、现代商务及总部经济等为主，整合文化产业、专业服务、宾馆酒店、时尚创意、特色餐饮、休闲娱乐和高档零售业，以及高端的高尚居住区等综合功能
	③琶洲—新中轴线南段地区	由琶洲地区和城市新中轴线南段地区整合构成，以现代商贸会展、高端服务及总部经济等为主，整合宾馆酒店、科技研发、时尚创意、生态旅游、休闲娱乐及居住等综合功能

（续上表）

设置分级	CAZ 地区	发展重点
2. 规划建设9个次核心CAZ 分布于中心城区各个主要区段，部分（但不一定）包含CBD的功能，以多种功能的综合发展、为所在地区提供生产及生活服务为主，以科技研发、检验测试、金融保险、行政与商务办公、商贸零售、休闲娱乐、旅游餐饮、体育及文化产业、生态居住等为主，兼有部分区域CBD的功能	①白云新城地区	以现代商贸、会展、体育和文化产业、休闲娱乐、生活服务及宜居新城等为主，兼及金融资讯服务、商务办公等总部经济，兼有部分CBD的功能
	②白鹅潭地区	以现代商贸和商务办公等总部经济、时尚创意、文化娱乐及居住等为主，兼及金融服务、科技研发、现代物流等，成为广佛都市圈核心区，兼有部分CBD的功能
	③体育中心—天河北地区	以现代商贸、高端零售业及批发、休闲餐饮、时尚体育和文化产业、娱乐体验等为主，兼及商务办公、金融服务及高尚居住等，也兼有部分CBD的功能
	④东山口—农林下路地区	以高端零售业及批发、休闲娱乐、时尚创意和文化产业、医疗服务、教育培训等为主，兼及商务办公、金融保险、居住和生活服务等主要功能
	⑤晓港—江南西地区	以商贸零售及批发、酒店住宿、广告经营、休闲餐饮、时尚创意和文化产业、娱乐体验等为主，兼及商务办公、金融服务和生活居住服务等功能
	⑥白云综合服务功能区	以公共服务、行政办公、商业服务、现代商务、教育医疗、文化体育、生态休闲、滨水居住等为主，打造白云区行政及公共服务中心
	⑦番禺—市桥地区	以现代商贸、批发与零售业、休闲餐饮、时尚创意及文化产业、娱乐体验等为主，兼及行政与商务办公、金融保险及高尚居住等，也兼有部分CBD的功能
	⑧广州南站商务区	以交通物流、客运服务、现代商贸及高端商务等总部经济为主，逐步发展为广州西南部地区新的商业中心，兼及信息服务、金融服务、文化创意、生活服务及高尚居住等功能
	⑨广州（黄埔）临港商务区	以航运服务、临港总部经济、商务旅游、休闲娱乐、餐饮购物、邮轮（游艇）经济、生活服务及居住等为主，兼及商贸流通、会议展览、时尚创意、文化产业等功能

（续上表）

设置分级	CAZ 地区	发展重点
3. 规划发展5个次（副）中心 CAZ 位于各主要新城区、副中心城区的中心地，多为地方行政中心和主要商务活动区，也是主要的生活居住和商业中心，宜规划多种功能综合发展	①南沙—明珠湾区	新区中心，打造粤港澳经济圈的优质生活区，以科技研发、教育培训、金融保险、商务旅游、休闲娱乐、国际商贸和商务服务以及高尚居住等功能为主
	②花都新华—中轴线地区	以现代商贸、行政及商务办公、总部经济、批发零售、休闲餐饮、时尚娱乐、生活居住、体育及文化产业等为主，兼及金融保险等，兼有部分区域 CBD 的功能
	③萝岗中心区	以科技研发、检验测试、金融保险、行政与商务办公、商贸零售、休闲娱乐、旅游餐饮、体育及文化产业、生态居住等为主，兼有部分区域 CBD 的功能
	④从化街口—温泉新城	以生态旅游、酒店餐饮、休闲娱乐、商贸零售及批发、行政办公、创意产业、商务经济、生活居住及服务、文体产业等为主，兼有部分区域 CBD 的功能
	⑤增城挂绿新城	以商贸零售及批发、行政办公、高级商务、总部经济、休闲娱乐、酒店餐饮、生态居住及生活服务、文体产业等为主，兼有部分区域 CBD 的功能

资料来源：本表中对各 CAZ 地区发展重点的设计参考了相关市、区制订的各种发展或建设规划。

（四）强化区域国际金融中心功能

改革开放以来，建设广州金融中心的话题已是"老生常谈"，但至今成效并不显著，原因是金融改革的权限在中央，地方能够操作的空间很有限。但广州应该在"有限空间内求最大值"，在现有政策范围内强化广州金融中心的功能。就此而言，广州还是拥有一些优势和便利条件的：首先，广州目前已是国内金融系统的"大区中心"，即央行全国9个大区分行驻地之一，也是国有商业银行大区分行和区域性商业银行总行的所在地，以及证监会、银监会和保监会的省级机构驻在地，自然成为金融机构云集的"中心"，这是区域内其他城市都不可能有的

"天然"优势；其次，广州国家中心城市的定位和区域内经济规模最大、城市功能最全等比较优势也都是唯一的。就像解数学题一样，广州已具备求最大值的"必要条件"，但要形成"充分条件"，还必须找出相关因变量，即强化广州金融中心功能的关键点，主要有以下6个方面：

1. 打好四张"王牌"，确立发展的方向

广州建设金融中心是广东"金融强省"战略的重要一环，但只有与香港、深圳及其他城市错位发展才能形成良性竞争，广州可从自身优势出发打好4张"王牌"①：①"国际金融"是广州建设金融中心的发展方向。广州作为国家中心城市，要代表国家参与国际竞争和合作，具有一定实力的国际金融是前提，况且广州一直是最开放的中心城市之一，素与港澳台及其他国际金融机构合作紧密，具备发展条件。②"产业金融"是广州金融业发展的基础，重点是借助金融发展推进广州产业的转型升级。③"民生金融"是广东首创，也是广州走新型城市化道路的优势所在。④"特色金融"是探索建设有广州特色的区域金融中心之选，包括发展离岸金融、碳金融、贸易金融、科技金融、网络金融、航空金融和航运金融等各种特色金融产品。

2. 争取建设全国性金融市场交易平台

如前文所述，缺失全国性金融市场交易平台，是广州金融资源配置能力与其中心城市地位严重不相适应的根本原因。所以，争取建设全国性金融市场交易平台最为关键，有3个主要"抓手"：①继续争取恢复设立广州期货交易所，广州是我国重要的大宗商品集散中心和定价中心，已建成塑料、钢铁、粮食、煤炭、石化、化工六大电子交易中心，多种交易商品的"广州价格"已成为国内行业价格"晴雨表"，

---

① 广州市金融办原主任周建军在接受记者采访时谈到，"金融强省"战略的落脚点为3张"王牌"：即"国际金融、产业金融和民生金融"，认为这也是广州建设金融中心的主要方向。参见《南方日报》2013年7月4日记者曾雅的报道。笔者认为可在此基础上增加一张"特色金融"的"王牌"。

可积极推进与香港及内地期货交易机构的合作，争取设立大宗原材料、农产品等期货交割库，建立期货、现货对接服务的全国性市场交易服务平台。②加快发展广州股权交易中心，大力发展股权交易、股权质押融资、知识产权交易及私募债等业务，创新各种融资模式，打造服务实体经济和中小微型企业的综合性金融服务平台，争取成为国家级区域性产权交易中心。③加快建设广州碳排放权交易所，开展排放及排污、海洋碳汇、林业碳汇等交易试点及强制减排下的碳排放权交易，打造一个立足于广州与珠三角地区、服务全省和全国的碳交易平台。

3．扶持广州本土金融机构做大做强

广州法人金融机构数量偏少和规模偏小，导致广州金融业整体实力不强，故须培育一批在全国具有龙头带动效应的法人金融机构。途径有3个：①支持广州银行、广州农商银行、广州证券等市属金融机构加快业务发展，推动其提高公司管理水平和风险控制能力，吸引国内外战略投资者参股，并鼓励市属大型国企与金融机构相互持股，逐步发展为具有重要影响力的大型金融控股集团。②大力促进广州民间资本进入金融业，除鼓励其参股国有或股份制金融机构外，更要支持由民资、民企等发起设立的民营银行、金融租赁公司和消费金融公司等民营法人金融机构，争取培育出若干个在全国领先的民营金融投资和服务集团。③加快发展新型金融机构（组织），包括引进和设立各种财务公司、金融投资咨询服务公司、商业保理公司等机构，以及加快设立一批小额贷款公司、贷款担保公司等。

4．明晰定位金融功能区

广州的金融产业集聚发展区定位尚不够清晰和突出，应尽快制订统一方案，明晰定位金融功能区，抓住3个重点：①国际金融城（包括珠江新城）与广州金融创新服务区要互补定位，前者位于都会区最核心的CAZ中，应作为立足华南、辐射亚太、面向全球的金融总部集聚区，以发展总部金融为主，吸取北京、上海等地建设金融集聚区的

经验教训，坚持高起点建设，突出国际金融功能、低碳绿色、综合配套和岭南文化等特色，促进各类金融机构、金融交易市场平台等集聚发展，强化金融运营、管理及服务等综合性功能，而后者位于开发区科学城内，应以发展科技金融为主，吸引各类创业和股权投资机构集聚发展，与前者形成错位互补关系。②位于原老城区长堤附近的广州民间金融街，应以培育和集聚一批主要为中小微型企业和城乡居民提供金融服务的民间金融机构为主，争取成为全国民间金融集聚发展的示范区。③南沙新区的南沙现代金融服务区，应重点发展国际金融、航运金融、离岸金融等特色金融业，可联手香港共同构建人民币国际化的先行试验区。

5. 构筑金融人才高地

金融人才尤其是高级金融人才的缺乏一直是广州建设区域金融中心的"短板"，要下决心打破各种束缚，构筑广州的金融人才高地，当务之急有3个：①在全市普惠性人才政策基础上，尽快制定出台专项的金融人才政策，大力引进和培养一批金融高级专业人才和管理人才，要注重引进海外留学金融专业或曾在海外著名金融机构任职的留学归国人员，给予其不低于海外机构任职时的相应经济待遇，帮助解决相关的生活后勤保障、子女教育等问题，对为广州金融发展做出重大贡献者给予重奖。②建立全市的金融人才信息库，设立金融人才认证服务中心，鼓励人才流动。③在市属高校增设相关的金融专业和扩大招生，加强与金融机构合作定向培养金融人才，鼓励有经验的金融管理人员和专业人员到高校兼任教师。

6. 打造金融信息发布和服务中心

借助广州传媒业相对发达的优势，培育若干家在国内有较大影响力的金融财经传媒企业，支持其发展金融信息服务产业，结合互联网、云计算、大数据等新兴高技术产业，生产高质量的金融信息产品，形成区域金融资讯集聚和权威的传播、发布平台，打造广州金融信息服务中心。此外，要尽力争取在政策许可范围内，解决广州受现行省会城市金融税收体制的约束。对于金融业税收地方留成比例偏低、难以形成金融业发展和地方财力互相促进的问题，最好能争取广东省出台有关文件支持广州建设区域国际金融中心。

（五）凝聚创新能量，占据发展前沿和高端

"占据发展前沿和高端"既是广东省委领导的殷切期望，也是广州在推进转型升级发展中的迫切需要，因此要克服广州辐射带动作用存在的"软肋"，经济增长方式需要从要素驱动为主向创新驱动为主转变，只有凝聚足够的创新能量，才能占据发展的"前沿和高端"，进一步提升广州中心城市的辐射带动功能。

1. 实施高端"双百人计划"，形成创新核心团队

创新的核心资源其实是掌握知识的人才。要占据"前沿和高端"，就必须有掌握科技前沿知识和高端技术的高级人才，包括科研开发、管理、测试、生产（技术）、经营等多方面的高级人才，形成创新核心团队，重点有3个：①参照国家"千人计划"和省级"科技领军人才引进计划"，在广州现有的人才"百人计划"基础上，制订实施新的"创新＋创业高端领军人才'双百人计划'"，借助"千人计划"南方俱乐部、广州留交会等平台，向海内外招募引进市级层面的顶尖高端人才。②各区（县级市）、主要部门行业等参照市"双百人计划"，分别制订实施区（市）和行业级层面的"双百人计划"，也面向海内外招募和引进各区（市）、行业等所需要的高端人才。③两个层面的"双百人计划"实施下来，全市应能形成由 2 500～3 000 人组成的高端人才团队，加上驻穗中央、省机构（包括高校、科研院所等）的高端人才，在广州大都市地区范围内，就能凝聚起可观的创新核心能量。

2. 建立多层次人才体系，打造高素质产业大军

以"双百人计划"的高端人才为核心，围绕能够占据"前沿和高

端"的领域或项目，吸引或引进更多的各层次人才，形成创新的人才梯队，并与培育高技能、高素质产业大军相结合，建立多层次的人才体系。①制订实施与"双百人计划"衔接的各层次人才计划，包括完善现有的各种人才计划，主要落实人才户籍、住房、医疗等配套政策，通过各种扶持机制，吸引海内外高层次人才集聚广州。②依托"3 + 2 +11"战略性发展平台，特别是其中的南沙新区、中新知识城、天河智慧城、空港经济区等新型产业区，以及驻穗的中央及省科研院所和高校等，构建"人才特区"，赋予特别的人才政策，打造能够吸引高层次创新人才汇聚的"人才高地"。③加强职业教育培训，除继续大力发展现有的职教系统外，加快广州教育城建设，形成中、高职教育的相互衔接机制，构建具有广州特色的现代职业教育体系，打造一支高素质的产业大军，凝聚更多的创新能量，真正占据发展"前沿和高端"，充分发挥出广州中心城市的辐射带动作用。

3. 改革财政投资体制，增加科技投入

有了人还得有经费才行。近年来广州财政科技经费投入虽然基本保持增长态势（2008—2012 年，广州地方财政预算内支出的科技经费已增长了近 1.2 倍），但横向比较，不仅经费额低于北京、上海等城市，在全省及全国所占的比重也分别下降了 7.8 百分点和 0.6 百分点，在结构、绩效等方面也存在不少问题。改革重点有 3 个：①建立财政科技经费投入稳定增长机制，要在未来 3 年内，逐年提高市地方财政预算支出中科技经费比重至 5% 以上，实现财政科技支出的制度性增长，增强广州中心城市通过科技溢出发挥辐射带动作用的资金保障。②优化财政科技经费支出的投入结构，既要摒弃过去那种几乎无所不包的"大而全"科研计划，也要打破政府部门习惯的"撒胡椒面"扶持方式，集中有限资源投放在能促进广州创新发展的"前沿和高端"的优先领域上。③提高财政科技经费投入的引导效应，瞄准"前沿和高端"方向，增加"引导性"的投入比重，要灵活运用各种财政工具如政府资助、财政担保或贴息、税收优惠等，吸引各种社会资本投入科技创新领域。

（六）实施"近融、中联、远交"三大腹地战略

前面的叙述，为广州描绘了一幅横跨国内及东南亚八大战略腹地的"新地图"，这是一个能充分发挥广州中心城市辐射带动作用的宏伟愿景，需要有相应的腹地战略配合实施，宜取"近融、中联、远交"三大战略：

1. "近融"：实现广州与珠三角经济一体化发展

基于前文分析，广州与珠三角不再是"城市与腹地"的关系，而是核心城市与"近邻"城市的城市群体空间关系。重构这一关系应转向以竞合发展为主的辐射带动，广州与珠三角实现一体化的融合发展，即"近融"，其主要有3个重点：

（1）加快广州融入以自身为中心的区域交通网络。这是一个颇有些"悖论"意味的议题：以广州为中心汇集的庞大流量，尤其是高速路网和私人汽车的发展，对本已拥挤的市内交通构成巨大压力。广州无奈成为国内第三个限牌城市，但若不限行则政策效应几近为零，而限行又与广州中心城市的门户枢纽功能相悖，谈何"融合"？所以经济手段是唯一的办法，首先优化公交系统使之成为出行首选，然后从提高中心区停车费做起，再视情况向拥堵费过渡，逐步减少中心城区车流量。只有"内通"才能与"外联"融合，才能使市内交通与区域交通无缝衔接。只有广开城门，接纳四方，才能把门户枢纽优势转化为中心城市辐射带动能量，这是广州实现"近融"战略的前提。

（2）促进与珠三角产业的合理分工和错位发展。广州规划产业发展要多往"微笑曲线"两端延伸，主动把中低端产业，尤其是传统制造业和一般服务业发展的空间腾出来，与珠三角形成互补互促、多层次融合的产业发展格局：一是强化"广佛同城"和"广清一体化"的

示范效应，促进"广佛肇"都市圈的产业融合；二是加强与"深莞惠"和"珠中江"两个次级经济圈的产业整合。

（3）广州还要积极与深圳合作，共同打造辐射广东乃至全国的华南地区中心。广州是历史悠久的综合型特大城市、广东省会，并被定位为国家中心城市，其文化底蕴深厚，产业口径宽广，商贸、进出口及部分制造业优势明显；深圳虽属省内特区城市，但已成长为全国经济中心城市，新兴科技产业和高端服务业尤其金融业（深交所）优势突出，"双城记"正好互补各自的产业长短。广州通过拓展战略腹地，加强向内辐射带动；深圳通过深港一体化，向外直通国际市场；两城互补连接内外，进而携手香港——"穗深港"（GSH）[①] 将可成为对国内外有重大影响力的华南地区中心。

2. "中联"：建立高铁沿线及"泛珠"城市联盟

广州要拓展中心城市战略腹地"新边疆"，则要建立与周边省区主要城市，尤其是各省会城市（自治区首府）和高铁沿线主要站点城市的经济联系。因为城市是区域经济的核心，每个城市都有自己的腹地，通过这些主要城市，就可沟通与周边省区广大地区的联系，拓展广州的三大内陆战略腹地。故"中联"要点有 4 个：

（1）通过发起由政府主导的"高铁沿线及'泛珠'城市合作论坛"及由政府指导、民间主办的"经贸洽谈会"等方式，凝聚共识，建立以广州为龙头的"高铁及'泛珠'城市联盟"，发起签署《高铁沿线及"泛珠"城市合作框架协议》，通过联盟形式来发挥广州中心城市的辐射带动作用，协调与这些城市（及其腹地）在产业、市场和信息等方面的合作，形成广州与周边省区"城—乡"系统网络。

---

① 笔者早年在香港理工大学客座任教经济地理课程时，曾设想可发展珠三角的"城市组合"，认为广州、香港已共同形成为大珠三角地区一北一南两大核心都市，加上处于这两核之间崛起的深圳，可打造一个协同发展的城市组合——"穗深港"（GSH）。参见笔者刊登在 2009 年 6 月 22 日香港《信报》的文章《新三城记：珠三角经济地理的变迁》，以及刊登在 2014 年 4 月 8 日香港《信报》的文章《协同发展城市组合："穗深港"》等。

（2）成立市长联席会，作为城市联盟的最高协调和决策机构，在《高铁沿线及"泛珠"城市合作框架协议》范围内协调决策各城市间合作的政策法规衔接、市场准入、项目合作、利益分配等重大事项，并在广州设秘书处作为联盟日常办事机构，由广州选派副市级干部担任专职秘书长，各加盟城市下设秘书处办公室，由各市派副市级干部担任办公室主任，秘书处负责协调各市的秘书处办公室分工落实执行市长联席会的决策，共同推进《高铁沿线及"泛珠"城市合作框架协议》及各具体项目的实施。

（3）设立"合作城市政府基金"，由加盟城市按照各自 GDP 或财政收入的一定比例投入资金，支持涉及联盟城市共同利益的重大基础设施、战略性新兴产业、公共事务等相关项目的建设，以及市长联席会决策需要支持或扶助的联盟事务等。

（4）广州市各部门、企业或行业协会等民间组织要主动与加盟城市的对口部门、企业或行业协会等建立各种形式的合作联盟，如旅游业联盟、工业联盟、商会联盟等，使广州各方面都能在更大的区域空间发挥辐射带动作用。

3. "远交"：以"走出去战略"开拓海外战略腹地

广州应鼓励有实力的企业对外投资，实施"走出去战略"，要抓住中央提出建设 21 世纪"海上丝绸之路"的机遇，到东南亚各国去建立原料基地、生产或销售基地，开拓海外市场，拓展广州在东南亚的三大海外战略腹地，发挥广州中心城市对海外的辐射影响，是为"远交"。重点有 3 个方面：

（1）布局广州在东南亚的战略性原料基地。广州是一个资源约束型的超大型城市，从一次能源到各种工业原材料，乃至生活资料，绝大部分都需要外部供给，稳定的原材料来源对广州中心城市发展至关重要。东南亚各国历来就是广州传统的木材、油料、海产品、铁矿砂等重要原料来源地，广州应在此基础上建立战略性原料基地，通过投标当地资源开采权或参股当地企业联合开发，甚至通过直接购买矿山、土地等方式，取得相关资源的控制权，这是广州拓展海外战略腹地的首要任务。

（2）建立生产或销售基地，扩大东南亚市场。东南亚原是广州传统产品的主要出口市场之一，改革开放前广东对东南亚的出口额每年约占全市出口额的35%，但改革开放后广州加工贸易的订单大多来自欧美市场，加上东南亚国家经济发展水平大多相对滞后，出口市场发展缓慢，2012年广州对东南亚地区出口占全市比重已降至12%，全年对东南亚贸易入超达78.5%。全球金融危机后，广州出口市场亟须多元化，重新拓展东南亚市场不失为较好的选择；况且随着国内土地、人工成本上升，一些劳动密集型产业也需要外移，应鼓励出口企业到东南亚建立生产基地，就地生产销售或再转口外销。近年来已有不少广州企业在越南、泰国、马来西亚等设厂生产摩托车、家电、空调等产品就地销售，或转销其他海外市场；在吉隆坡、雅加达、马尼拉和曼谷等大城市，也已驻有不少广州的贸易公司、投资公司（包括民营、个体经营者）等；更可借助中新知识城项目的推进，中（穗）新联手合作，进一步加强对东南亚海外战略腹地的拓展和联系。

（3）发展服务贸易和文化交流，扩大辐射影响。东南亚历来是广东海外移民的主要落脚地之一，史称"下南洋"。在东南亚各国主要城镇里，形成了很多唐人街和华裔社区，在有的国家，华人甚至是主要族群，中文为官方语言之一。所以，中华文化尤其是岭南文化、广府文化等，在东南亚地区影响很大，这是广州在此拓展战略腹地的有利因素。应继续做好侨务工作，鼓励和帮助华侨华人及新移民等融入当地社会，积极创业。同时借助发展以中华文化为内核的服务贸易和文化交流，如旅游、华文教育、图书、中医、武术、演艺、传媒出版等，最大限度地发挥广州中心城市在海外的辐射影响作用。

（七）建立"海陆空"港＋信息港的"四港一体"辐射大通道

人、财（资金）、物、信息流是现代经济关系中的4种主要流态，也是中心城市发挥辐射带动作用的主要体现，主要涉及人口和物质（包括网络或虚拟空间中的各种信号、符号等）在城市—区域（腹地）系统中的活动，离不开交通（网络）设施的承载和传递。故处于交通（网络）枢纽位置的城市，交通（网络）系统的架构就决定着其辐射带动作用的范围大小和纵深程度。

广州历来是华南地区的交通运输中心，现已成为全国三大航空枢纽和四大铁路客运（高铁）中心之一；广州港是我国华南沿海主要枢纽港；珠三角城轨和高/快速路网等也无不以广州为中心，加上广州现为中国电信网三大通信枢纽、互联网三大交换中心和因特网三大核心节点及国际出口之一，故其在华南区域范围的交通（网络）枢纽地位无可匹敌。但由于历史及建设过程中的各种因素，广州的交通（网络）设施尚未能完全形成有机的综合系统，故须加强"四港一体"的整合：

1. 继续加强门户综合枢纽的集散能力

白云机场2012年客运吞吐量为4 831万多人次，货邮行吞吐量163万多吨，虽分列全国第二和第三，但货邮量仍仅及香港机场的30%和上海浦东机场的45%左右；广州港全年货物吞吐量为4.5亿吨，集装箱吞吐量为1 474万国际标箱，也与上海港和舟山港有较大的差距，未来竞争压力巨大；铁路不但受货运能力制约，而且每年春运前"一票难求"问题仍很明显，这都表明亟须加强广州门户综合枢纽的集散能力：①加快推进机场第三跑道和2号航站楼扩建工程，力争2014年10月前完成扩建并投入使用，争取"十二五"期末旅客吞吐量达到6 500万人次，比目前增长30%，货邮行吞吐量达220万吨，增长40%。②重点解决广州港口通过能力不足、专业码头缺乏和综合配套能力不强的问题，加快建设以南沙龙穴岛为核心的第三代国际枢纽港口，要按10

万吨级集装箱船双向/单向通航标准拓宽广州港深水航道,以及加快南沙港区集装箱三期工程、粮食及通用码头等十大专业码头的建设,争取实现"再造一个新广州港"和发展成为国际航运中心的目标,并与香港航运服务业合作,强化广州港口综合配套服务能力。③优化调整广州铁路枢纽布局,加快推进京港、沪深、南广和贵广4条高铁线路的建成开通,以及广深港、广东西部沿海高铁等线路的建设,使铁路承担客运量由现在的75%提升到90%以上,释放现有铁路的货运能力,增加部分线路沿线货运列车的开行对数。

2. 推进"海陆空"三港联动,打造"多式联运"体系

海港作为多种运输方式的交会点,是人、财、物以及信息流等各种流态最大限度的集散平台;空港航运能够为客户提供全球的速达;铁路能够提供快捷和大运量的递送能力;公路则有"门到门"的便利性。因此,国际物流运输业发展的趋势,就是综合发挥各种运输方式优点,打造相互衔接的"多式联运"体系。广州非常幸运地拥有海、陆、空三港齐全的优越地理条件,尤其是"河海连通"的天然优势,更是打造"多式联运"体系的先天条件。重点有4个:①按照"三港联动、海空衔接、水陆联运、拓展公路、完善铁路、站场配套"的总体思路,以海、空两港为核心,依托珠江水系、珠三角高速路网和城轨网,以及京广、京九和沿海高铁等大动脉,构建全方位和多层次的"多式联运"体系,辐射带动广大腹地。②尽快启动南沙港区疏港铁路项目,打通华南、西南及省内(特别是珠三角西部)的海铁联运通道,推进广州港与珠江水系航运密切对接,形成高效快捷的江海铁联运系统。③改善广州北站与白云机场的连接通道,配合城轨、地铁及高/快速路建设,实现北站与机场的无缝对接,以及通过铁路及高/快速路网等联结实现空港(机场)与海港的"无缝"衔接。④加强与三大内陆战略腹地各个城市的合作,推动内陆城市"无水港"建设,形成广州与腹地的多级联运综合航运体系,提高港口通过能力。

3．强化信息港地位，打造"四港一体"大通道

随着经济发展日益转向以知识为主，城市也逐步向信息与知识生产、使用和集散的中心转变，信息化、网络化成为中心城市发展的内在要求。广州作为国家中心城市更要强化信息网络枢纽节点的地位，并与"三港"融合打造"四港一体"的辐射大通道，以充分发挥辐射带动作用：①加大信息基础设施建设的投入，切实推进光纤到户工程、"无线城市"工程和三网融合工程等信息基础设施建设，消除制度性障碍和扩大覆盖面，建设国际领先、大容量及高可靠性的基础信息网络体系，提高广州信息化水平。②加快高性能云计算中心、超算中心和海量信息中心的建设，建立城市智能监控中心和电子政务云服务中心，推动城市智能化管理和依托媒体平台打造辐射全国、影响世界的信息辐射源，强化国际信息资源配置能力，在国际信息与传媒网络中形成广州信息链，提升广州信息辐射力。③发起与周边区域及战略腹地等建立信息资源合作开发利用联盟，加强信息资源的共享和合作开发，推广信息技术在城市管理、交通管理、社区服务及商业领域等的广泛应用，大力发展电子商务，联合建设面向全球的大型国际电子商务平台，促进区域信息资源产业化和数字内容产业的发展。④引进国际信息服务高端产业和先进技术，开展国际合作，积极参与国际性信息活动和标准制定等，扩大广州在国际信息化发展中的话语权，发挥广州中心城市在信息化发展中的辐射作用和影响。

（八）打造文化都市，增强文化输出功能

经济与文化是密不可分的，发挥中心城市辐射带动作用不仅要有足够的经济能量，还必须在文化（包括科技、教育等大文化概念）输出上有足够的影响力，能以自己独特的文化魅力和整个城市的文明程度吸引、辐射和带动广大的地区。广州的有利条件是历史文化底蕴深厚，有众多的文化组织机构和各种较高素质的文化人才，有发展文化

产业的市场氛围和环境；而广东及周边省区基本都属于或受其辐射影响的珠江文化流域，与岭南文化有共同的特质，有利于构建"广府文化圈"，进而辐射和影响海外战略腹地。重点有 3 个方面：

1. 充分挖掘广州深厚的历史文化内涵与底蕴

广州素有"四地文化"① 之称，可见其文化历史积淀的深厚和宽广，然而如前文所述，文化输出缺失在于文化"软实力"的不足。加强广州文化"软实力"建设核心之一，是要充分挖掘广州深厚历史文化的内涵和底蕴：①要重视城市历史文化的保存。广州是拥有 2 200 多年建城历史的国家级文化名城，不仅有各种古代及革命历史文物、名人故居、建筑遗址等，更有近现代工商业的历史建筑、城市街区、纪念堂等，重要的是这些实物背后积淀的历史、文化传统，体现着这座城市的历史和时代精神，要尽量保留其原生态，避免这些不可再生的宝贵财富在城市发展过程中被毁弃。②组织人力、物力对城市历史文化进行深入挖掘和研究，包括对市民生活方式、习俗历史（包括对市民档案、实物等的收集整理等）的研究。只有深刻认识和理解了城市历史文化的内涵，才能谈得上传承和发扬，才能开发和利用深厚的文化底蕴，才能体现城市的时代精神，才能建立起有魅力的"广州文化"品牌，才能真正形成广州文化的"软实力"。③学习香港对历史文物、建筑设施等"活化保育"的经验做法。这样不仅打造有商业价值的旅游景点，还是真正造就有文化创意和独特魅力的城市品牌，凸显广州中心城市的文化形象。

2. 加大硬件投入及配套软件，打造"文化都市"

在每年固定资产投资和城市地方财政支出中，加大对文化硬件设施及其配套软件等的投入。如前文所述，广州的人均文化建设投入和消费支出水平，不仅逊于北京、上海两大都市，也不及省内的深圳，

---

① 即"古代海上丝绸之路发祥地、岭南文化中心地、近现代革命策源地和当代改革开放前沿地"之称。

更远低于香港及国际先进大城市的水平，需要大幅提高投入水平以形成对周边区域的示范带动效应。重点在于：①未来三年，逐年提高每年全市固定资产投资中对文化（包括体育）行业的投资比重，提高至3%以上，增加对公共文化设施尤其是公共图书馆、博物馆、文化馆、少年宫、社区文化中心（包括运动场所）等基层文体场馆和基本设施的投入。②未来3年，逐年提高市地方财政预算内支出中的文化体育与传媒经费比重，提高至6%以上，用于增加对公益文化（体育）事业、惠民演艺活动、纯文学创作、美术创作（城市雕塑）、地方戏（曲）剧、群众文艺、体育健身以及艺术普及教育、人才培养等的支持和扶助。③完善现代公共文化服务体系的建设，建立公共文化服务协调机制，统筹协调全市公共文化服务的重大事项，如打造迎春花市、龙舟竞渡、波罗诞、沙湾飘色等若干具有浓郁岭南特色和重大国际、国内影响的文化活动品牌，创新广州文艺、体育等社会奖项的评奖机制，完善城市历史文化遗产保育管理体制等，打造"大广州文化都市"。

3. 注重文化输出功能培育，扩大辐射影响力

文化输出就是输出具有广州特色的各种文化理念、艺术形式及文化产品（包括各种有形或无形的文化产品、服务等），传播广州作为国家中心城市所代表的中国特色社会主义核心价值观念和具有地方特色的生活方式，以"广州文化"品牌辐射带动周边地区及影响世界的一种文化"软实力"。重点有3个：①整合广州市属国有文化企业资源，首先是新闻出版和广播电视，其次是主要的文艺演出团体，应结合市属国企的重组改革，组建三四家大型国有文化（或演艺）企业集团或国有文化资本经管公司，发挥国有文化企业在广州文化输出中的引领作用。②推进广州市属媒体实施全媒体发展战略，扩大新媒体覆盖面和影响力，加强与中央、省驻广州传媒机构的协作，共同构建大广州现代传播体系，把握正确的舆论导向，向全球推介和输出广州文化。③推进广州文化体制全面改革，清除文化输出的障碍，包括政府职能转换，由办文化向管文化转变，并试行文化管理的"负面清单"模式，

要创新文化投资体制，实现投资主体多元化，支持各种形式的中小微型文化企业发展，拓展文化输出的广度和深度，推动文化产业结构调整，规划建设若干重大文化功能区，推进文化输出与科技、金融、旅游、体育等融合发展，如创建"广府文化旅游区""文化输出与科技产业出口融合发展基地"，以及在南沙建设"穗港澳文化产业合作实验区"等，完善对外文化交流机制，全方位地推动广州文化输出。

（完稿于 2013 年 12 月，后对部分内容增加了注解）

附　录

试论发挥广州经济中心作用的若干问题

广州是我国南方的门户、华南地区最重要的大城市和主要港口，历来是广东省和华南地区的经济中心。随着我国经济建设事业的发展，在中央批准广东省执行"特殊政策、灵活措施"的有利条件下，如何深刻认识并发挥这个经济中心的作用，其意义是不言而喻的。

一

城市是社会分工和商品经济发展的产物。经济中心不仅是商品经济发达的标志，还是商品经济不断发展的强大动力，它既具有历史的必然性，又取决于自身的优越条件。广州作为经济中心，完全具备了这两个方面的因素。

第一，商品经济发展历史悠久，形成雄厚经济基础。

公元前 3 世纪秦始皇平定岭南，设置南海郡，广州作为首府，开始了正式的治理。至秦、汉后期，手工业和商业已经比较发达，广州与南洋诸国有了通商贸易来往。汉代史学家司马迁对此曾作过生动的描述："番禺（即广州的旧称——引者注）亦其一都会也，珠玑、犀、玳瑁、果、布之凑。"① 唐代以后，广州已成为中国最大的对外贸易港口，

---

① 《货殖列传》，见司马迁撰：《史记》，北京：中华书局 1959 年版。

其贸易额占全国的 90% 以上。宋代、明代时设置了管理对外通商贸易的机构"市舶司"。清代广州成为两广总督驻在地，1685 年设立了中国第一个海关——粤海关。

通商贸易活动极大地促进了广州经济的发展。1 000 多年前，广州的冶炼、丝织、陶瓷、漆器、雕刻、造船等就已较为发达，素有"盖天下产铁之区，莫良于粤"及"广纱甲天下"之美称，广州成为商品经济活动的主要地区。民国时期，我国经济虽沦为半殖民地半封建经济，但随着各帝国主义国家资本输出的增长，官僚资本投资于民用工商业、金融业，以及民族资本的发展，现代商品经济也有了一定程度的发展。广州逐步创办了一些近代的轻工业，修建了铁路、近代港口和造船设备等。1935 年，广州晋升为中央直辖市。在这期间，广州每年运销国内的货物总额在 1 亿元以上，在当时全国大城市中排第四位，成为我国主要的工商业城市之一。

但是，广州经济的真正发展是在中华人民共和国成立之后。广州从 1954 年起改为省辖市，作为全省政治、经济、文化中心的地位不断增强。到 1982 年年底已发展成为管辖 6 个区（包括郊区）和 6 个隶属县的华南最大城市。全市人口从中华人民共和国成立初期的 269.12 万人（包括区、县，下同）增加到 560.57 万人，其中市区人口 310 余万，全市城镇就业人数占非农业人口的 69.7%。[①] 30 多年来，国家投资兴建了一大批较为现代化的机电、化工、电子、冶金、轻工等大型企业，使广州拥有了一定的重工业，并形成了较齐全的轻纺工业生产体系，成为全国主要轻纺工业生产基地之一。全国 164 个工业门类中，广州拥有 147 个，新建了河南、员村、黄埔、芳村、西村等多个工业区，1982 年全市工业企业数已发展到 3 588 户，工业总产值 104.56 亿

---

① 本文所用的有关数据，除注明外，均来自广州市统计局、广州市委研究室编的《广州市国民经济基本情况统计资料》以及广东省统计局和广州市统计局 1982 年、1983 年的统计公报。

元，占全省工业总产值的 38.42%，比中华人民共和国成立初期增加近44 倍。在全国大城市中，广州的社会总产值、国民收入、社会商品零售额、进出口总值等均已居第四位，仅国民收入就占全省的 21.92% 和华南地区的 15.57%。科学、文化教育事业也有了较大的发展，其中高等院校达 18 所，比中华人民共和国成立初期增加了一倍以上，占全省高等院校的 55%、华南地区的 37%，科研机构已发展到 159 个，共拥有近万名高校教师和3 000 多名科研人员。因此，广州自然成为华南经济中心。

第二，地理环境优越，具有得天独厚的发展条件。

广州所在的珠三角地处亚热带，由西江、北江、东江冲积而成，濒临南海，光照充足，热量丰富，气温宜人。全年日照时数为 1 900 ～2 200小时，总辐射在 120 ～130 千卡/平方厘米，平均气温21 ℃ ～23℃，无冰无雪，霜期极短，日平均气温 ≥10 ℃ 的连续积温为 7 458 ℃ ～7 989 ℃，持续期为 310 ～360 天，年平均降雨量为 1 600 ～2 000 毫米。整个三角洲水网密集，承受总水量约 3 200 亿立方米，为黄河流域的 6 倍多。这样丰富的光、温、水资源是得天独厚的，珠三角是具有特殊价值的农业区，以全省 29% 的耕地面积，提供了一半以上的商品粮，粮食商品率达 35%，保证了广州市数百万人口和其他中小城市居民的粮食供应。糖产量占全国的 1/4，生产了全省 95% 以上的蚕茧，又是全国最大的淡水鱼养殖基地，商品率高达 80% 以上。[①] 丰富的农副产品为发展工业和外贸出口提供了重要的基础。

广州正位于这个三角洲的北部，坐落在珠江三大支流东江、西江、北江下游汇合的出口要冲，直通南海，有非常便利的海运条件和良好的港口，每年黄埔港和广州港的吞吐量 2 000 多万吨，占全省主要港口吞吐量的 64%、全国的 10%，其中黄埔港吞吐量居全国港口第四位；

---

① 参见暨南大学东南亚研究所胡一声、刘永焯的《珠江三角洲资源与发展》。

以广州为中心的珠江水系内河航运网，流经全省，与省内100多条河道相连接，通达云南、贵州、广西、湖南、江西5个省区。广州又是京广、广三、广深3条铁路的交织站，是连接省内港口、码头、公路等运输网的枢纽站。广州更是全国航运网的三大国际机场之一，拥有30多条航线，通航全国各大城市和国外城市。总之，广州是名副其实的交通枢纽，条件极其优越。而且广州毗邻港澳，距香港仅140余千米，连接两地的深圳又是全国最大的经济特区，这是广州优于国内其他沿海城市或经济中心的独特地理环境条件，十分有利于吸收外资及发展对外贸易。

　　毋庸置疑，上述特点使广州在全省以及整个华南地区国民经济的发展中具有举足轻重的地位，而且比国内其他经济中心更具直接面向国际市场的特殊性。

　　二

　　据此，我们认为广州作为经济中心可以有3个方面的作用：

　　第一，生产中心的作用。

　　这不同于过去我们把中心城市仅仅看成生产基地的狭窄定义，而是指城市作为组织专业化协作生产的据点，推动经济联合，组织各种形式的经济联合体的广泛意义上的生产中心，即有较强的经济综合功能，可以创造较高的劳动生产率。现代经济中心必须是这样的工业生产中心，没有强大的工业作后盾，单靠商品贸易是不足以形成大的中心城市的。广州的工业生产能力约占全省的40%，生产集中、部门齐全、分工发达、技术先进、名牌产品多，许多企业是本行业的骨干企业，经济联系广，其经济综合功能就表现在它本身最需要也最有条件规划与组织专业化协作和经济联合，形成强有力的生产中心。这有利于打破部门、地区界限，使各类企业根据经济合理的原则形成新的体系，也有利于发挥广州的技术优势，促进技术改造，扩大名牌产品的生产，提高整个地区的科技水平，从而获得时间、空间、技术和聚集的经济效益，创造出较高的劳动生产率，使产品具有较强的市场竞争能力。

第二，商品集散中心的作用。

经济横向联系广泛，可以影响和带动周围地区的发展。由于广州是生产和消费集中进行的场所，购销活动必然频繁，市场容量大，加上便利的交通条件，自然成为全省乃至华南地区的商品流转和物质集散中心。1982 年广州商业部门国内纯购进总额为 30.19 亿元，国内纯销售总额为 40.30 亿元，购销总额达 70.49 亿元，占全省的 18.85%；社会商品零售总额则占全省的 20.74%，且社会商品零售总额与工农业总产值的比例为全国之冠，高达 35.38%，充分显示出其在经济流通中占有的重要位置，从而使广州经济具有高度的开放性。广州的经济活动多以交换和服务为目的，既具有强大的凝聚力，可以吸引并高度集中人力、物力和财力较快地发展本身建设，又有广阔的辐射力，通过反馈作用把凝聚起来的力量向其周围地区辐射，带动它们的经济发展，由近及远地形成一定层次的经济圈：第一层，由广州周边的郊县到整个珠三角一带，这将直接促进该地区 10 多个县市的农副业、社队企业等迅速发展和中小城镇的建设，形成较牢固的经济关系；第二层，以粤、港、澳之间由深圳、珠海等经济特区为纽带联结的经济协作、经济联合为中心，带动全省经济发展；第三层，溯西江而上达梧州、贵县、南宁，向北则扩大到湘南、赣南、云贵一带，东连福建，通过与这些区域中心城市之间的联结，形成整个华南地区的经济网络，为面对国际市场的激烈竞争做好坚实的经济后盾。

第三，外贸中心的作用。

即作为对外经济联系的"桥头堡"，统筹整个经济区的对外经济活动。首先，可提供完整的服务系统和基础设施，广州作为特大城市，拥有华南地区最完备的机场、港口、码头、仓储、运输以及商业、宾馆、酒店等一切开展对外经济活动必备的设施和服务系统，这是目前省内及华南地区其他城市都比不了的优势条件，可提供最优良的商业服务。其次，运用广州具有金融、商情、信息等中心的优势，当好全省及华南地区现代外贸工作的"总参谋部"和"作战部"，提供商业信贷、情报信息、研究咨询等服务，为本地区的对外经济联系"铺路搭桥"。最后，是组织、协调的平衡手段，可根据本地区的条件、能力，牵头组织引进外资，全面实行"以进养出"方针，大力增辟外贸渠道，使广州以外经贸为导向，逐步形成一个对国际市场需求能及时反应的经济结构，带动地区国民经济的发展。

三

如何发挥广州经济中心的这些作用？无疑首先要改革当前的经济体制，这已为广大经济学界所认识，并提出了许多改革设想，无须赘述。笔者仅拟就当前如何发挥作用的一些实际问题提出想法，以期能供有关方面参考。

第一，解决交通运输问题是当前发挥广州经济中心作用的关键。

这首先要从广州的能源条件谈起。广州地区一次能源自给率只有2%，所需能源的98%要由外地调入，在20世纪90年代末南海油田充分开发之前，这个状况不会有太大的改变。而据有关部门估计，仅广州如果要在2000年实现工农业总产值翻两番的目标，就要求能源的增长为1.6倍以上，而外地能源（主要是煤）的调入主要依靠铁路运输，全年货物到发量中，能源占36%。而京广线广州至衡阳段的复线建设，目前受坪石口影响造成极大的障碍，这里素有广东与内地通衢的"瓶颈"之称，通过能力低，每年约有600万吨货物不能运进，100万吨货物不能运出，严重卡了经济发展的脖子，是一个很大的制约因素。不仅能源如此，还影响到其他商品的集散。近几年来，铁路货物到发量的实际增长都不大，甚至还略有下降，据广州地区所在的东、南、西、北站及天河、黄埔、石围塘、石牌、江村、吉山共 10 个站的统计，到达量从 1978 年的 1 009 万吨下降到 994.01 万吨，发送量从 492 万吨下降到 432.86 万吨，到发量减少了 74.13 万吨。内河航运因珠江水网日渐堵塞，近九成内河航道不通畅，全市航运部门仅拥有 12 万吨运力，1982 年总运输量比 1978 年减少了 195.98 万吨，其中货运量减少了 186.54 万吨。

广州地区公路建设也呈减缓状况，现全区 4 615 千米的公路中有 62.3% 是"文革"前修建的，期间平均每年新建公路约 150 千米，年均递增率 16.98%，"文革"中减少为每年新建 112 千米，年均递增率降为 3.11%，而 1977 年至今，每年仅新建 84 千米，年均递增率降为 1.95%。况且区内公路大部分为中华人民共和国成立前以民办形式和中华人民共和国成立后以"民办公助"形式修建的，技术标准低，57.84% 是等外公路，等内公路中仅有 43 千米符合二级标准，其余是三、四级公路，技术状况差，高级及次高级路面仅占 14.4%，通过能力相当差，即使主要公路的平均车速也只能勉强达到四级公路的设计时速。从货运情况看，市交通运输局 1982 年的载货汽车和挂车虽然比 1978 年分别增加了 4% 和 30%，但货运量从 1 037 万吨下降到 654.83 万吨，减少了 37%。如果考虑到这几年工农业生产不断增加，那商品货物在各地的大量积压就不难想象了。这说明，尽管广州在地理上有很好的交通运输条件，但这一优势并未能充分地发挥出来。故当务之急是必须下决心大力解决交通运输问题，这是能否发挥广州经济中心作用的关键。

①首先加速京广复线的建设，力争在"六五"期间实现全面通车，变"瓶颈"为通途，解决南北大动脉的畅通；其次争取完成三茂线和广深线的复线建设。

②成立珠江内河航运指挥部，打破原来各自为政、条块分割的局

面，实行统一规划开发，疏浚航道，加修码头泊位，增加吞吐量，充分发挥水路运输能力，振兴沿海和内河航运事业，促进南北物资交流。所需投资除争取国家投入和地方自筹外，可考虑以优惠条件引进外资合作进行开发，组建合资、合营或独资的运输船队。

③大力扩建广州地区和省内的公路网。特别要考虑"门到门"的公路运输将后来居上并占据运输的主导地位这一趋势，这早已被国外现代运输发展过程证明。美国、日本和西欧公路货运比重从 20 世纪 70 年代起已达 80% 以上，苏联的公路运输发展速度也远高于铁路和水运。① 广州地区 1981 年的交通货运量中，公路已占了 60% 以上，在一定区域的运输过程中，公路运输这种主导作用更是显而易见的，这无疑是广州地区解决运输问题的方向。近期内应首先抓紧广、深、珠高速公路网的建设，这对发展整个华南经济区的第一、二层次将起到催化作用，同时组建大型运输车队，实行专业化运输，逐步取代目前各个企业自组车队、单程放空浪费运力的现象，并推行高速化、重型化运输车辆，淘汰低速、小吨位的货运车辆，既能减少社会车辆拥有量，又可使机动车辆的社会经济效益得到进一步发挥。

④在上述基础上，成立广州水陆联运协调调度中心，以更好地发挥广州作为经济中心的运输经济综合效益。

第二，从调整工业结构入手，发挥轻纺工业的优势，建设节能型工业体系，促进对外贸易和带动南方经济。

这关系到广州工业发展方向和整个华南地区建设什么样的工业体系的问题。广州的工业门类虽多，但轻工业最发达，历史上"广货"就素负盛名。尤其中华人民共和国成立后新建了相当一批大型轻工骨干企业，如罐头厂、绢麻纺织厂、手表厂、自行车厂、缝纫机厂等，已形成了一个行业较齐全、大中小结合的轻纺工业体系，各项主要综

① 《国外公路跃居运输主导地位》，《经济参考》，1983 年 7 月 15 日。

合经济指标仅次于上海和天津，拥有一批名牌产品，其中缝纫机、针织品、牙膏、蓄电池等产品产值占全国第二位，自行车占全国第三位，手电筒占全国总产量的 60%，制伞占全国出口总值的 50% 以上，并拥有一支善于仿制、创新的技术人员和熟练工人队伍。而重工业基本上是中华人民共和国成立后建设起来的，虽然已有一定的基础，但由于能源缺乏，交通运输也仍是薄弱环节，给重工业发展带来很大的限制。

从全省来看，各种矿藏资源也不是很丰富，但亚热带气候适宜发展经济作物，能够为轻纺工业提供丰富的原料。因此，发展轻纺工业占有绝对的优势，广州应该以此为重点，根据原有工业基础，在华南地区建立一个侧重点在轻工、纺织、食品、电子仪表、家电、日用化工、制药工业等方面，适度发展造船、建材、石化工业，并相应配套发展冶金、机电、化学工业等的轻型结构工业体系。从能源问题角度看，广州工业产值万元耗能指标，轻工业为 2.3 吨（标准煤，下同），重工业为 10.3 吨，不仅远高于轻工业，也高于国内其他城市平均 5~7 吨的水平。1980 年广州轻重工业产值比例为 64∶36，而消费能源比例则高达 28∶72，这样的结构对缺乏能源的广州地区显然是不适宜的。而且，目前发挥轻纺工业优势将大大促进外贸，因为广州地区的外贸出口中，轻纺产品占了绝对比例，1982 年广州轻纺产品出口收购总值约占全市出口收购总值的 70%。因此，只有从调整全市工业结构入手，改变为节能型、以轻纺工业为重点的结构，才能发挥广州经济中心作为全国轻工业生产基地、全省及华南地区轻工业生产中心的作用，也为广州未来发展更高技术水平的新型工业奠定基础。

①在调整目标上，第一步在今后 7 年内（到 1990 年），把广州工业的轻重结构调整为 70∶30。据统计，这样全年可节约能耗 44 万吨，约相当于广州现在全年所需一次能源总量的 1/10，如再把广州重工业的耗能指标降至全国平均水平，则可节约能耗 147 万吨，相当于目前的 3/10。第二步到 2000 年，轻重结构调整恢复到 1957 年 80∶20 左右的水

平，成为名副其实的轻工业基地。

②以发展名牌产品为中心进行产品结构调整，搞好产品的升级换代，向高、精、尖发展。制订行业发展战略规划，通过统筹组织专业化协作和经济联合，在提高质量的基础上扩大生产能力（包括部分重工业的转产和轻工企业的新建、扩建）；条件成熟的，组织专业化的联合公司进行生产，这样也有利于控制前不久出现的某些轻工产品盲目发展、重复建厂的倾向。

③结合调整对轻纺工业进行大规模的技术改造。由于国家给予轻纺工业的投资，历年来占同期积累额分别为一轻系统5.7%，二轻系统3.2%，纺织系统4.4%，使轻纺行业普遍存在厂房老、设备老、工艺老、产品老的问题，多为二十世纪四五十年代的老厂，危房一般都占厂房总面积的13%~16%，二轻行业全部设备中有30%需要淘汰，纺织行业中三四十年代的设备占了70%以上，甚至还有占织机总数5%的铁木织机在运转使用。因此当务之急，首先采取措施增加技术改造资金的投入，可考虑由银行牵头，组建技术改造基金会，通过多种形式把分散的社会资金集中起来，统一规划和重点使用；其次要积极利用外资，争取引进新技术和新设备；最后加快出台有利于促进技术改造的政策，如优质优价、优惠措施、减免税收等，促进轻纺工业技术升级换代。

④在调整中组建轻工工艺服务中心，把同类工艺如铸造、热处理、电镀等从"全能厂"中划出来，实行专业化、社会化生产，提高经济效益。

第三，组建现代化城市管理机构。

大城市面临的主要问题之一是改进管理。要发挥大城市作为区域性经济中心的作用，必须改进现行落后的城市管理方式、方法，才能使城市组织经济活动的职能充分显示出来。我们过去的体制只是按行政区划管理城市，人为割裂经济活动的内在联系和规律，结果除把城市的手脚捆死以外，就城市本身的管理来说，也是党政不分、政出多门，没有把城市作为一个系统来管理，表现在于：

①城市规划方案欠缺从总的综合整体来考虑，指导思想尚未能完全将广州作为华南经济中心这一目标进行设计。当然由于过去长期以来城市发展中的错误做法，在人们生活上欠账太多，现在重视这些细节规划是必要的，但也首先应该考虑在城市整体发展大的方面进行规划，如广州城区面积现只有54平方千米，与华南经济中心地位实在不相称，缺乏发展回旋的余地，难以合理安排工业区与各职能区的比例和布局，而在工业区划中，也需考虑工业用地与各行业间相对发展的关系等；又如在商业发展布局上，仅规划新建马路两旁建筑的首层设店的做法也欠妥，人们不可能都在延绵数千米的马路上逐店选购商品，这势必浪费时间与空间，而在街区规划中，虽预留了深入居民区的商业网点位置，这对解决居民日常生活是必要的，但远不能满足居民生活水平提高后日益增长的购物需求，需规划建大型的、相对集中和齐全的商业中心（shopping mall）才能解决。因此，广州还要有一个与其作为经济中心和华南地区开放的商品流通网络枢纽要求相适应的商业网群规划，才符合广州城市发展的需要。针对这个问题我们曾有过一些初步探讨可供参考。①

②市政事业〔包括通信邮电、供电、供（排）水、道路桥涵、城建园林、港口码头、文化教育、商业服务等，下同〕缺乏统一有力的管理，分属多个部门，各有各的系统，仅从广州市内长期解决不了"开膛破肚"式的挖路不止的现象就可见一斑。修建一条马路，光道路、供（排）水、路灯、电信、绿化等各项工程就分属城建、工交两大系统，由四个局、七八个公司分管，各有各的生产计划安排，难以实现协调施工，管理上也容易因政出多门而相互抵触。

③缺乏对城市管理的法律保障。近两年来，市政府虽已颁布了一

---

① 左正：《如何发展广州商业网点》，《经济研究参考资料》1981年第17期；左正：《关于广州商业网群发展的若干问题》，《哲学社会科学通讯》1981年第5、6期。

些单行的法律条例，但尚不健全，必须结合体制改革组建现代城市管理机构，统一管理城市事务，发挥城市组织经济活动的职能。故建议：

第一，动员专家和广大市民，对原有的城市规划进行深入讨论和修订，要充分考虑广州作为华南经济中心的地位及其应有的作用。首先要认真考虑现有城区面积的扩大发展，包括向哪个方向发展、以何种形式发展、发展到多大范围，都必须明确，这是发挥广州城市功能的基础；其次要从长远发展考虑城市的对外交通和市内的通勤安排，留足交通设施建设的用地，尤其是未来广州必须建设地铁（这也是世界上主要大城市解决交通发展的趋势）的前景；再次是要合理调整广州现有城市空间结构的布局，合理布局工业用地，划分不同的功能区域，特别是要考虑全市的商业网群和主要住宅区的分布，要把卫星城镇的发展和建设郊县副食品生产基地等考虑进总体规划中，通盘规划这些区域公共设施与城区的衔接；最后还必须注意城市规划与全市国民经济计划的衔接，要充分考虑广州社会发展的整体因素。

第二，撤销现有的城建局、园林局等繁多的机构，成立市政事务管理局，统一管理全市的市政事业和社会服务设施。管理局除保证必需的维护修理力量外，不再包括各个专业基建队伍，把这些队伍合并到建筑部门中去。今后城市开发建设的各项有关工程，应由社会上各种专业公司通过投标承包建设，由市政事务管理局统一监管，建成验收后统一经营，以完善的市政设施为城市发挥功能服务。

第三，尽快制定系统的城市管理法规，从法律上保障发挥现代城市管理的职能，并应考虑如何把城市的财政、税收等纳入城市管理工作体系中去，以财政、税收等经济手段支撑城市的建设、生产活动等，使城市经济社会成为有力的实体，才能充分发挥广州经济中心的作用。

（参考文献从略）

（原文载于《广州经济中心文集（中册）》第 99~112 页，作者：左正、李小明）

80 年代中获奖征文

广州与珠江三角洲区域经济发展战略研究[①]

广州——中国南方门户、华南地区最大的工商业城市、珠江三角洲经济区域中的明珠，是我国城市改革和对外开放的前沿，在我国有计划商品经济发展持续高涨的时候，如何把握机会、科学地制定其经济发展战略，是非常重要的。

要使广州在我国现代化建设中发挥更大的作用，必须运用区域经济的理论和方法，研究和探索一种能使广州在其所依托的珠江三角洲区域中协调发展的新形式，确定社会、经济的长期发展目标，实现生产力要素的优化配置，使广州及其所依托区域的经济得以持续增长。笔者试图依据现有资料分析，提出一些关于广州与珠江三角洲区域经济协调发展的战略构想，供有关部门参考。

一、广州经济发展分析

（一）广州经济发展值得重视的特点

中华人民共和国成立 30 多年来，广州经济发展是比较迅速的，工农业总产值平均每年递增 10.4%，各时期的平均递增速度见表 1：

---

① 本文为 1986 年笔者在读研究生期间，参加由广州市委政策研究室、广州市社科联、《广州日报》社等联合主办的"广州经济社会发展战略征文"的获奖论文原稿。本文的简写版本刊载于《广州研究》1986 年第 5 期，《广州日报》《羊城晚报》等媒体曾对征文活动及获奖论文作过报道。

表1　广州市各时期国民经济年平均递增速度

（单位:%）

	恢复时期	"一五"时期	"二五"时期	"三五"时期	"四五"时期	"五五"时期	"六五"时期	1981—1984年
工农业总产值	14.4	17.8	4.9	15.7	10.4	6.9	6.8	11.7
其中：工业	19.7	24.0	6.3	16.7	21.1	6.9	6.8	
农业	8.2	6.2	0.5	11.8	1.1	6.4	6.5	

资料来源:《广州经济年鉴1984》和广州市计委统计资料等。

分析广州经济发展多年来的历程，有3个值得重视的特点：

（1）工业生产除了20世纪60年代调整时期外，一直保持高增长的势头，每年平均递增12.1%，最高时曾达24.0%。多年来在"广州要建成为工业城市"这一总方针的指导下[①]，广州市形成了门类齐全的工业体系和较强的工业生产能力。50年代初期广州工业综合发展指数 $ID=0.5$ 左右，而1983年已超过0.98，这说明广州工业综合性程度很高，工业固定资产原值增长近60倍，现在每年工业产值相当于中华人民共和国成立初期的40多倍，在全国城市工业产值中排第五位，已成为华南地区最大的工业中心。但是，目前这个工业中心对周边地区的吸引力远不如北京、上海等城市，因为广州在强调工业发展的时候，忽视了城市功能的考虑，导致第三产业发展相对落后，未能提供优良的生产、生活服务，也制约了工业生产的进一步发展。

（2）商品集散流通活跃是广州发展迅速的一个重要因素。广州同国内外有广泛的经济联系，是全省和华南地区乃至全国相当一部分进出口商品的集散和流转中心，与110多个国家和地区的5 000多家客户

———————————

① 中华人民共和国成立后广州市建设方针有7次变化，但总的指导思想没变。可参见广州市社会科学研究所编：《广州经济中心文集（中册）》，广州：广州市社会科学研究所1983年版，第319页。

有贸易往来，每年"广交会"的成交额为 40 亿~50 亿美元，广州口岸进出口额占全国的 12% 以上。广州的商业机构同全国 28 个省、市的 500 多个二、三级商品批发站有调拨关系，广州工业产品有 70% 销往省内外，国内商品对流量占全市商品购销总额的 40% 左右。1984 年全市社会商品零售总额为 50 多亿元，占全省的 20% 以上，与工农业总产值之比达 36.8%，远高于全国平均水平。广州的工农业生产由于紧密联系着活跃的国内外市场，自然有较强的生命力，可以更多地借助对外经济联系的优势，利用外资和国外先进技术来发展。

（3）广州开始逐渐摆脱传统发展模式的束缚。这几年广州在城市改革中，以"搞活流通"为突破口，改革传统僵化的计划经济体制，大力发展商品生产和流通，适应对外开放，也使城市经济结构开始得以调整，见表 2：

表 2　广州市 1983 年国民经济结构的情况

（单位:%）

项目	第一产业	第二产业	第三产业
占国内生产总值比重	19.41	55.00	25.58
就业比重	40.40	33.31	26.29

资料来源：据《广州经济年鉴》1984 年和广州市统计局资料等整理计算。

1980—1984 年全市国民收入年均递增速度达 10.1%，仅比同期工农业总产值年均递增速度低 1.6 百分点左右，经济运行机制发生了显著变化：一是价值规律对社会主义经济的调节作用得到肯定，僵化的城市体制开始活起来，1985 年开始对广州实行计划"单列"，更给广州经济发展赋予了活力；二是企业自主地位开始得到承认，调动了微观经济的积极性；三是城市功能逐渐为人们所认识和重视，城市发展格局出现了新的变化，第三产业呈现逐步增长的趋势。

（二） 发展中的矛盾

虽然广州的经济近年来取得了很大的发展，但深层次中一直存在的许多矛盾不但没有得到解决，反而越来越尖锐，主要有：

（1）城市环境日益饱和。广州是国内的老城市之一，几十年来城市基础设施没有多大改进，交通、水电、住房等设施都有很大的不足。改革开放后生产加速发展，流动人口剧增，不协调现象更显严重：①市区臃肿，全市74%的工厂、67%的铁路货物到发量、80%以上的汽车运输量、83%的城镇人口都集中在旧市区，市区人口密度大，每平方千米最少2.6万人，最高达5.4万人。②电力负荷严重不足，只及用户设备容量的20%左右，全市人均用电仅0.4度，民用煤气普及率不到4%，供水管网分布不合理，不少地段用水困难。③建筑密度大，市区建筑面积与土地面积比达0.5以上，比上海还高出10%。④市区道路长度、面积在全国十大城市中分别排在第10位和第9位，人均道路面积仅1.2平方米，不及全国平均水平的一半，而车辆密度高达每平方千米150多辆，市区公交车速度从1965年25千米/时降至现在的12千米/时，交通拥堵情况已成为广州城市交通管理目前最大的难题。

（2）生产经营粗放致经济效益不高。据资料分析，广州每万元工业总产值所消耗的煤、电、钢等数量多年来不仅没有明显下降，反而时有增加，有些行业仍进行浪费型的生产，经济效益很差。1984年全市工业经济效益十项指标总评55分，竟比上年减少了20分。从国营工业下列相对指标可以看到这个问题的严重性，见表3：

表3　全民所有制独立核算工业企业经济效益情况

（单位：元，1980年不变价）

项目	1965年	1970年	1975年	1980年	1981年	1982年	1983年
百元固定资产提供产值	205	233	208	168	171	166	171
百元产值占用流动资金	17	19	30	29	26	28	27
百元产值提供税利	15	14	11	12	11	13	12

资料来源：根据《广州经济年鉴1983》《广州经济年鉴1984》等整理。

这几项指标的变化，说明生产效率、资金占用、投入产出对比等各方面效果大大下降，企业每百元固定资产提供的产值、税利甚至低于60年代经济调整时期的水平，而定额流动资金占用增加了58.8%，新增固定资产交付使用率处于下降趋势：1957年为89.05%，1965年为88.89%，1980年为79.61%，1982年为73.87%。在轻工业使用原料中，农业原料比重始终大于工业原料，且从60年代以来一直变化不大。由于工业企业素质差，门类齐全但不利于专业化分工体系的形成，经济增长主要靠大量劳力和资金投入，势必造成集约程度低、劳动密集行业多、商品国际竞争能力低。

（3）资源供给薄弱，多方面束缚了发展。广州农业的自然资源条件虽然较好，但农业技术发展跟不上，基本属于自然种植，全市680多万人口中有57.9%是农业人口，农业商品率和劳动生产率都很低；工业资源则非常短缺，一次能源自给率只有2%，供电量只能满足60%左右，绝大部分原材料必须依赖外地；市区土地资源丰度低，在全国十大城市中排末位；人力资源供给不足，虽然广州已集中了全省科技人才的1/3，但与国内其他城市相比，显然数量、比重都不够，见表4：

表4　1982年广州与其他城市科技人员情况比较

城市	广州	上海	厦门	常州
科技人员数（人）	52 655	280 000	9 900	8 000
占总人口比重（％）	0.94	2.33	1.03	2.85

资料来源：根据《广州经济年鉴1983》相关资料整理计算。

这仅仅是潜在的可能优势而已。由于旧体制造成科技与经济、生产脱节，科技人才不能充分发挥作用；目前市区人口就业率已达到65.5%，今后市区劳动力尤其是熟练劳动力不足的问题将会逐步显现，一方面容易导致市区人口控制目标与经济发展的摩擦，另一方面会导致工资费用提高，虽然会扩大消费、刺激生产，但也会带来成本增加及影响吸收外资等不利因素。

（三）小结

总之，广州经济发展从内部条件看是大有潜力的，但发展中的矛盾等制约因素在城市范围内不易解决，如何才能使广州经济保持持续的增长？解决矛盾的出路何在？过去人们常常忘记把它放到一定的区域内考虑，解决问题十分困难，如果把广州的发展与珠江三角洲区域经济联系起来，许多矛盾就可以找到解决方法。

二、广州的发展与珠江三角洲

（一）区域环境

优越的地理环境是城市发展的前提。世界上许多大河三角洲都成为各国经济繁荣、科学发达的中心。广州过去的迅速发展，实际也是基于珠江三角洲这一区域特有的自然、经济、历史等条件的。

1. 珠江三角洲自然、地理条件

珠江三角洲位于珠江下游入海口，范围由于划分标准不同而不一[①]。广义的珠江三角洲以高要（西江）、清远（北江）、惠州（东江）为顶点；狭义的珠江三角洲有"大小三角"之分，笔者所论述的珠江三角洲区域是一般所说的珠江三角洲，即西起三水，东至石龙，南至崖门，即"大三角"，范围包括广州、佛山、江门、中山、东莞、珠海、深圳 7 市和南海、番禺、顺德、从化、花县、增城、三水、高明、鹤山、恩平、开平、台山、新会、斗门、宝安 15 个县的全部或部分，以及香港、澳门地区，面积 1 万多平方千米。1985 年中央确定的珠江三角洲经济开放区包括上述范围中的 16 个市县，大致相当于"小三角"范围。

珠江三角洲原是一个多岛屿的古海湾，湾的西、北、东三面被古兜山、罗浮山等断续的山地和丘陵环绕着，由于西、北、东三条河流夹带的泥沙在湾内不断堆积，逐渐形成了三角洲平原，一些岛屿成了平原上散布的山丘，现在三角洲的前缘还以平均每年 10～15 米的速度向海洋推进，但海湾还没有完全堵塞，珠江口仍呈现着漏斗状的形态。这个三角洲以珠江口至狮子洋为界，分为西、东两个部分，西部面积较广，边缘有海拔 20～45 米的台地分布及一些山地、丘陵散布，东部面积较少，为典型的三角洲平原。

这个平原地处亚热带，濒临南海，气候条件优越，水网密集，承受水量为黄河流域的 6 倍多，有丰富的光、温、水资源，得天独厚，形成了具有特殊价值的农业区，经济作物商品率高达 80% 以上[②]，丰富的农副产品为发展工业和外贸出口提供了重要基础，而正值开发的储量丰富的南海油田更是这一区域经济的坚实后盾。

[①] 参见《中国地图册》，北京：地图出版社 1966 年版，第 23 图及文字说明。
[②] 参见胡一声、刘永焯编著的《珠江三角洲资源与发展》。

2. 广州的自然优势

广州正处于这个三角洲的北部，坐落在珠江3条支流下游汇合的出口要冲，直通南海，兼有海河之利，有非常便利的海运条件和良好港口，目前每年的吞吐量已达3 500万吨（包括货主码头），预计可发展到1亿吨以上，与五大洲20多个国家和地区的500多个港口通航，又有珠江水系内河航运网，航道里程有8 000多千米，可通达云、黔、桂、湘、赣；陆地有京广、广深、广三3条铁路线在广州交织，与全国铁路网联结；公路网以广州为中心，连接全省陆地的全部县城及广西、福建、湖南、江西等地；航空有全国三大国际机场之一的白云机场，通航26条国内外航线，是名副其实的交通枢纽。广州距香港仅140余千米，连接两地的深圳又成为全国最大的经济特区，这更是广州优于其他沿海开放城市或经济中心的独特的发展条件，可谓"优势叠加"。

但广州这种优势发挥得并不充分，世界各国普遍利用临海沿河发展城市经济，如日本的"三湾一海"大规模城市群等，综观世界的河口港城市，向下游及河口发展几乎可以说是一种规律，广州黄埔港新沙码头就建在下游河口的东莞境内。将来珠江沿岸地区必然是广东省经济的重点发展区域，广州理应沿江顺狮子洋、虎门延伸，但实际上，广州现在的行政区划一方面是郊县太少，回旋余地不多，西面一过珠江大桥就不属于广州管辖范围，另一方面却是"弃河上山"，向新丰、龙门、清远、佛冈等东北山地一隅发展，这从战略上看，不能不说是下策。其实广州许多厂房、仓库、码头，甚至宿舍等早已分布到东南一带市县如南海、东莞等地，但由于不同行政区划，从而带来了很多问题，影响了经济发展和建设。

（二）相互依存关系

广州经济发展对珠江三角洲区域的依托主要表现在该区域为广州的工业发展提供粮食和原料。珠江三角洲以全省29%的耕地，提供了全省一半以上的商品粮，保证了广州数百万人口和其他中小城市的粮食供应；蔗糖产量占全国 1/4、蚕茧占全国的 95% 以上、水产品占全国的 40% 以上（其中塘鱼占全省的 80%）、肉猪占全国的 1/3 以上，还有大量果茶、花卉等经济作物和矿产品、建筑原料等。同时，这个区域又是广州工业产品的重要销售市场，仅"小三角"开放区的 16 个市县，就拥有年社会商品零售总额近 65 亿元的巨大消费品市场和每年 10 亿～15 亿元固定资产投资需求的生产资料市场，广州除了可为各市、县、乡镇工业提供工业设备和原材料外，在调出的消费商品中，有相当一部分也是流通到这一区域各市、县进入最终消费的。

珠江三角洲经济的迅速成长反过来影响着广州的发展。以珠江三角洲经济开放区为例，这几年发展的速度已大大快于广州，见表 5：

表 5　广州与珠江三角洲经济开放区 16 市县 1979—1984 年经济增长速度对比

（单位:%）

地区	工农业总产值增长速度	工业总产值增长速度	农业总产值增长速度	外贸收购总值增长速度	社会商品零售总额增长速度
广州	10.2	9.8	8.4	12.6	19.8
珠江三角洲经济开放区	14.7	16.5	12.0	14.8	17.6

资料来源：据《广州经济年鉴 1984》《广东统计年鉴 1984》等整理计算。

其特点是，在农业生产发展基础上，以乡镇企业为代表的农村工业大发展，使经济结构发生了深刻的变化。目前，在珠江三角洲经济开放区，乡镇企业总收入已占工农业总产值的 32%，工业产值则占社会总产值的 56%（工农业产值构成为 64:36），在这一地区的出口产品构成中，工业产品比重已上升到 55.9%，农副产品比重下降为 44.1%，工业已明显占据了先导地位，这反过来又推动了农业内部结构调整和向工业化生产发展，农业部门每年平均增速比全省（平均 9%）高出 3

百分点。

　　珠江三角洲区域内第一、第二产业的协调发展，不仅推动了第三产业发展，还对广州这个中心城市提出了新的要求，它不仅向广州输出粮食、原料，也输出产品——家用电器、服装、食品、饮料等，这些产品逐渐进入了广州的消费品市场。反之，它从广州输入的消费品却逐年下降，区域内各地区越来越多地要求广州给它提供设备、技术、工业原料等，也要求广州能为珠江三角洲发展提供人才、信息、技术、咨询、流通等各种"软科学"产品，真正发挥其中心城市的辐射功能。

（三）历史的回顾与考察

　　珠江三角洲自古以来就是浑然一体的自然经济区，广州的发展在其漫长历史中就与这片区域有着共同繁荣、互补不足的关系，多年来形成的经济联系可以说是唇齿相依、息息相关。但历史上广州并不是一个以生产为主的城市，19世纪以前，该地区的生产（主要指手工业）中心是在佛山——历史上的四大名镇之一，中国第一家民族资本主义近代机器工厂也是在佛山附近的南海西樵开办的，广州当时只是佛山和全国的"门户"，一个纯粹的贸易口岸，主要发挥对外通商作用，实际上就是一个商业集散中心。19世纪以后，外贸发展使广州日渐繁荣，而随着外国资本主义入侵，开始出现近代工业，其生产发展规模最终超过了佛山并取而代之成为华南地区最大的工商业中心。其时新兴的香港则成了广州的"门户"，人们习惯称之为"省港"，广州、香港的地位代替了过去佛山与广州的地位，奠定了两地在联结珠江三角洲区域经济中的依存关系，英国殖民者曾想把香港经营为华南经济中心，以此取代广州来控制以珠江三角洲为中心的广大地区，但一直没能成功。

　　中华人民共和国成立后，广州与香港的联系尚存若离。在计划经济体制下，广东逐渐建立了相对独立的工农业生产体系，形成了一个封闭的内向型经济，由于管理体制的变化，广州与珠江三角洲内各城镇、农村在经济上的联系反被削弱了，各自孤立发展，这对广州与珠江三角洲乃至全省及华南地区的经济都是一个很大的损失。

随着我国对外开放政策的贯彻，珠江三角洲区域经济面临从封闭的内向型经济向开放的外向型经济转轨，香港虽即将回归祖国，并已发展为国际金融中心，但不可能取代广州的地位，除"一国两制"因素外，还由于其经济结构相对单一，当然它也不会再仅仅充当"门户"角色，因为其将能发挥更大的作用。广州的经济结构毕竟较具综合性，对周边地区有较强的吸引力和辐射力，今后发展潜力也很大，加上历史上与珠江三角洲天然形成的经济联系，因此其仍会作为华南经济中心而存在。"省港"可以携手合作共同为发展珠江三角洲区域经济而努力。

（四）小结

广州今后将更需要依托珠江三角洲来发展自己，要更多地通过经济的办法加强与这一区域的联系，要通过向区域扩散传统工业、转移技术、建立各种生产基地的办法解决广州发展空间狭窄的问题，而珠江三角洲的发展也需更广泛地利用广州中心城市的多元综合性服务功能。总之，广州必须同"洲"共济，在这片富庶的河网区域上一齐发展，才能扬长避短、共同繁荣。因此，建立以广州为中心的珠江三角洲经济区，就是制定广州社会经济发展战略首先要考虑的课题了。

三、经济区的前景

（一）目标模式

关于建立以广州为中心的珠江三角洲经济区的目标模式，近几年已有不少论述和建议。1985年中央提出要按"贸工农"方针调整其产业结构，有关部门也正着手进行规划。可以预料，这个经济区很有可能成为 21 世纪世界上最令人瞩目的经济发达地区之一。

根据中央由小到大、由点到面、先"小三角"后"大三角"、分步骤有计划安排的原则，我们综合各种观点，以"大三角"为发展目标规划范围，提出 20 世纪末这一经济区目标模式的初步设想：

（1）综合发挥区域的自然优势和长期以来形成的经济优势，建立"贸工农"型生产结构和以宏观间接调控为主的运行机制，形成区域一体化的商品市场，把市场经济和社会主义体制结合起来，使其成为我国南方对外经济、技术交流和进出口贸易的重要基地，力争比全国提前 5 年实现工农业总产值和国民生产总值的"两个倍增"，以及人民生活达到小康水平。

（2）建立传统技术和新兴技术、高技术相结合的复合式技术结构体系，实现生产力要素在区域内的最优化配置，争取在"七五"时期使重点工业行业和骨干企业的技术水平达到 80 年代初的国际先进水平，形成较为先进的加工制造业体系和合适的现代化农业生产方式。

（3）以对外贸易带动经济起飞，扩大出口、提高创汇是经济区的主要任务之一，力争外贸出口总值占工农业总产值的比重达到 15% 以上，要形成一批具有较强出口竞争能力的企业，建立若干个鲜活农副产品的出口生产基地。

（4）城市化水平是一个地区发展程度的重要标志，珠江三角洲区域原是全国城市化程度最高的地区之一，非农业人口比例达 30% 以上，接近于全国平均水平的两倍，要进一步加快这一进程，争取 20 世纪末在全国最先实现城市化，城镇非农业人口达到 40% 以上，略高于现在世界中低收入国家和地区城市化的水平[①]，使珠江三角洲率先成为我国内外交流、工农结合、城乡结合、人民安居乐业、现代化开放式的文明富庶地区。

---

① 参见《人民日报》1985 年 9 月 21 日关于《世界银行经济考察报告》的报道。

（二）经济区的特点

第一，以广州为经济区活动中心，以区域内佛山、江门、中山、东莞、深圳、珠海等中小城市为骨干，以各县及省确定的59个重点工业卫星镇为支柱点，大、中、小城市和小城镇相结合，建立紧密联系、相互配套、布局合理的区域城镇经济网络，根据各自优势及专业分工原则，分别形成各有特色的工业区，进行社会化、专业化大生产。

其中，佛山、市桥、新华应作为广州"卫星城"来建设，特别是佛山距广州仅20余千米，是目前区域内仅次于广州的第二大城市，工商各业和城市生活都与广州有千丝万缕的联系，也具有工业基础，若成为主要卫星城，则可分担广州相当部分的中心城市功能，成为广州西翼以纺织、陶瓷、制药、电子等为主的工业区，并逐渐把广州和佛山连成一片，在广佛公路两旁形成长达20余千米的"工业走廊"。

江门应和新会县城连成"双联"市，发展为珠江三角洲西部的副经济中心，建立以甘蔗化工、食品加工、轻工技术、化纤、家用电器为主的工业区。

东莞市区原莞城镇和石龙镇的建设也应连在一起考虑，发展成为珠江三角洲东部的工业中心，着重发展食品加工、美术工艺制品、轻纺产品以及为黄埔新港和广深铁路服务的仓储、运输业等。

深圳、珠海等新兴的特区城市，主要是引进、开发新技术，发展新兴产业和服务业。南海石油开发后，两市应建成为现代化的石油化工工业中心和后勤基地。

第二，对外经济活动是这一区域经济发展的加速器。要吸收更多的外资，引进更多的先进技术，发展更多的出口产品。只有加速技术进步，才能增强产品的国际竞争能力。要特别重视特区的"窗口"作用和广州经济技术开发区对开发新技术和改造老城区企业的意义。

第三，开放式和外向型的经济体系，是这个经济区的基本结构。

其作用在于以特区的外向型经济为先导，把全区组成一个开放式的经济系统，使对外引进和对内联合结合起来，通过特区—沿海开放城市—经济开放区—内地等多层次逐步发展，组成华南经济圈，让珠江三角洲在全国经济格局中发挥更大的作用。

这个经济圈的设想，可分为3个层次：以珠江三角洲经济开放区为第一层次，将形成较牢固的经济一体化关系作为核心；第二层次以粤、港、澳为支点，通过以特区为纽带联结的经济协作和联合，带动广东省经济的发展；第三层次溯西江而直上达梧州、贵县、南宁，向北扩展到湘南、赣南、云贵一带，东连福建，通过与这些地区的中心城市之间的联结，南临港澳，面对亚太地区，形成整个华南地区的经济网络，向国际市场迈进。

（三）两个阶段

要建立这样一个经济区，必须逐步改革现行的经济、行政管理体制，寻找一种有利于这一区域内中心城市与各市、县（包括特区）能够实现共同繁荣、持续发展的新管理模式，我们认为可以分两个阶段来逐步实施：

1. "七五"时期：过渡

从1986年起到1990年为过渡阶段，任务是"小三角"范围的规划和联合。但现在的珠江三角洲规划办公室只能就珠江三角洲经济开放区16个市县的范围进行规划，故应成立由广东省政府派出专门机构领导，由中心城市和开放区内各市县（包括特区）共同组成的"珠江三角洲经济区规划委员会"，重新规划和协调整个区域的发展。首先要把作为经济区中心城市的广州的规划与开放区规划衔接起来，特别是关系到珠江三角洲全局性发展的交通运输、能源开发及水利建设等的统一规划和综合管理。为此，应改变广州目前向山区发展的不合理行政区划，把不属于珠江三角洲范围的山区市、县划出，相应向西、南方向扩展，可以考虑将佛山、东莞两市和南海、三水、顺德三县划归广州市托管（代省管理），这样将更有利于广州的发展，从而更好地带动整个区域。

这一阶段的联合主要是组织和试办各种具有实质性内容的经济联合体——政企分家的区域性联合专业公司，使珠江三角洲的主要优势产业以广州、佛山、江门等主要城市为中心，逐步联合并逐个形成产、供、销结合的一体化经济组织，充分利用本地区的各种资源优势，合理布局，统一组织生产，发挥科技进步的作用，使区域生产力获得新的发展。

这些专业公司的产值、利润仍由参加联合的各市、县按比例分成，国家给各市、县下达的产值、利润任务继续保持不变，只是通过跨市、县联合的形式，统一规划各市、县的资源、财力、物力和技术力量，统一振兴开发优势产业，实现产值增益，在保证"小三角"地区 1990 年实现工农业总产值和国民生产总值"两个倍增"的前提下，为进一步实现区域经济的一体化打好基础。

2. 后十年：建成、起飞

从 1990 年到 20 世纪末为经济区基本建成和初步起飞阶段。把规划和联合的范围进一步扩展到"大三角"，并从规划协调向一体化的经济实体过渡。各联合专业公司的产值、利润从原来的市、县划出，由经济区统一结算，逐步走向政、经分离，建立经济区—市、县的统一财政体系，各个市、县政府主要负责城乡建设、文化教育、民众生活等社会管理事项。在这一基础上，进一步调整现在的行政区划，把现在珠江三角洲经济开放区中的各个市、县和两个特区统一过渡为省政府领导下的以广州为中心的"珠江三角洲经济（特别行政）区"（简称"珠三角经济区"），广州与各市县的托管关系改为由省授权的管辖关系，见图 1：

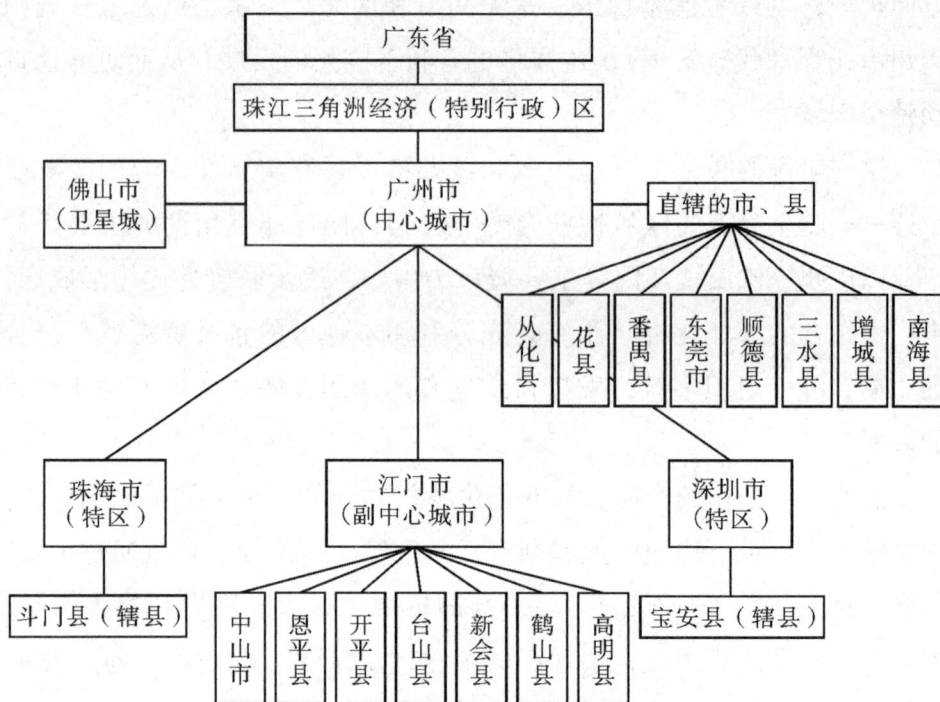

图 1 "珠江三角洲经济（特别行政）区"设想的区划架构示意图

上述设想可将经济区划、自然区划和行政区划统一起来，既可避免目前行政区划对区域经济带来的不利因素，又可发挥行政组织对区域经济的支持和保障作用，使全区域工农业生产可以在地方政府有效的调控管理下顺利发展，实现珠江三角洲工农业总产值和国民生产总值到 1995 年实现"两个倍增"的目标，并力争再提前。

（四）小结

珠江三角洲经济区的设立，可为将来省内进行经济区划奠定基础。如果我们将广东省按地理、自然历史条件划分为若干经济区域的话，除了珠江三角洲经济区外，其余大概可以分为以韶关为中心的粤北经济区、以湛江为中心的粤西经济区、以汕头为中心的粤东经济区，以及海南经济区。

珠江三角洲经济区正好处于这四个经济区域的核心,从而使全省经济格局形成一个合理的层次,以点带面,有利于经济开放地区发挥两个扇面的作用,有利于进一步扩大全省的对外开放和联系,更好地吸收西方有用的东西,把市场经济和社会主义制度结合起来,加快全省社会生产力的发展。这种综合性的经济行政区划是社会化大生产发展的必然趋势,符合现代商品经济的客观要求,将会给广州和整个珠江三角洲区域以及全省的社会主义建设事业,开创一个全新的局面。

四、发挥广州经济中心作用的战略对策

(一) 战略思想的转变

建立珠江三角洲经济区的一个关键是能否充分发挥广州经济中心的作用。就目前广州发展的状况来看,无论是自身优势还是中心城市的功能都发挥得不够,长期以来整个国民经济观念都只重生产,不重生活,所以造成城市基础设施落后、不足。不管广州今后经济发展潜力有多大,这些基础设施和服务部门与生产活动若不能协调发展,就必然会直接或间接地影响到城市本身的长期繁荣和发展潜力。

城市是人类文明的集合点,是一定区域范围内人类活动的中心,仅以工农业总产值的生产量来衡量城市的价值是不够的,特别考虑到广州不仅是一个经济中心,它还是全省的政治、文化等中心,这个问题就更为重要。

因此,必须实现广州发展战略思想的转变,要彻底改变过去单纯把城市作为一个生产工具的片面的指导思想,从追求产值增长速度转变为追求城市的社会经济综合发展,把速度、城市经济效益、市民实惠三者有机地结合起来,真正把广州建设成为一个现代化和高效率的经济、贸易、文化交汇中心,形成一个有独立建设系统、完善管理架构、良好服务设施、市民安居乐业的开放式社会主义特大工商业城市。

要实现上述的战略思想转变,广州就必须走一条新的发展道路,

要把发展第三产业，尤其是服务部门作为振兴广州经济的突破口，以此来促进调整广州原有的经济格局，实现广州产业结构的现代化和高度化，在确保城市基础设施、能源交通、商业金融、科技教育等部门先行发展的方针下，重点支持具有出口竞争能力的企业，发展高技术和新兴产业，为珠江三角洲区域经济发展提供更多、更好的服务，带动区域经济持续增长，并积极参与国际市场分工和竞争，使广州经济从以对内循环为主逐步转向以对外循环为主，引入更多的市场因素，使市场经济和社会主义体制结合得更好，更快地促进生产力的发展。

这个战略思想的转变，除了增强广州中心城市的功能外，对保证实现人均收入增长的目标也是有利的。中央提出要在 20 世纪末实现工农业总产值翻两番，人均收入达到 800 美元的小康生活水平①，即通过工农业总产值的"两个倍增"来达到人均收入增长的目标，这对于全国平均水平而言，就我国目前工农业净产值占国民收入比重达 86.3% 来说②，仍然是有意义的。但是，广州工农业净产值占国民收入比重在 1983 年就只有 71.5%，而其他部门带来的国民收入所占比重已高于全国平均水平，这从广州近几年来，工农业总产值增长与人均国民收入增长的速度对比中就可以看得很清楚，见表 6：

表6　工农业总产值与国民收入 1981—1984 年递增对比及预测

项目	1981 年	1984 年	1981—1984 年平均递增（%）	预测值	
				1993 年	1994 年
总人口（万人）	552.20	698.89	1.3*	785.04	785.25
工农业总产值（亿元）	109.73	152.80	11.7	413.89	462.01
国民收入（亿元）	58.90	78.50	10.1	186.60	205.47
人均国民收入（元）	1 067.00	1 123.24	1.73	2 376.95	2 583.72

　*本表中的人口增长速度已扣除新划入的清远、佛冈两县人口增加的因素。

　资料来源：据广州市统计局年度统计公报、广州市计委统计资料整理计算。

---

① 参见《人民日报》1985 年 9 月 21 日对《世界银行经济考察报告》的报道。

② 孙尚清主编：《论经济结构对策》，北京：中国社会科学出版社 1984 年版，第 77 页。

表 6 中可见，1981—1984 年，全市国民收入增长速度比工农业总产值增长速度低 1.6 百分点，而按人均国民收入增长速度则更低近 10 百分点。这说明两个问题：①人口增长的因素抵消了因生产增长带来的经济收入（这里计算有不合理的地方，即清远、佛冈两县 1983 年划入广州后，全市人口数量规模一下增大了很多，把全市人均国民收入水平拉低了，但即使扣除这部分因素，人均国民收入的平均递增也仍仅有 3.5% 左右）。②工农业总产值中重复计算部分大、净产值率低，特别是广州工业部门，每百元工业产值才创造不到 33 元的国民收入，农业虽然重复计算部分较工业少，净产值率高于工业，但由于广州工农业总产值中工业比重占 85% 以上，这个比例越大，就会使人均国民收入增长速度越慢于工农业总产值增长速度，而且随着社会化、专业化的发展，部门有机构成必然提高，工农业总产值中重复计算的部分还会增大。

因此，参照 1981—1984 年广州工农业生产实绩和发展速度来预测，今后广州的工农业总产值只要保持这几年的增长率，就可以在 1993 年达到接近于翻两番的目标，1994 年即可超过翻两番。但是人均国民收入如果按现在的增长率，只能增长到 1 333.4 元，如要达到表 6 中预测的 1993 年人均国民收入 2 376.95 元的水平（折合美元 848.91 元）①，则必须每年递增 8.6% 以上，而工农业总产值所带来的人均国民收入增长速度即使仍按现在的水平折算，也只能达到 6.6%，比所需速度仍差 2 百分点。而且，这几年广州工农业总产值较高的增长速度有相当部分是靠新增固定资产投资来推动的，全市固定资产投资额占国民收入的比例不断增大：1981 年为 23.8%，1982 年为 32.6%，1983 年为 32.9%，这么高的积累率不易维持，更难再提高，因为这会影响人民生活水平的不断提高，这无疑是不符合广州长期发展战略目标的。

————————————

① 按当年官方的年平均汇价 1∶2.8 折算。

　　根据上述分析，很显然必须通过加快其他部门的发展，来保证人均国民收入增长目标的实现，因为现有的交通、运输、商业等部门虽然净产值率高，但也不可能使国民收入总额中的比重有奇迹般的增加。因此，超前发展第三产业，特别是为生产、生活服务的部门就非常重要了。

（二）可行性

　　广州目前第三产业在国民经济中所占比重，甚至还低于80年代初期世界低收入发展中国家和地区的水平，见表7：

表7　世界银行1982年105个国家和地区第三产业状况及与广州比较

	占国民生产总值比重（％）	就业人数比重（％）	第三产业/第二产业
低收入发展中国家	31	15	0.83∶1
中等收入发展中国家	47	34	0.85∶1
发达国家	61	56	1.69∶1
广州（1983年）	25.6	26.3	0.47∶1

　　资料来源：世界银行数据引自中国统计学会秘书处编：《第三产业和第三产业统计》，1985年版，第158、222、226页，并以《1983年世界银行发展报告》相关数据修正；广州数据同表2。

　　这种状况对经济发展相当不利，如果我们把经济发展过程看成是国民经济产业结构分化发展过程的话，其规律见图2：

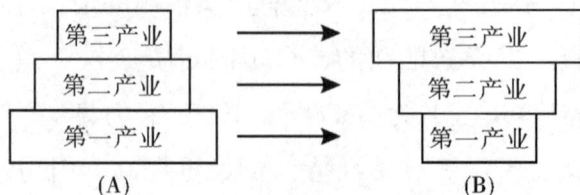

图2　产业结构发展规律示意图

　　最初是第一产业发展最快、比重最大，在发展过程中逐步分化出第二产业和第三产业；然后是第二产业随着工业化发展而急剧膨胀，带动第三产业发展，并使第一产业的比重相对下降；到一定阶段，第三产业开始超前发展并逐渐占据首位，反过来推动第一、第二产业发展。可见，从"宝塔型"结构到"倒宝塔型"结构的转化，是经济发展的必然要求。

广州经济发展的历程证明了这个规律。1950—1983 年，广州工业基本建设的投资额占本市全部投资额的 44.36%，由于对工业部门投入大量资金和劳动力，第二产业取得了迅速的发展，同时带动了第三产业的发展。目前全市产业构成已经处于图 2 中两个产业结构阶段形状的中间，见图 3：

图 3　广州当前产业结构的示意图（1983 年）

世界经济统计资料表明，当人均国民生产总值（GNP/P）达到 1 000 美元时，这种产业结构的转化就会出现。见表 8：

表 8　若干国家产业结构转化的时期标志：GNP/P = 1 000 美元

国家	年份	GNP/P（美元）	第三产业比重（%）	1981 年第三产业比重（%）
日本	1965 年	1 035	37.5	53.0
联邦德国	1958 年	1 015	40.0	49.0
意大利	1964 年	1 026	46.0	53.0

资料来源：第三产业比重数据见世界银行：《1983 年世界发展报告》，北京：中国财政经济出版社 1983 年版；GNP/P 数据参见孙尚清主编：《论经济结构对策》，北京：中国社会科学出版社 1984 年版，第 94 页。

如果这是一个规律的话，按照前文的预测，广州 1994 年时人均国民收入可达到 2 583.72 元，可换算为人均国民生产总值 2 893.8 元[①]，约折合 1 033.5 美元，即令届时广州第三产业比重仅达到日本当年 37.4% 左右的水平，现在也必须以每年 15% 以上的速度递增，才能适应发展。考虑到广州作为中心城市的特殊地位和保证人均国民收入增长目标的实现，广州第三产业占国民生产总值比重在广州工农业总产值翻两番时起码应发展到 45%，而第一、第二产业依次分别应降低为 10% 和 45%，这样第三产业的发展速度必须达到 16.5%，大大超过工农业生产发展的速度。

广州能否实现第三产业的高速增长？广州具有 3 个有利条件：一是第一、第二产业的增长，既为第三产业发展带来了必要的物质条件，也使人们认识到没有高度优化的产业结构，第一、第二产业本身的发展终将受到制约，从而促使人们对第三产业的发展有一个全新的观念，这在我国重视思想认识的体制架构中是有关键意义的，广州的第三产业目前尚处于起步阶段，许多行业仍是空白，发展的空间和潜力都很大；二是历史上广州就拥有众多的熟练经营商业、饮食服务、金融、财务、交通等第三产业的人才，这几年信息业的发展更走在全国前头，目前广州已建有全国最大的计算中心，加上广州本身独特的地理环境、旅游资源等，都使第三产业的发展具有雄厚的基础；三是从广州就业结构看，出现结构性转移是势所必然的，广州农业劳动力即使按全国目前人均耕种 5 亩地的水平计算，也已剩余 79 万多人，随着现代化的集约经营进一步提高，工业生产目前冗员的情况将大大减少，今后就业人员的增长也会低于服务部门，加上未来人口的增长，第三产业的就业比重完全可以调整提高到 50%～60%。

（三）产业结构的调整

对现有产业结构部门进行调整，使生产力的各个要素重新组合配

---

① 参见《经济学周报》1983 年 4 月 11 日第 67 期中的换算方法。

置，逐步建立起较先进的现代化产业结构体系，是发挥广州经济中心作用的一个关键，因为城市作用是一种系统的功能，而系统功能的发挥与结构的关系最密切，前文已经论述了广州要通过发展第三产业来推动经济振兴，这里将提出关于广州产业结构调整的一些初步的基本设想。

1. 超前发展第三产业

广州的第三产业应建成高度优化、多层次的结构，确立以金融、保险、商业、外贸、交通通信、科技教育、信息咨询、房地产业、旅游业等为主体，公共服务、仓储、广告、电视广播、医疗保健等行业为辅的优化体系，主要为提高第一、第二产业劳动生产率和社会综合经济效益创造条件。

（1）必须打破各种界限，争取多种经济形式、多种投资方式一齐上的办法，但要引导优先发展各类城市基础设施部门，尤其要改变长期以来在固定资产投资中城市建设部分只占7%左右和地方财政支出中城市维护费下降（1983年比1982年下降2%，比1981年下降0.3%）的状况，否则如长期缺乏投入和维护，城市基础设施陈旧老化，城市本身发展的机能得不到补充和改善，生产无法正常，市民也难以舒适生活，加上外来需求压力不断膨胀，城市架构和功能都会减弱，对经济发展带来不利影响。故必须扩大城市基础设施建设的投入比重，增加城市的维护费用，力争在"七五"时期解决广州市区交通拥挤、通信设备落后，水、电、气、住宅供给紧张，商业、金融服务网点不足等问题，除国有投资的重点应放在加强城市基础设施建设外，还要采取优惠的办法引导外资、民资对这些部门进行投资，强化广州中心城市的功能。

（2）广州第三产业的布局应形成适应特大中心城市服务功能的包括商业、金融、教育、邮政、信息等部门的多级服务网群体系，在市区中心以大型高端商场、金融、信息、科技服务等机构为主体建立若干全市性的一级服务网群，提供高端和集约化的服务；再在各辖区中心设立二级区域性服务网群，各街道行政中心或通勤路段口等设立三级近邻服务网群；加上主要居民点、单位宿舍等附近的四级便利服务网群，构成市区以集中为主、散落结合的多级服务网群布局；并联结周边各卫星城、辖县县城、中心镇等，组成华南地区最发达的中心辐射型第三产业服务网群布局。

（3）发展第三产业必须坚持实施科教领先的方针，这是使广州在经济发展中保持领先地位的关键。"无才不兴"，这是人们对当代经济发展的深刻总结。因此，应把广州每年教育经费占国民生产总值的比重从目前仅 1.2% 左右提高到 5% 以上，对教育基建投资额比重从不足 15% 提高到 25%，科技 3 项费用在全市预算内财政支出中比重从 1.3% 也提高到 5%，创造各种物质条件，真正改善知识分子各种待遇问题，调动其积极性；鼓励多层次办教育，开放科技市场，使广州地区中央、省、市属各级科教人才聚集的潜在优势转化为现实力量；特别要注意利用国家军工企业开发民用产品的机会，联合这些拥有我国最先进尖端科技、设备、人才的部门，促进国家科技与地方经济的直接结合，加快科学技术转化为生产力的过程。

（4）发展第三产业要特别重视信息咨询部门的建设，争取建立以广州为中心的珠江三角洲经济开放区市、县的信息管理系统，并逐步扩展到整个"大三角"区域，成立各种专业的技术、经济咨询服务机构，充分发挥广州经济、技术力量对区域内各市、县的科技引导作用。

2. 工业结构与布局

调整产业结构的第二个重点是把"浪费型""资源型"的工业体系转变为高技术、低消耗，以新兴产业为主体，以高精尖产品为核心，具有较强出口竞争能力的"都市型"新工业体系。前文分析过广州工业效益较差的情况，究其原因：一是社会环境和基础设施太薄弱，无法适应工业发展的要求；二是这几年来我们注意通过轻、重比例调整工业结构，强调降低重工业的比重，但忽略了对重工业内部结构的进一步调整及发展，反而带来一些新的问题，如轻工业的工业原材料供给更紧张，建材产品短缺，引进的技术和设备不能迅速消化、创新等①；三是仍以传统产业为主体，以一般性产品为重点，近年还过分拼速度、拼设备、赶产值，更造成技术结构劣化，全市金属切削机床中高精度设备只占 0.73%，数控机床也只占 0.52%②。只有彻底改造现有传统企业和落后技术，优化结构，才能实现向"都市型"新工业体系发展这个战略性的转变，要采取相应的对策：

第一，调整广州工业的结构体系，必须考虑南海油田开发和外部交通条件改善的影响。目前南海油田的 3 个含油气盆地共有约 4.6 万平方千米区块已对外招标签约合作开发，根据国外近海油田开发的经验，预计 1986 年进入近海工程设计高潮，1987 年后进入工程建设高潮，90 年代初期将出现第一个生产高峰，这将会给广州经济发展带来新的转机。随着油田的开发利用，以及大量新型材料的兴起，将使广州重工业能以新的能源供应和材料供给来武装轻工业和农业，摆脱常规能源和传统材料资源的束缚；而京广复线 1986 年建成通车后，与北部内陆交通条件的改善，将会促进广州工业专业化的发展，故在未来 10 年内，按产值计算的轻重工业比例无须再进行大的调整，要把重点放在改变重工业内部的结构，减少自我服务部分上，增加发展轻工业所需的能源、原材料的供给，组织机电行业对这几年来引进的先进技术、设备进行消化吸收、仿制创新等，为轻工业的改造提供先进的技术装备和服务。

第二，积极发展新兴产业，根据广州的条件，要把重点放在微电子、生物工程、新型材料等方面，形成以新兴技术开发为标志的"领航工业"，建立广州工业的复合技术结构，即有计划采用新技术和在相

① 参见何锡波：《广州重工业应着重调整内部结构》，《广州研究》1985 年第 2 期。
② 参见何锡波：《广州重工业应着重调整内部结构》，《广州研究》1985 年第 2 期。

当时期内继续以发展传统技术为主相结合，通过这些新技术的开发来带动轻纺、家用电器、食品、机电、造船等传统技术的改造，形成一批新型的复合结构式产业，逐步向新兴、先进技术为主过渡，见图4：

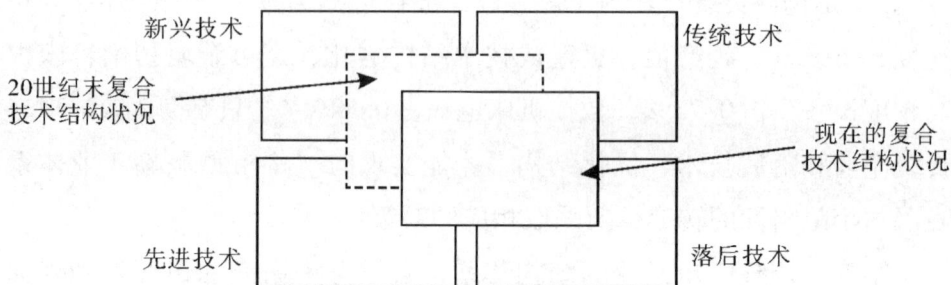

图4　复合技术结构示意图

　　扩大技术集约和资金集约型产业在国民经济中的覆盖面，降低劳动密集型产业比重，使其分别从 1984 年的 10%、30%、60% 调整为 20%、40%、40%，使广州能更广泛地大量吸收国外先进科技成果，提高自己，形成强大的凝聚力，再向珠江三角洲区域和内地扩散输出。这个过程中，要重视经济技术开发区作为广州引进国外先进技术基地的作用，带动老城区的改造，更要重点支持具有创新出口竞争能力的企业。

　　第三，广州传统产业的改造提高，要与合理调整珠江三角洲区域生产力布局，组织试办各种区域性的专业联合公司结合起来。目前虽然全省40%以上的工业集中在广州，但99.3%是中小企业，不仅许多工厂规模达不到最佳化程度，而且分布门类太广，都搞"小而全"，导致布点重复，集约化、专业化程度低。据1982年的统计，全市竟有铸造厂209家、锻造厂109家、热处理厂154家、电镀厂458家，这种状况严重影响了工业技术水平的提高和资金使用效果，更给广州本来就狭窄的市区空间带来了拥挤、污染、噪音等问题。因此，必须实施易地改造，要下决心向郊县扩散企业，并把设备更新和向区域内市县搬迁结合起来，把一些劳动密集型的、传统技术的、占地多或减重型的重工业、食品加工业等转移出去，按经济原则组建各种区域性的专业联合公司，特别要利用珠江三角洲区域内各中小城市、工业卫星镇形成的各种专业化的中、小型工业生产中心，这将有利于提高整个区域的科技、工业水平，有利于区域经济的进一步规划和联合，也有利于发挥广州的技术优势。

3．城郊农业的问题和调整

广州的郊县现有八县二区，面积约1.66万平方千米，人口492.49万人，其中农业人口419.76万人。一般而言，大城市郊县的农业生产主要是为该市居民提供鲜活农副商品，有人主张将其称为"都市型"农业，但目前广州的郊县对此"力不从心"，见表9、表10：

表9 1983年广州郊县的农业产值内部构成

（单位:%）

地区	农业	林业	牧业	副业	渔业
全市	46.15	2.43	12.84	36.07	2.57
二区	29.78	0.13	11.79	54.34	3.96
平原区县	50.65	0.64	11.41	34.77	2.53
山区县	54.44	6.81	15.65	21.88	1.22

资料来源：根据《广州经济年鉴》1984年整理计算。

注：1．二区：郊区、黄埔区；平原区县：花县、番禺县、增城县；山区县：从化县、龙门县、新丰县、清远县、佛冈县。

2．黄埔区虽属城区建制，但远离市中心，并被环绕市区的郊区分隔开，实际上是为黄埔港口所设置的区，故在分析中把其归入郊县范围。

3．划分平原区与山区县的标准主要看其林业所占比重，5%以下为平原区县，以上为山区县。

表10 广州郊县提供的副食品占全市总销售量比重

（单位:%）

年份	猪肉	牛肉	羊肉	肉鸡	鸭	鹅	蛋品	塘鱼
1980年	23.9	3.1	0.1	23.1	1.9	8.3	5.8	
1982年	36.8	10.2	0.2	60.2	9.5	22.9	19.8	5.0

资料来源：引自广州市社会科学研究所编：《广州经济中心文集（下册）》，广州：广州市社会科学研究所1983年版，第397、400、411页。

分析表9、表10和各郊县的实际情况可见：①广州郊县农业内部结构不合理，直接为城市生活提供鲜活农副商品的产值比重很低，向城市提供副食品的供给率平均只有23%，广州不得不从省内外调入大量副食品以保障供给。②农业生产商品率低，全市平均不到33%，而且很不平衡，近郊高、远郊低，山区县仅为25%，商品率低必然影响市场供给，这也是广州历年零售物价水平上升率远高于其他大城市及全国平均水平的主要原因之一。③表中也反映出广州郊县行政区划"弃河上山"的不合理性，远离广州170千米以上的龙门、新丰等山区县，不仅副业生产比例较低，基本上没有可能向广州市内提供鲜活农副商品，即使有生产，也因交通不便无法及时送达，就算日后解决了交通条件及食品保鲜技术，也会由于成本过高而不符合经济原则。

所以，广州农业部门的结构调整，首先要遵循经济规律和自然规律调整不合理的行政区划，不然这些山区县很难适应广州作为中心城市经济发展的要求，"都市型"农业显然是不适合这些山区县的农业生产条件的。

其次，要大刀阔斧地在新的合理区划内调整农业生产布局，按照"贸工农"方针调整结构，使市辖县经济作物比重逐步提高至目前郊区的70%左右，郊区则基本以鲜活农副商品生产为主，并进一步提高商品率，向全市提供更多的副食品，如前文提出的珠江三角洲经济区建议能实施的话，郊县农业生产的布局大致可这样规划：

①蔬菜以近郊区及番禺、南海等县为主要生产基地。

②水产品以顺德、南海等县为塘鱼生产基地，在江河出海口地区如番禺等县建立海水养殖基地，并以广州为中心建立远洋渔船队，发展海洋捕捞业。

③肉类生产要改变目前"以猪为首"的单一结构，发展奶牛、肉牛饲养，广州远郊及花县、南海、番禺、顺德等县可以利用甘蔗生产

优势建立奶牛、肉牛饲养基地①。

④水果生产可按历史上已形成的两大水果生产区域发展，一是以新滘为代表的包括广州南郊、东郊、番禺县及增城县新塘一带属珠江河网与东江下游东莞市麻涌相结合的地区，有6万多亩种植面积，使之成为香蕉、龙眼、杨桃等杂果生产基地；二是以萝岗为代表的包括流溪河及增江河水系所分割的从化、花县等丘陵台地水果区，面积为20余万亩，以荔枝、甜橙等为骨干品种建立生产基地。

⑤三鸟和蛋品生产除了依靠郊县农村家庭饲养之外，应尽量在近郊及辖县多建设一些较大型的现代化饲养场，增加对全市居民的三鸟特别是蛋品的供应。

⑥在广州西郊芳村、花地及南海、顺德等县建立花卉、观赏鱼等生产基地。

最后，要改变现在产、供、销脱节的农业生产体系，实行农、工、商、运的综合经营，使产前、产后加工与社会化服务紧密联结，建立一个高产优质、协调运转的"都市型"农业生产体系，逐渐走向工厂化、现代化。要通过各种经济杠杆政策，引导协调目前农村中正蓬勃发展的乡镇企业，按照社会化协作和分工原则组织起来，大力发展农副产品深加工、储存保鲜、运输经营等业务，并以其为骨干，吸引以农产品为主要原材料的城市轻纺工业向郊县地区扩散迁移，组建各种城乡经济联合体，加快各个重点工业卫星城镇的建设。

（四）城市体制改革

广州经济中心—珠江三角洲区域经济协调发展，这些设想都必须通过经济体制改革来实现。改革是中国的第二次革命，经济体制改革

---

① 据《番禺县续志》记载，清末期间番禺等地已利用甘蔗饲养奶牛。转引自广州市社会科学研究所编：《广州经济中心文集（下册）》，广州：广州市社会科学研究所1983年版，第404页。

本质就是要调整生产关系，使之适应和促进生产力发展，广州必须在不断深化的改革中，彻底摆脱过去以产品经济为基础的传统模式束缚，建立适应中心城市—区域经济协调发展的、以公有制为基础的、计划与市场相结合的经济运行机制，才能不负历史赋予的重任。

在城市经济体制改革中，以下问题必须予以重视：

1. 要确立新的投资机制及管理办法

真正把投资体制改革为以银行信贷为主，银行利率将来应逐步改单利为复利计算，目前可利用财政贴息的办法形成实际上的差别利率，以及利用税收等积极引导投资方向，以调整改善投资结构，促使产业结构向现代化、高度化合理转换，防止过量资金投向加工工业，加剧加工工业同各种基础设施、交通运输比例关系的不协调；特别是未来15年中，广州城市建设据预测需投入180亿元以上的资金，如何筹措是一个很大的问题，除了国内资金外，更要尽力争取外资的合作；在工程项目中要采用投标制和承包制，要逐步扩大企业投资决策权，但要在银行监督和国家有关部门指导下进行投资，要建立项目投资的权威性咨询机构，使项目申请、评价、审批及实施都建立在科学化的基础上；广州还应试行开办地方银行，开放在国家监管下的外汇、资金市场等。

2. 继续完善开放的市场体系

现代化的城市是开放型的城市，这包括对内对外的全面开放，因此必须建立一个完善的开放市场体系。对内主要扩大城市企业的自主权，增加企业活力，全市形成以商品、资金市场为主体，以一定范围的技术、劳务市场相配合的体系；对外必须改革当前的外贸体制和结构，要以国际市场为目标，用国际市场价格评价、发展广州换汇率高的出口产品，提高出口竞争和创汇能力，要做好广州引进外资的工作，适当扩大合资合营企业产品内销市场，以换取先进技术，并给国内企业形成国际市场竞争的压力，促使其改进经营管理，提高广州工业的经济效益。

3. 注意制定配套的法规和政策措施

为了保证各项改革工作的顺利进行，实现广州发展的社会、经济目标，必须制定科学配套的、能够协调促进城市社会化商品经济发展的各项法规和政策措施，使之成为有机体系，这既是管理城市经济必不可少的调节手段，又是处理城市经济中各种利益关系的杠杆，特别是解决如何建立国家对经济活动的间接调控机制，有必要进一步加强各项城市立法、执法工作。

五、结语

这篇冗长的论文就要结束了，研究社会经济发展战略是一项复杂的系统工程，以个人的力量要完整描述出广州这个特大型中心城市的长远发展战略，哪怕仅仅是构想轮廓，也是力不从心的，必须以集体的、社会的智慧，才能制定出完整科学的发展战略，故笔者只是抛砖引玉，希望上述这些设想能够为之参考。

（参考文献从略）

（1985 年 10 月 28 日写于暨南园。本文的精简版本载于《广州研究》1986 年第 2 期，第 15～19 页）

90 年代初的建言

建设南中国的自由港①

——广州进一步扩大对外开放的一个思路

摘　要　本文论述了 20 世纪 90 年代广州面对世界经济形势演变和全国开放格局的变化，要从自身优势出发，进一步扩大对外开放，本文试提出一个新思路——建设华南的自由港。论证了广州建设自由港的条件，首次提出了"地缘经济优势"的观点，并指出广州要从出口导向的外向型经济向经济国际化转换发展，配合国有经济产权改革，降低一般生产经营领域中的国有资产比重，加大社会资本中的国有资产投入，以发挥广州作为国际大都市及其服务经济的比较优势。本文的政策结论是建议有关部门及早争取把建设自由港摆上议事日程，使之成为广州 90 年代进一步扩大对外开放的新的成长点。

关键词　自由港　地缘经济优势　对外开放

一、引言

单独讨论一个城市或地区经济的对外开放在技术上是有困难的。因为对外开放更多地涉及整个国家的贸易体制、贸易结构和国际环境对该国的整体影响，而这些作为国家行政架构中的某一个层次，是难以单独变易的。尽管迄今为止，我国对外开放基本上是区域性的，而

---

①　本文原为 1993 年笔者作为广东省珠江三角洲经济区发展规划专家组成员之一向有关部门提交的调研报告。后获准以论文形式参加公开的学术研讨会，发表后曾获 1996 年广东青年社会科学优秀成果一等奖。

且由于我国国内经济发展极度不平衡，在国内市场规模的约束下，对外开放不可能也没有必要做到彻底的全面化。故今后相当一段时期，我国对外开放的范围仍然只能是区域性的，但是各个开放区域不能因此而推行一套与众不同的汇率、价格和贸易体制，国家鼓励对外开放或者说发展外向型经济的体制环境只能是全局性的，尤其是我国入关后，一般更不允许在一国内实行政策差别待遇。虽然我国在 20 世纪 80 年代改革开放的先期，对一些地区，主要是沿海地区实行了某些政策上的倾斜，给予了"特殊"的优惠，但实质上也只是用政策调控的办法，诸如给予开放地区在一定程度上减免税收、审批项目、贷款规模、收入分配以及开放某些市场等的"权力"，使开放地区在经济发展上获得了"先行一步"的优势。既然"权力"是给予的，也就是可以"收回"的，或者通过扩大开放范围，即扩大"优惠政策"实施的范围，使个别地区的"先行一步"逐渐普及而成为多个地区乃至全国所有开放区域的"同步行进"，这样一来，个别地区原来的"先行"优势就会逐渐减弱乃至丧失，除非再度给予某种政策方面的倾斜。

广州目前面临的正是这种发展变化的情况。作为中国首批对外开放的地区（1979 年广东、福建两省实行"特殊政策、灵活措施"）和沿海开放城市（1984 年开放沿海 14 个城市）之一，广州 80 年代得益于这种政策的倾斜，利用了自身的优势，在经济发展中曾独领风骚，率先突破了传统计划经济体制对中心城市的束缚，取得了骄人的成就，年均经济增长速度达 13.3%[①]。进入 90 年代，面对世界经济形势的演变和全国开放格局的发展变化，以及改革开放进入全面综合配套的阶段，在过去区域性倾斜的"特殊政策"优势已经难以保持的情况下，如何才能进一步扩大开放？是单纯地再向中央要求继续给予某些政策的倾斜，还是从广州自身优势出发另辟蹊径？笔者试提出一个新的思路。

---

① 本文所用的数据，除特别注明外，均来源于历年正式出版的《广州统计年鉴》或政府的统计公报。

二、重新认识广州的自身优势

要另辟蹊径，就必须对广州自身优势有比较准确的认识，这样才能更好地对广州进一步扩大对外开放的选择进行定位。关于广州优势的论述很多，较有代表性的大多集中在 5 个方面，即中心城市、轻纺工业、商业中心、外向型经济以及政策优势。最近，也有学者认为中心城市优势、市场优势以及科学技术优势是广州的三大基本优势[①]。

这些都不无道理，但上述的许多优势中，包括我们自己过去对广州优势的认识，都未能从广州这个大都市自身所具有的特殊优势的角度来考虑，故仍难免失于一般化。就以中心城市而论，全国的 10 多个特大城市，无一不是各自区域中的经济、政治和文化中心，乃至中小城市，也可视作当地的中心城市，区别只是影响范围、辐射方式，以及或工或商等不同而已；又如政策优势，如果说改革开放之初广州尚得益于"先行一步"的特殊政策，那么在改革已经深入、中国已形成全方位开放态势和各种优惠政策正在逐渐普及的今天，这个"优势"还有多大就值得考虑了，更何况这种优势毕竟是由外部赋予的；再如市场优势或科学技术优势，试问哪个城市，尤其是大城市，不是因市场集中和人才聚集而成的呢？况且说到科技，广州能否比得上国内其他一些大城市，实在是个问题。因此，我们应该换一个角度，要从广州自身所具有而其他城市不可能有的特殊的角度来重新认识广州的优势，这就是广州所独有的特殊的地缘经济优势。

从历史地理学的角度看，广州自周夷王时的楚庭郢即郡城起计，建城至今已有 2 800 多年，与我国不少历史名城位置都曾屡经变迁相比，如古都西安，今天的位置已不是汉代时的位置，即使今天的北京，

---

① 参见谭作平：《应充分发挥广州的基本优势》，《广州日报》，1993 年 11 月 9 日第 16 版。

也不是元代时的位置了，独广州历 2 800 多年不改①。广州城能历近 3 000 年而不衰，在于正好位于三江（东江、西江、北江）总汇的地理位置；又是古代航海港口，远通南洋诸国；而且又正当珠江三角洲腹地之内，有广大肥沃的平原、丰富的物产支持，故可以认为我国沿海除香港外，无一能及广州。杭州、泉州等城在历史上虽曾超出广州，但毕竟逐渐衰落下去，使广州成为我国古代海上丝绸之路的发源地。正是这种我国其他大城市都不具备的独特地理区位，使广州的对外开放可以尽享地缘经济的优势：

首先是有利于对外通商。近 3 000 年来不淤积的对外贸易港口，使广州不仅在历史上是开放的商埠，而且在清代海禁时期，广州仍能作为唯一指定的通商口岸而保持对外贸易。改革开放以来发展外向型经济，更使广州对外贸依存度迅速提高，至今已达 42.47%，较全国同期水平高出近 6.5 百分点。每年经由广州海关进出口的商品总额占全国进出口商品总额的 13% 以上，其中仅广州市的出口商品总额即占广东省出口总额的 12% 和全国出口总额的 3.54% 以上。

其次是缩短了对外经济交往的空间距离。特别是广州毗邻香港，在近代英国强租香港开辟自由港时，客观上使广州获得了与外国资本主义较广泛接触的条件，成为全国近代工商业出现最早的地方。中华人民共和国成立后，西方国家对中国实行经济封锁，广州仍能通过港澳地区撬开一线"门缝"；在我国前 30 年封闭内向发展时期，唯一与外经济交往的广交会仍设在广州；而改革开放后，则成为广州利用外资的有利条件，15 年来累计实际利用外资已达 41.5 亿美元，其中八成以上是港资或通过香港筹措的，"三资"企业更达 5 498 家；随着港澳回归，广州与港澳地区，以及东南亚的经济将会更趋向于一体化发展。

再次是可借助区域的高增长效应促进城市自身的成长，为扩大对

---

① 参见曾昭璇：《广州历史地理》，广州：广东人民出版社 1991 年版，第 437 页。

外开放提供更优良的经济环境。广州不仅濒临当今及未来 21 世纪世界经济高增长的亚太地区，而且中国本身就是亚太地区中的高增长国家，而广东，尤其是珠江三角洲，15 年来增长又一直高居全国之首。广州正处于珠江三角洲地区核心，区域高增长的效应无疑也使广州有着较高的增长率，故在同享"特殊政策"的闽、粤两省城市以及全国 14 个沿海开放城市中，唯广州的增长发展堪称优秀。其 1991 年国内生产总值已超过天津、内蒙古等 9 个省、市、自治区和全国十大城市中的 8 个；1992 年工业总产值也高于天津、山西、吉林等 16 个省、市、自治区；1993 年人均国内生产总值突破 11 000 元，劳动生产率达 2.8 万元，跃居全国所有大城市之首。

　　无论政策如何变化，广州所拥有的这种得天独厚的地缘经济优势是不易改变的，这是广州自身优势中最基本的方面，其他的一些自身优势均是由此派生出来的：

　　一是作为特大流通中心的优势。由于广州的地缘特点，造就了非常有利的商业区位，不仅仅是华南地区的商品集散流通中心，对于日趋开放的中国大陆，广州更成为沟通国际、国内市场包括商品、资金、技术、信息以及人才劳务等流通在内的特大流通中心，而发挥出强大的聚集、辐射和中介功能，有效地解决社会生产与消费、供给与需求之间的矛盾，促使资源要素在更大的时空范围内得到合理的优化配置。这从一些数据中可知，如 1993 年广州专业运输部门完成的货物周转量占同期全国货物周转量近一成，而广州港的港口货物吞吐量已占全国沿海主要港口货物吞吐量的 11.3% 以上；广州白云机场旅客吞吐量则已经连续 6 年居全国主要机场之首；社会商品零售总额增长 41.14%（扣除物价因素，实际增长 12.83%），增幅在全国各大城市中名列前茅。况且，从中国的进一步对外开放和发展来看，华南地区将会成为中国一个特大的自由贸易区，仅广东 1993 年的外贸出口总额已达 270 亿美元，几乎占全国的 1/3，到 2000 年，广东的外贸出口总额估计将达 800 亿美元。目前在这样一个特大的贸易区内,单靠香港这个国际流通中心将不敷使用,会使香港从对外开放的窗口变为"瓶颈",故从地缘经济的发展的要求来看,广州也要成为华南经济区的第二个国际流通中心。

二是发展第三产业的优势。第三产业在国外通称为服务业,是经济中的一个大行业,广州由地缘经济特点而带来作为特大流通中心的功能定位,使广州第三产业的发展比其他城市更为有利。广州目前第三产业在城市经济结构中的地位居全国所有大城市之首,比北京、上海、天津、武汉等特大城市都要高出 6~10 百分点,并且在改革开放 10 多年以来的发展中,一些新的第三产业行业如证券业、信息、咨询及各种中介服务等迅速萌芽和崛起,特别是金融保险业发展迅速,已跃升为仅次于运输邮电业的第二大行业,在广州第三产业中占 23.6% 的比重,与传统的商、饮、物供、仓储业共同形成广州第三产业的三大支柱行业。这三大支柱行业占了广州第三产业比重的 72.83%,正是广州由地缘经济特点决定着其在华南经济中所具有的交通枢纽、金融中心和商贸中心三大功能构成的特大流通中心优势的反映。此外,珠江三角洲城市群的发育及未来华南经济区域一体化的趋势等,这些地缘经济因素都使广州第三产业未来发展极具市场需求空间,故就总体发展水平和前景而言,广州发展第三产业与国内其他大城市相比,无疑处于领先地位,在对外开放中是最具比较优势的。

三是由地缘经济优势派生出来的,广州作为岭南文化中心的自身优势。广州自秦汉以来,在对外经济交往的同时,与海外文化的交往也日益发展,使广州在接受中华文化的原宗形态中原文化影响的同时,又吸收了世界优秀文化的养分,形成了独特的地域文化形态——岭南文化,与传统的中原文化以及宋、明以来逐渐形成的以上海、江苏、浙江一带为中心的江南文化呈"三足鼎立"之势,对广州在历史上成为繁荣的商业城市起到了很好的推动作用。以开放性、平民性和商业性为特征的岭南文化，不但可使广州在中国改革开放的今天具有成为未来中国新文化生长点的现实基础，而且更使广州在进一步扩大对外开放，与国际社会进行经济、文化交流中具有国内其他大城市都不可能有的城市文化形态方面的自身优势。

三、广州对外开放中存在的一些问题

假如上述我们对广州自身优势的认识是可行的话，回顾广州这 10 多年的对外开放，在肯定已取得的辉煌成就的同时，也必须看到，广州过去的开放并未能真正完全地从自身优势出发，更多的是依赖外部优惠政策的导入，而相对忽视了对城市自身对外开放机制的塑造，从而存在一些不足之处：

例如，出口导向曾是广州实施对外开放的一个重要的外贸战略，故提高外贸依存度（对外贸易占国内生产总值的比重）成为广州 80 年代发展外向型经济的主要目标。外贸依存度虽然是表示一个国家或地区（城市）经济开放程度的常用指标，但外贸发展还会受一国市场规模和资源条件的约束，换言之，对大国经济而言，外贸对经济增长的重要作用相对于小国经济要低，这已被研究证明[①]。故广州虽然在优惠政策（包括外贸进出口权的率先下放、给予一定的外汇留成比例等）的支持下，把大力发展出口创汇作为对外开放的一个重要方面，其结果是广州经济的外贸依存度已从 1978 年时的不足 10% 提高到 1993 年的 42.47%（汇价按官方汇率计算），外贸出口商品总额也从 1.34 亿美元增长到 32.53 亿美元，15 年来平均每年递增 23.69%，对经济增长的综合超前系数平均为 1.7 以上。但外贸出口构成变化不大，1978 年初级产品出口所占份额是 26.8%，工业制成品出口份额是 73.2%，而

---

① 参见西蒙·库兹涅茨著，戴睿、易诚译：《现代经济增长》，北京：北京经济学院出版社 1991 年版，第 262 页。

1992 年初级产品出口份额仍占 26.6%，工业制成品出口份额是 73.4%；在 1992 年制成品出口中，属于劳动密集型产业的轻纺工业产品出口占 71.2%，即初级产品和劳动密集型产品出口占广州外贸商品出口的 78.8%；而在进口商品构成中，初级产品进口占 16.5%，工业制成品进口占 83.5%，其中重化工业产品进口占 46.5%，这说明现阶段广州对外贸易和全国一样，仍是一种用劳动密集型产品和初级产品出口换取中间产品和资本物品进口的传统国际贸易格局。虽然以高投入（包括大量财政补贴）换取了外汇收入的增加，但并没有实现真正意义上的价值增值。

随着 90 年代国际市场对简单的劳动密集型产品和初级产品需求逐渐下降的结构变化，以及国内劳动成本上升的趋势，我国出口扩张态势是不易长期保持下去的，而且随着国内经济的发展，国内市场需求也在不断增长，从而使出口增长受到一定的约束，同时也制约着进口的增长，故而随着国民生产总值的正常增长，外贸依存度到一定时期就会相对稳定下来的。广州亦然，作为全国经济的一部分，外向型经济发展会受到国家经济规模的制约，无论怎样发展，其外贸依存度也不可能达到香港那样高的程度，提高到一定程度后就会减缓。事实上，总的来看，1993 年广州的外贸依存度虽然比 1978 年提高了约 4.4 倍，平均每年提高 11.91%，但分阶段来看，1979 年至“六五”计划期末（即 80 年代中）提高 1.6 倍，其间每年提高 12.73%，80 年代中至 90 年代初提高 52.10%，其间每年提高 11.05%，而 1991—1993 年提高 36.43%，其间每年只提高 10.91%。这表明我们不能把单纯追求外贸依存度作为衡量广州经济对外开放程度的主要目标，而应以提高本市技术人力资源的配置效率、发挥优势、增强国际竞争力、分享世界技术进步的成果、实现广州经济国际化为主要目标，才能提高广州对外开放的经济效益。

又如，产业结构的调整也未能完全适应广州对外开放的要求，主要表现在两个方面：一是未能完全摆脱以工业为主的传统生产型中心城市发展模式的束缚，致使广州发展第三产业的自身优势仍受到资源配置上的限制，而未能在对外开放中发挥出更大的作用。虽然广州1992年已制定了15年建成国际大都市的宏伟战略，在其规划发展的六大支柱产业目标中，属于第三产业的占了5个，但至今在实践中，由于过去30年来在传统计划经济体制下发展工业城市造成的沉重包袱，加上循传统轨道运作的"惯性效应"，以及难舍部门利益等原因，往往不自觉地就会沿着旧有的思维和习惯的路子走，使广州产业结构的调整仍然任重道远。这仅从90年代以来的统计数据就可以看出，1991—1992年，全市国内生产总值比1990年增长了43.31%，平均每年递增19.71%，1993年又比1992年增长了23%，但从产业的构成来看，却从1990年第一、第二、第三产业构成的8.05∶42.65∶49.30变为1992年的5.72∶47.41∶46.87，除了农业比重继续正常下降外，第三产业比重竟然也下降了近3百分点，而第二产业则上升约5百分点。从增长态势来看，广州工业自1991年以来，连续3年均以27%以上的速度增长，1993年更达28.8%以上，而第三产业增长不仅在1991年有一个大的回落，仅增长不到8%，而且其后两年虽然恢复了两位数以上的增长，但每年仍比工业增速低6~9百分点不等。

即使就市区而言，状况也大体相差无几。1990年市区第一、第二、第三产业的构成比为3.54∶41.87∶54.59，1992年已变为3.26∶47.10∶49.64，第三产业比重比全市下降幅度更大，接近5百分点，而第二产业比重则上升近6百分点。市区第三产业的增速也同样比工业低，1991年甚至低二十几百分点，导致当年第三产业比重剧降4.4百分点。再从投入（资源的配置）的情况看，仅1991—1992年，全市国有和集体经济固定资产投资累计约270亿元，其中用于工业部分的占了近四成，但加上占用的流动资金（包括用作固定资产投资的流动资金贷款），实际用于工业生产的资金投入约420亿元，估计占同期广州国民经济活动投入资金的六成以上。由于广州工业体系基本是以加工工业为主，在全国加工工业生产能力已经过剩的情况下，无法摆脱与全国经济"同步振荡"的状况，一旦国家宏观经济收缩，势必出现工业的大幅回落。1994年第一季度广州工业增长已回落至13%，增幅下跌达11.5百分点，不但低于全省的增长水平（21%），且低于全国的增长水平（16%）；而工业销售率更逐月下降，同比下降约5百分点；而预算内企业的亏损面则达44%以上，亏损金额更剧增约96%，这种"超调"的现象，仍与上次周期波动时一样，改变不大，必然影响广州对外开放的形象和外商投资的信任度。

二是与第三产业发展受到资源配置限制相关，对城市建设的投资长期偏低，导致社会性资本（Social Overhead Capital，也称公共投资，指间接地作用于生产性资本的生产活动，社会性资本投资形成的资产也就是基础设施，即 Infrastructure①）严重滞后于经济社会发展的需要，更不能适应广州对外开放的要求。1979—1993年，虽然用于城市建设的投资累计号称达81.97亿元之巨，比改革开放前26年（1952—1978年）的4.3亿元增加近18.1倍，但实际上，平均每平方千米城市建成区仅投入3 968万元左右，每年摊下来甚至不到265万元，即平均每平方米建成区总共投入不到40元。如果考虑到广州1978年前的城市建成区只有54.4平方千米，其余近150平方千米是这十几年新开发建设的，其投资的短缺就更可想而知了。国外大城市的基础设施投资与国民生产总值的比例一般为10%左右，占全社会投资的比重为30%～50%，而广州1993年才分别为4.01%和不到10%。于是，城市供电缺口常达30%以上，市区城乡人均年生活用电不到340千瓦时，尚不到发达国家的1/3；居民燃气普及率虽达60.5%，但管道煤气用户只占市区总户数的不到18%；城市工业废水处理率和废气处理率分别只有78%和

---

① 参见杨治：《产业经济学导论》，北京：中国人民大学出版社1985年版，第202页。

77.6%，尚有近 1/3 的废水、废气在污染城市的河流和空气；被视为"城市公害"的城市噪音，控制区覆盖率只有 41.1%；而市区交通拥挤堵塞的状况，恐已是全国大城市之最。广州市区人均道路面积只有 3.7 平方米左右，用于营运的公交车辆只有 2 338 辆，平均每辆要负担市区人口近 1 600 人，实际承受的客运量已达 33.1 万人次（包括流动人口），迫使市民不得不仍以自行车作为主要的出行交通工具，估计仅市区居民自行车拥有量即在 220 万辆以上，每日以 70% 上路运行计算，就意味着在市区仅 1 378 万平方米的道路上，有近 160 万辆自行车在运行，加上 40 多万辆持牌机动车（未计外地车），造成市区主要道路处处堵车的状态，严重制约了城市生产和生活的发展，也对广州的对外开放造成极为不利的影响。

再如，在地域开放的层次和广度上，广州虽然已于 1984 年创建了广州经济技术开发区，作为市内享受类似特区政策的开放区域，但对全市开放所起的带动作用远没有特区那样充分。直至 1993 年，广州经济技术开发区的工业产值才仅占全市的 4.02%，外贸出口额也才占 8.02%，其对当年全市工业产值和出口增长的贡献度分别只有 1.76% 和 1.38%[①]，可谓微乎其微。后来再陆续创办的南沙经济技术开发区、广州保税区、天河高新技术产业开发区和莲花山工业加工区等，发展大都无出其右，且大都尚处于初创阶段，其对全市对外开放的带动，目前恐怕仍是宣传的意义大于实际的作用。综观这些享有特殊政策的开放区域，除了天河高新技术产业开发区外，无一不是建于城市中心建成区以外的地方，近的有 30 余千米，远的则有 60 多千米，一切基础设施等均需新建，由于体制等各方面的因素，其与城市中心区原有经济体系的联系难免处于游离状态，单靠由外部给予的实际上不多，并且依靠的还是因已逐步普及而作用日微的"优惠政策"，而非充分运用

---

① 根据《1993 年广州市国民经济社会发展统计公报》（见《广州日报》1994 年 1 月 16 日）有关数据计算。

广州本来已拥有的自身优势来对外开放，实际上并无多少"优势"，拟议中的广州东南部大型国际性综合开发区，实际上至今仍属于纸上的理想蓝图，各个分散的开放区域未能形成"拳头"，从而大大影响了这种开放的广度。

因此，尽管广州的对外开放已取得了很大的成就，带来了经济增长的高速度，以及社会生活的极大变化，但总的来看，这种开放并不彻底，而且受诸种政策、体制环境变化的影响很大，限制了广州自身优势的充分发挥，因而制约着广州的对外开放程度。例如，国家对金融、外汇等实施严格的管制，使广州的金融深化受到影响，不但贷款规模受到限制，资金融通拆借的范围也难以扩大，而且迄今为止只批准了7家外资银行在广州设立分行，业务范围又受到严格限制，这就制约了国际资本在广州的流动。目前广州引进的外资除了个别项目外，大多是中小规模的引资额，鲜有大财团的进入，跨国公司在广州的投资还基本是空白。而同时，国内企业欲走出国门，又困难重重，这表明广州目前参与国际经济分工还处于较低的层次，可说尚属于对外开放的初级阶段。

四、建设广州自由港：扩大对外开放的一个思路

1994年第一季度，广州的工业生产、商业销售等增长明显低于1993年同期水平，呈现全面下降、放缓的态势。这表明随着国家自1993年年中开始的宏观调控措施的实施，在经历1993年第四季度略微的放松后1994年年初又趋加紧的调控力度的变化，以及实施了新的财税、外经贸体制等加大力度的改革，广州自1990年下半年开始全面回升的改革开放以来第四个经济周期中的上升期已经结束，目前已过了"峰顶"拐点，正在这一轮景气的高峰平台上徘徊，即将进入新一轮循环。在面临下一轮经济周期循环之际，我们认为广州必须抓好机遇，

进一步扩大对外开放，以保持较快的增长发展态势，避免从上一轮增长周期的高峰平台上急剧下滑。国家会继续调控，以保持稳定，这是大局；广州也要稳定，但一定要在发展中求稳定，而不是停滞下来等稳定。因为从总体上看，我国经济仍然是"速度效益型"经济，没有一定的增长速度，就没有效益，更会影响社会的稳定。事实上，我们认为广州可以也能够保持一个较快的增长速度，这除了人民群众要求加快发展，以提高生活水平外，实际上广州经过10多年发展也具备了加速增长的物质基础，是能够做到效益与速度同步增长的，关键是要有新的思路。根据上述的分析，我们认为，力争在广州建立自由港（Free Port），可以成为进一步扩大广州对外开放的一个新的思路。

　　设立自由港的问题，近年来正逐渐引起我国有关部门和一些沿海港口城市的关注。自由港是一个国家或地区经济发展到一定阶段时，为了更方便、更迅速地开展对外经济技术的交流而划定的一块特殊区域。世界上最早的自由港在16世纪中叶建于意大利的里沃诺市，是随着国际市场的逐渐形成而出现的，到18世纪后期英国工业革命导致世界市场最终形成，一大批自由港伴随着欧洲资本主义的发展及对外贸易的扩大而产生。19世纪后，许多被殖民主义者侵占的国际贸易通道上的重要港口城市，如香港、新加坡、吉布提等都被辟为自由港。第二次世界大战后，自由港经历了一番优胜劣汰，随着国际经济生活的相互依赖性不断加强，尤其是六七十年代以来发达国家产业结构调整和向发展中国家转移劳动密集型产业的需要，使自由港得到了迅速发展，香港也在这个时期由一个商贸性自由港发展成为多功能的综合性自由港。

　　广州目前虽然已建有多个经济技术开发区（包括高新技术产业区）和保税区等，但正如前文所述，从与国际经济接轨的角度看，无论区域范围、开放程度、对经济发展的带动作用等都是不充分的，尤其是从当前国际经济关系一体化和生产的国际化加速发展来看，90年代将是世界范围内产业结构加速调整和转移的时期，具有优越的地理、交通条件，良好的产业基础，多种优惠政策和高效率管理体制的自由港必将是产业传递和新生产业发展的最佳地点，因此，自由港将会成为中国经济发展新的增长点，以及中国与国际经济融合的交接部。正如在本文引言中已经指出的，当我国入关后，一般是不允许在国内实行政策差别待遇的，目前的区域性"特殊政策"难再维持，自由港将是广州保持"先行一步"政策优势的最佳选择。而广州作为华南经济中心城市，由于其地缘经济的自身优势，无论在自然、经济及地理等方面都具备了建设自由港的条件：

一是有华南地区最大的河海直达港，有较先进的港口设施、技术和管理水平，且广州面临的珠江口水道沿岸港口群也是华南地区最大规模的港口群，加上四通八达的水、陆、空立体交通结构网络，可供大量货物集散。

二是城市经济发展在全国城市尤其在沿海大城市中均居前列，前文已经提到的人均国内生产总值、劳动生产率、进出口贸易增长等均领先于其他城市。

三是腹地广阔，以珠江三角洲区域为主，辐射力可达桂、滇、贵、湘、闽等省区，且毗邻港澳，又可与当今国际最大的自由港之一——香港紧密协作，构成有国际影响的南中国大贸易区。

四是具有相当的科学、技术力量，使产业结构的调整及升级具有雄厚的基础；而广州旧城改造与新城建设，已配合城市产业重组拉开了帷幕，将为再造和重构广州华南经济中心新优势注入新的活力。

因此，广州有必要以建设自由港为目标重新调整对外开放战略，这里概略地提出几点意见：

第一，要以建设广州自由港为扩大对外开放的指导思想，重新修订广州于 80 年代初期制定的城市总体规划，突出强化以第三产业为主体功能，以港口、机场、车站等交通枢纽建设为依托，合理调整空间布局，建立一个以中央商务区（CBD）为标志，城区多中心组团式发展的现代化大广州都市圈。

第二，要实行全方位、多层次的开放，自由港根据海关豁免商品关税的范围可划分为完全自由港和有限自由港，前者对外国商品一律免征关税，后者仅对少数进口商品征收关税或实施不同程度的贸易管制，从当今世界上大部分自由港都是有限自由港和广州发展的实际情况看，我们认为以建立有限自由港为宜。而在地域范围上，可以先建立自由港区，再过渡到自由港市，即先在现在的广州经济技术开发区和广州保税区、南沙经济技术开发区建立两处自由港区，经一两年试运行后，再扩大至整个广州市区为自由港市。在功能上，应建设以商贸为主的综合型自由港，把目前广州已有的各个开发区及市中心区建设成相互配套、不同形态的功能区域。

第三，配合自由港的建设，广州要从以出口为导向的外向型经济向经济国际化转换发展，在产业结构的调整上，一定要从广州自身优势出发，围绕特大流通中心功能，以商业贸易带动广州金融、保险、仓储、运输、邮电、电信、信息、咨询服务、旅游、饮食、娱乐休闲、房地产等行业的发展；加快产业升级换代，优化广州出口结构，一方面要实行第二次的出口替代，即以深加工、高附加值制成品的出口替代占广州制成品出口近七成的低度加工制品的出口；另一方面，应加大服务贸易的比重，国际竞争力是一个综合性指标，不仅包括产业技术水平方面的要求，还包括产品的工业设计、广告、包装、市场推销、仓储、运输、售后服务等方面的协调与配套等要求，加强这些方面的竞争力，不但可以提高广州出口商品的档次，而且正是广州发展第三产业的优势。

第四，降低一般生产经营领域中的国有资产比重，加大社会资本中的国有资产投入。我们过去在国有资产的投放、使用上存在一个误区，就是把过多的国有资产资源投放到一般生产经营领域中去，造成在经营性领域中国有企业所占比重过高，而国企体制的弊病又造成效益的低下，占有且损耗了大量的国有资源，更造成国家对社会资本的投入不足。投资既拥有了机会，同时也背上风险的包袱，国家只应为关系国民经济命脉的少量企业承担风险，而不必为一般性的企业承担大量风险，这样政府就可有更多的资源用于社会资本的投入，使广州具有更好的投资环境。如以效率原则衡量，1994 年广州国有经济比重的下降有其现实合理性，1993 年广州国有工业的增长，分别比集体和其他类型工业的增长要落后 30～58 百分点。而且每年亏损的国有工业都要"吃掉"占广州地方财政预算收入近 13% 之多的约 6 亿元的计划亏损补贴，故"减重"未尝不是一件好事，但应扭转这种被动或无奈的下降，避免国有资产在这个过程中被无形地损耗，应结合产业结构的调整和建立现代企业制度，通过产权重组，降低在一般经营领域中的国资比重，把回收的国资资源投入改善基础设施等投资环境改造中，这将有利于把广州建设为自由港的设想的实施。

第五，围绕为建设自由港服务的宗旨改革政府的行政管理体制，打破目前广州政府部门"中梗塞"的陋习，坚决撤并计划经济模式下设立的那些妨碍市场经济发展的机构，消除互相扯皮、办事环节复杂、效率不高的弊病，建立高水平、高技术、高效率、廉洁的政府管理系统，这是广州建设自由港的必要条件。

第六，尽早进行市场准入原则和国民待遇原则的试验，为我国重返关贸总协定提供经验，使广州率先成为按国际惯例运作、符合关贸总协定贸易规范的自由港，为最终实现建成广州国际化大都市而努力。

五、结语

要进一步扩大广州的对外开放，单纯要求中央再给予某些政策方面的优惠已没有多大意义，也不太可能了。广州不是一个独立的城市，在国家的行政架构内，广州只是一级地方行政区域，它必然要服从于全国以及全省发展的整体要求，尤其是中央 1993 年已决定取消广州等8 个省会城市的计划"单列"，尽管不久前，又同意将广州、武汉等 16个城市的行政级别提高为副省级，但这并不是有效的特大中心城市管理体制。故广州的对外开放不应寄希望于这种行政架构系统内的变化，而是应从城市所特有的自身优势出发，选择最能与国际经济接轨的方式，才能真正使广州融入世界经济体系中。

综观 90 年代以来，除原已获得国务院同意实施自由港某些政策的厦门特区外，大连、天津、上海、青岛等沿海著名的大港口城市已先行提出了设立自由港的设想。广州要实现建设国际大都市的目标，就不应再落后，及早争取把设立自由港摆上议事日程，组织有关部门进行科学的分析、论证，提出切实可行的具体方案，力争在广州设立自由港，使之成为 90 年代广州进一步扩大对外开放的新的成长点。

（原文载于《暨南学报（哲学社会科学版）》1994 年第 16 卷第 4 期）

21 世纪初的访谈

要调产业结构，更要调空间结构①

（编者按）自 20 世纪 80 年代起，左正的学术研究就与广州结下了不解之缘。在广州最早的"经济社会发展战略征文"中，他即以《广州与珠江三角洲区域经济发展研究》一文拔得头筹，论证了广州作为中心城市与区域发展的相互关系；90 年代初，在广州首届"社会科学研究课题招标"中，他又以《关于再造华南经济中心新优势的构想》夺得第一名，提出了影响深远的"再造新优势"理念。他很早就建言广州建设自由港，拓展战略腹地、重塑中心城市功能，至今看来仍具前瞻性。经济新常态下，他认为广州仍具发展优势，有能力成长为华南面向东南亚地区的增长中心。

左正认为，广州当前最关键的问题在于结构优化调整，不仅是人所共知的产业结构调整，更需要城市空间结构调整，二者需要形成良性互动。中心城市的辐射作用主要通过集聚、扩散这一动态进程来实现，在经济新常态下，广州必须进一步提高城市的集聚力，才能更好地发挥辐射带动作用。"靠拼土地、拼资源的增长不可持续。"左正提醒，广州是一个土地资源禀赋不足的城市，人地矛盾突出，目前全市土地利用强度已超过 24%，距离国际通行的 30% 城市生态宜居警戒线不足 6 百分点，而以城市"三旧"用地为代表的土地低效利用甚至闲置浪费等现象却非常突出，只有提高土地利用效率，才能切实增强广州的产出能力。

---

① 本文为 2014 年 11 月《南方日报》对笔者进行专题采访时的访谈记录，全文刊登于《南方日报》，2014 年 11 月 25 日 A03 版。

谈优势　　"地缘经济优势"仍然存在

广州独有的、特殊的"地缘经济优势"一直存在，贯穿过去、现在和将来

《**南方日报**》：1994 年，您在论文《建设南中国的自由港——广州进一步扩大对外开放的一个思路》中首提广州独有的"地缘经济优势"。20 年后的今天，您如何看待这一优势？

左正：广州独有的、特殊的"地缘经济优势"一直存在，贯穿过去、现在和将来。从历史地理学角度看，广州建城近 3 000 年而不衰，在于正好处于东江、西江、北江的"三江总汇"位置，又是古代航海口，远通南洋诸国，且又正当珠江三角洲腹地之内，有广袤的冲积平原和丰富的物产支撑。

具体而言，广州这一得天独厚的地缘经济优势内涵有三个：一是有利于对外通商；二是缩短了对外经济交往的空间距离，尤其毗邻港澳，使广州早于内地获得广泛接触外部世界的机会；三是可借助区域的高增长效应促进城市自身的成长，为扩大对外开放提供更优良的经济环境。我们要有清醒的认识，这些是广州自身优势的基本面，而作为特大流通中心、服务型经济结构、岭南文化中心等耳熟能详的多种具体优势，都是从这个基本面里派生出来的。

诚然，一个城市的具体优势条件会随时代、环境等变迁而不断变化，所以我们才提出广州要"再造新优势"的理念。在经济新常态下，广州就更要加快转型升级的结构调整、创新和全面深化改革等，增创发展的新优势，把自身的地缘经济优势转换为参与国际合作发展的综合竞争优势。

《**南方日报**》：您当时设想的广州自由港与如今的上海自贸区有何异同？广东自贸区如获批，广州应如何作为？

左正：我们当时立足于理论研讨，应该说从大思路上与上海自贸区有共通之处，包括建立有限自由港和实施梯次过渡发展战略，即建议先在广州开发区和广州保税区、南沙开发区建立两处自由港区，经试运行后扩大至整个广州市区为自由港市，在功能上定位为以商贸为主的综合型自由港。为配合自由港的建设，我们提出广州要从以出口为导向的外向型经济向经济国际化转换发展，包括优化出口结构、加大服务贸易比重、降低一般生产经营领域国有资产比重、加大社会资本中的国有资产投入、改革政府的行政管理体制等。

囿于当时的市场经济发展层次和全球经济一体化程度，我们在金融创新方面考虑得不多。2013 年至今，上海自贸区在深化改革、扩大开放层面单兵突进，尤其在金融创新方面，已经形成了一批可复制、推广的经验，我们应该广泛吸收。同时，广州毗邻港澳，应更多地考虑港澳因素，最好联手港澳共建自贸区。我 2013 年在香港《信报》的"珠三角都会区论丛"专栏上写过两篇文章，提出了"粤港合作共建粤港澳自贸区"的论题。可以预见，广州元素尤其是南沙新区和空港经济区等，必将是广东自贸区的重要组成。这是广州在新常态下发展的重要机遇，也是广州在推进"21 世纪海上丝绸之路"国家战略建设中的重要棋子。

作为历史上的"省（城）港"两市，穗、港"双城"是未来世界级珠三角城市群的两大核心都市，要有更紧密的合作。目前，广州的经济体量已与香港不相上下，不久的将来超过香港也已成定局，但在发展质量、城市管理及社会民生等方面，香港仍有不少值得广州学习借鉴的地方。香港是广州进一步扩大对外开放可以依托的重要合作伙伴，借助香港，广州可以更多地引领本土企业和产品走出国门，走进东盟市场和东亚各国。广州也要跟欧美做生意，但东南亚地区无疑是"主战（市）场"。事实上，从广州企业截至 2013 年在境外投资分布的情况来看，在港澳台和亚洲地区就有 80 多个项目，投资额合计超过

15.5 亿美元，分别占比达 68.9% 和 85.3%。未来，广州应该围绕国家战略，立足珠三角，成长为华南面向东南亚的地区增长中心。

谈辐射　广州集聚度仍需大幅提升

广州要继续发挥区域龙头城市的作用，关键要不断增强自身的综合经济实力，完善提升作为华南经济中心城市的功能

《南方日报》：自广州被确定为国家中心城市以来，如何完善提升中心城市功能成为焦点议题。对此，广州应如何解题？

左正：将广州的发展置于珠三角和广东的背景下，其发展不可谓不努力，成效也不可谓不显著，但也不得不看到，其在区域中的经济实力地位似乎仍有相对下降的迹象。这是因为整个国家在迅猛发展，区域格局也在不断调整，而珠三角地区是过去 30 多年我国增长发展最快的区域之一，广州周边新兴城市的发展势头也很快。中心城市的辐射带动作用主要通过集聚、扩散这一动态进程来实现，城市是"因聚而成，因散而立"，广州首先要考虑能不能集聚起高能量要素，只有充分集聚高能量要素，才可能更好地发挥辐射带动作用。目前有一种说法，认为中国的特大城市已经集聚过度，我认为其实是远远不够的。

国家最近出台了新的城市规模划分标准，城区常住人口 1 000 万以上的为超大城市，广州已正式"晋级"为超大城市。有观点提出，特大城市以上必须严格限制人口，但真正实施起来难度很大，因为未来我国将仍处于快速城镇化进程中，还有几亿人口要进城，城市给人们带来对美好生活的无限向往，而大城市无疑有着较高的规模效应，沿海一线大城市更高度集聚了优质的商业、文化等要素，而且人际关系相对简单，每个阶层的市民都有机会凭自己的能力向上流动，创业发展的机会更多。我们要打破传统思维的方式，给人们尤其是年轻人创造更多实现自己梦想的机会和空间。

《**南方日报**》：布局战略性基础设施是中心城市的应有之义。对此，广州应如何应对？

左正：广州有很好的条件，海港、空港、陆港（铁路、公路枢纽）都齐备，是华南地区的交通枢纽，硬件建设标准也很高，与香港的高铁也将很快连通，但整体需要成为一个综合的有机系统。尤其是推进"21世纪海上丝绸之路"建设，互联互通是关键，广州有条件成为"新海上丝绸之路"的桥头堡。广州应尽快实现"海陆空"三港联动，充分利用自身"河海连通"的天然优势，打造全方位和多层次的"多式联运"体系，各类交通枢纽节点一定要形成网络，不能各干各的。如广州北站与白云机场连接通道的先天不足，就一定要想办法解决。

南沙港更要抓住建立完善的疏运系统这个关键，尽快建成南沙港区疏港铁路项目，打通华南、西南及省内（特别是珠三角西部）的海铁联运通道，推进广州港与珠江水系航运密切对接，形成高效快捷的江海铁联运系统。要重点解决广州港口通过能力不足、专业码头缺乏和综合配套能力不强的问题，加快以龙穴岛为核心的第三代国际枢纽港口建设，按10万吨级集装箱通航标准拓宽广州港深水航道，以及南沙港集装箱三期工程、粮食及通用等专业码头建设，实现"再造一个新广州港"的目标。下一步，广州港口建设发展可联合香港共同投资，并引入香港航运服务业进行合作，强化广州港口综合配套服务的能力。目前，南沙港在世界范围的知名度还不够，经停的国际航线少，国际班轮也停靠不多，必须想方设法提高知名度、影响力，要积极参加国际间的各种港口联盟，要进入国际航运市场的港口大系统中，把国际航线、班轮拉过来停靠。

还有就是要加强广州"信息港"建设，强化广州作为国家信息网络枢纽核心节点的地位，与"三港"融合，打造成"四港一体"的辐射大通道。

谈增长　城市投资效益不高需重视

以速度论英雄的时代已经过去，广州要做有质量、有效益的增长，必须关注自己的短板

《**南方日报**》：新常态之下，市场主体的活力决定了区域经济的竞争力，国际化、法治化的营商环境尤显重要。

左正：道理很简单，多向国际惯例看齐。香港就在我们旁边，它的城市管理、商业管理相当成功，我们应结合国情、市情有取舍地学习。广州这座城市极具创新精神，当大家看到政府鼓励创新、创业这个前景时，年轻的一代就会更有闯劲，前提是城市的营商环境要宽松、管理要到位而不越位、政府支持要有力度。政府一定要转变观念，要做"有限"政府和"服务"政府，主要提供公共管理和服务，不要什么都管，不必要的行政审批坚决取消。

《**南方日报**》：新常态之下，经济增长更趋平稳，增长动力更加多元。您如何看待广州的经济增长？

左正：没有必要再去追求快速，应该遵循市场规律。以速度论英雄的时代已经过去，广州要做有质量、有效益的增长，必须关注自己的短板。分析最近几年广州产业结构调整的数据，制造业中传统产业仍占相当一部分，"重的、硬的"还不少。当然，也有不少积极的变化，调整是有成效的，但相较发展要求还有不少差距。原因在哪里？产业发展关键在于投资和技术，但投资效益不够理想，以 2013 年为例，全市固定资产投资占 GDP 比重近 28%，当年资本形成总额占 GDP 超过了 33%，但对 GDP 增长的贡献率不到 18%，拉动 GDP 增长仅 2 百分点。投资结构方面，虽然也往服务经济、新兴产业里边投，但房地产开发还是占了近四成，与城市转型发展方向的匹配还是不够。再看技术创新，广州虽是专利申请大户，但获得授权的 2 万多件专利中，发明专利只占不足18%，七成以上只是属于实用型和外观设计类型，真正的技术创新尚未形成优势。

广州经济以商贸起家，但在互联网经济风起云涌的背景下，却未能产生如马云、雷军等类型的网络经济领军人物，这似乎与广州商业文化、价值形态等发展有关，必须寻找新的增长突破点。广州也不能老抱着传统的专业市场不放，这类市场占据了大量的城市空间，对城市交通也是巨大压力，要下决心将其迁到城市外围去，促其转型升级。解决这一问题要有通盘考虑，要与广州的交通基础设施建设和城市空间结构调整协调好。

谈动力　不能光调产业结构不调空间结构

广州实际已进入大都市区发展阶段，不能再仅仅局限在市域范围内考虑问题，要谋划重构与周边地区的空间关系和发展机制

《南方日报》：新常态之下，广州转型发展的最大动力和机遇在哪里？

左正：最重要的是深化结构调整，一定要把产业结构调整和城市空间结构调整协调起来，不能光是调产业结构，而与城市发展的空间结构不匹配。城市发展空间的调整包含两个方面：一是城市内部空间发展的结构要调整，过去几届政府都做了大量的工作，拉开了广州城市空间结构的格局，这个要肯定，但也确实还有不足，最大问题是当时认识尚不到位，未能明确意识到广州已不是单一城市，未能以大都市区的发展理念来统领规划建设；二是城市与外部空间的联系，广州实际已进入大都市区发展阶段，这是城市化发展的一个更高级的阶段，广州不能再仅仅局限在市域范围内考虑问题，要谋划重构与周边地区的空间关系和发展机制，把广州产业的转型升级放到区域和珠三角城市群的空间范围来统筹考虑，例如，进一步加快广佛同城化和推进广清一体化发展等，实现广州中心城市在更大空间尺度的产业集聚和功能提升，充分辐射和带动周边区域乃至整个珠三角地区，建设一个具有世界知名度和影响力的大广州。

《南方日报》：您多次谈到拓展广州腹地，具体有哪些设想？

左正：广州要"伸拳脚"拓展腹地。腹地是城市生命力之所在，一个城市的腹地就是一个城市的生命力，腹地能到达哪里，这个城市的生命力就延伸到哪里。从一定意义上说，城市地位的大小是由腹地的范围所决定的。在经济新常态下，广州要推进"21世纪海上丝绸之路"建设，就更要大力拓展海内外战略腹地。可以考虑建立广州横跨国内及东南亚的"八大战略腹地"：首先，建立涵盖"泛珠"区域的珠江—西江流域经济带、北江流域经济区和东江流域经济圈三大内陆战略腹地，这基本上是由广州原来的传统间接腹地沿珠江水系或近年陆续建成的高铁、高速公路及航空等现代交通廊道向内地区域拓展而成的。

其次，依托港澳，沿"海上丝绸之路"的两大方向，即经马六甲海峡到印度洋、地中海，和经过印度尼西亚群岛到太平洋，分别以马尼拉、新加坡—吉隆坡、曼谷为3个核心支撑点，建立涵盖东盟10国的三大海外战略腹地，加强广州与港澳台及东南亚各国的经济联系，推进"21世纪海上丝绸之路"的建设。

再次，以东江流域与闽、赣经济圈方向的腹地为基础，向东部沿海及台海两岸地区延伸，一是经厦门入江浙抵达上海地区一带，这是"泛珠"与长三角两大经济圈在东部沿海的接合部，广州在此建立战略腹地有非常重要的区域延伸整合意义；二是经广东汕头等方向延伸至台海两岸，开拓广州在台湾地区的战略腹地，其经济及政治意义也是不言而喻的。

（原文载于《南方日报》2014年11月25日A Ⅱ 03版。策划：姜玉龙、谭亦芳；撰文：黄伟、黄玉瑜、施映秋）

参考文献

1. 《中国共产党第十八次全国代表大会文件汇编》，北京：人民出版社 2012 年版。

2. 中华人民共和国国家发展和改革委员会：《珠江三角洲地区改革发展规划纲要（2008—2020 年)》，2008 年 12 月。

3. 《中共广州市委、广州市人民政府关于全面推进新型城市化发展的决定》，《广州日报》，2012 年 10 月 19 日 A2 版。

4. 邓小平：《邓小平文选（一九七五——九八二年）》，北京：人民出版社 1983 年版。

5. 邓小平：《邓小平文选（第三卷)》，北京：人民出版社 1993 年版。

6. 广州百科全书编纂委员会编：《广州百科全书》，北京：中国大百科全书出版社 1994 年版。

7. 广州市计划委员会、广州市国土规划办公室编：《广州国土资源》，广州：广州出版社 1994 年版。

8. 李权时主编：《改革实践中的社会科学应用研究》，香港：天马图书有限公司 2006 年版。

9. 张五常：《中国的经济制度》，北京：中信出版社 2009 年版。

10. 胡序威、周一星、顾朝林等：《中国沿海城镇密集地区空间集聚与扩散研究》，北京：科学出版社 2000 年版。

11. 曾昭璇：《广州历史地理》，广州：广东人民出版社 1991 年版。

12. 司马迁撰：《史记》，北京：中华书局 1959 年版。

13. 刘安撰：《淮南子》，北京：中华书局 2009 年版。

14. 关其学、刘光璞主编：《论经济中心——广州》，广州：广东高等教育出版社 1987 年版。

15. 陈柏坚主编：《广州外贸两千年》，广州：广州文化出版社 1989 年版。

16. 广州市社会科学研究所编：《近代广州外贸研究》，广州：科学普及出版社广州分社 1987 年版。

17. 黄菘华主编：《广州改革开放十年》，海口：海南人民出版社 1988 年版。

18. 《广州经济社会发展战略纲要　广州文化发展战略纲要　广州科学技术发展战略纲要》，广州：广州文化出版社 1987 年版。

19. 《广州市 15 年基本实现现代化总体方案》，《广州政报》1993 年第 24 期。

20. 吴敬琏主编：《1986 年中国经济实况分析》，北京：中国社会科学出版社 1989 年版。

21. 张星烺编注：《中西交通史料汇编（第二册）》，北京：中华书局 2003 年版。

22. 朱云成主编：《中国人口（广东分册）》，北京：中国财政经济出版社 1988 年版。

23. 中国社会科学院考古研究所、广州市文物管理委员会、广州市博物馆编：《广州汉墓》，北京：文物出版社 1981 年版。

24. 罗章仁、应秩甫等编著：《华南港湾》，广州：中山大学出版社 1992 年版。

25. 蒋祖缘、方志钦主编：《简明广东史》，广州：广东人民出版社 1987 年版。

26. 吴郁文主编：《广东省经济地理》，北京：新华出版社 1986 年版。

27. 广州市社会科学研究所编：《广州经济中心文集（中册）》，广州：广州市社会科学研究所 1983 年版。

28. 汤国良主编：《广州工业四十年》，广州：广东人民出版社 1989 年版。

29. 顾朝林：《中国城镇体系——历史·现状·展望》，北京：商务印书馆 1992 年版。

30. 孙尚清主编：《论经济结构对策》，北京：中国社会科学出版社 1984 年版。

31. 赵文林、谢淑君：《中国人口史》，北京：人民出版社 1988 年版。

32. 林毅夫：《制度、技术与中国农业发展》，上海：上海人民出版社 1994 年版。

33. 世界银行 1984 年经济考察团编：《中国：长期发展的问题和方案》，北京：中国财政经济出版社 1987 年版。

34. 广州日报理论部主编：《实践的光辉——珠江三角洲改革开放十年征文选》，广州：广东高等教育出版社 1988 年版。

35. 于宗先主编：《经济学百科全书第八编·空间经济学》，台北：台北联经出版事业公司 1986 年版。

36. 周一星：《城市地理学》，北京：商务印书馆 1995 年版。

37. 杨吾扬：《区位论原理——产业、城市和区域的区位经济分析》，兰州：甘肃人民出版社 1989 年版。

38. 李约瑟著，《中国科学技术史》翻译小组译：《中国科学技术史》，北京：科学出版社 1975 年版。

39. 西蒙·库兹涅茨著，戴睿、易诚译：《现代经济增长》，北京：北京经济学院出版社 1991 年版。

40. 陈开枝主编：《广州对外开放的新思路》，广州：广东人民出版社 1994 年版。

41. 杨军：《区域中国——中国区域发展历程》，长春：长春出版社 2007 年版。

42. 陈钊、陆铭：《在集聚中走向平衡：中国城乡区域经济协调发展的实证研究》，北京：北京大学出版社 2009 年版。

43. CHENERY H B. Patterns of industrial growth. American economic review，1960，50（4）。

44. GOTTMAN J. Megalopolis：or the urbanization of northeasten seaboard. Economic geography，1957（33）。

45. 南方日报社编辑部编：《广州策论》，广州：南方日报出版社 2013 年版。

46. 谢守红：《大都市区的空间组织》，北京：科学出版社 2004 年版。

47. 王旭：《美国城市化的历史解读》，长沙：岳麓书社 2003 年版。

48. 林树森：《广州城记》，广州：广东人民出版社 2013 年版。

49. 张庭伟、王兰编著：《从 CBD 到 CAZ：城市多元经济发展的空间需求与规划》，北京：中国建筑工业出版社 2010 年版。

50. 左正：《广州：发展中的华南经济中心》，广州：广东人民出版社 2003 年版。

51. 张蕾：《中国东部三大都市圈城市体系演化机制研究》，杭州：浙江大学出版社 2012 年版。

52. 姚士谋、陈振光、朱英明等：《中国城市群（第 3 版）》，合肥：中国科学技术大学出版社 2006 年版。

53. 保罗·克鲁格曼著，张兆杰译：《地理和贸易》，北京：北京大学出版社 2000 年版。

54. 艾博特著，王旭译：《大都市边疆：当代美国西部城市》，商务印书馆 1998 年版。

55. 柴彦威：《城市空间》，北京：科学出版社 2000 年版。

56. 杨治：《产业经济学导论》，北京：中国人民大学出版社 1985

年版。

57．广州市统计局编：《广州五十年》，北京：中国统计出版社1999年版。

58．广州城市规划发展回顾编纂委员会编：《广州城市规划发展回顾（1949—2005）（上卷）》，广州：广东科技出版社2006年版。

59．广州经济年鉴编纂委员会编：《广州经济年鉴1983》，1983年版。

60．广州年鉴编纂委员会编：《广州年鉴2013》，广州：广州年鉴社2013年版。

61．广州市统计局、国家统计局广州市调查队编：《广州统计年鉴》，北京：中国统计出版社2000—2014年各年版。

62．《香港经济年鉴（1989）》，香港：经济导报社1989年版。

63．广州市计划委员会编制：《东南部开发总体规划纲要》，1993年6月。

64．广州市城市规划勘测设计研究院编制：《广州东南部地区规划研究（1995—2010年）》，1997年。

65．广州市规划局、广州城市规划编制研究中心：《广州城市建设总体战略概念规划纲要》，《人居》2002年第2、3期合刊。